인도
나갈랜드
선교이야기

Copyright©2013, 박남선

만남을 통해 일하시는 하나님

# 인도 나갈랜드
## 선교이야기

박남선 지음

W미디어

**추천사 1**

제가 박남선 선교사를 처음 만난 것은 대학교 1학년 때였습니다. 수줍은 보조개를 머금고 환하게 웃던 순수한 문학소녀의 모습을 아직도 생생하게 기억합니다. 그땐 신앙보다는 김남조 시인의 '편지'를 무척 좋아했던 시인 지망생이었습니다. 그녀는 대학교 1학년 때 경북대학교 현상문예에 '만남'이라는 시로 장원을 차지합니다. 지금 되돌아보면 그녀는 '만남'이라는 주제에 매우 일찍부터 천착해, 인생을 이해하고 해석하는 열쇠로 이용하고 있는 것으로 보입니다. 같은 학과의 동료로 공부하다가, 저는 군 입대로 그녀의 소식을 한동안 듣지 못했습니다. 그 후 저는 대학 졸업 후 신학을 공부하고 신학자로서의 길을 걷게 되었습니다.

20년 뒤, 저는 뜻밖의 전화를 받았습니다. 제 친구 박남선의 전화였습니다. 더욱 놀랐던 것은 그녀가 목사라는 것과 인도 목사님과 결혼해 인도 선교를 꿈꾼다는 것이었습니다. 세속적인 표현 가운데 '인생 유전'이라는 말이 있습니다. 기독교적 용어로 말하자면 '하나님의 섭리'가 되겠지요. 세월을 타고 흘러 흘러 각자의 삶을 살아온 것처럼 보이지만 두 영문학도는 '하나님의 일꾼'이라는 같은 꿈을 꾸는 자로 만나게 되었습니다.

지금 박남선 목사는 인도의 '나갈랜드'를 만나 깊은 사랑에 빠져 있습니다. 제가 보기에 그녀는 온 몸과 마음과 정성을 다해 나갈랜드를 사랑하고 있어서 어느 누구도 끊을 수 없을 것 같습니다. 왜냐하면 박남선 목사의 심성과 신앙은 순수한 알짜배기이기 때문입니다. 그녀는 거짓이나 위선이 들어갈 수 없는 수정같이 맑은 마음을 가지고 있습니다. 순수에 바탕을 둔 그녀의 신앙은 맑지만 죽음보다 더 강합니다. 잠언 31:10-31에 나오는 현숙한 여인처럼 그녀는 부지런하고 지혜롭습니다. 맡은 바를 끈기 있게 이루어내는 강한 책임감을 가지고 있습니다. 그러기에 그녀는 믿고 신뢰할 만한 사람입니다.

이 책은 그녀가 살아오면서 만난 사람들에 대한 이야기뿐만 아니라 그녀가 삶의 길목 길목에서 만났고, 인도에서 만난 하나님에 관한 이야기입니다. 일찍부터 문학적 재능을 보여준 그녀의 문학성은 이 책에서 잘 드러납니다. 하나님의 영광을 드러내는데 매우 아름답게 구현되고 있습니다. 그녀의 삶과 사역을 통해 증거하는 하나님의 은혜를 이 책을 통해 너무나 감동 깊게 만나 기뻤습니다. 이 책을 읽는 독자라면 누구나 저와 같은 감동을 느낄 것이라 확신합니다. 친구이자 동역자로서 판단하건대, 박남선 목사의 '인도 사랑'은 하나님께서 섭리 가운데 준비하신 가장 아름다운 만남이기에 큰 결실로 이어질 것입니다.

유윤종(평택대학교 피어선 신학전문대학원, 구약신학 교수)

## 추천사 2

이 매력적인 책 〈인도 나갈랜드 선교 이야기〉의 서문을 쓰게 된 것이 저에겐 큰 기쁨이요 특권입니다. 제 아내가 한 권의 책을 썼으면 하는 저의 소원이 마침내 이루어졌기에 저는 말로 다할 수 없는 기쁨과 만족을 느낍니다. 이 책은 그녀의 선교적인 삶과 하나님 및 사람들을 다양한 방법과 장소에서 만남으로써 하나님의 선교에 참여하게 된 과정들을 적은 책입니다.

그녀는 선교에 대한 큰 열정과 애정을 가지고 있으며, 선교에 온전히 헌신하고 있습니다. 전 세계에 말씀을 가르치고, 선포하고, 치유함으로써 모든 족속으로 제자를 삼는 것이 그녀의 전적인 꿈입니다. 그녀는 기도에 깊이 헌신되어 있고, 그리스도의 사랑에 강권되어 있으며, 잃어버린 영혼들을 위한 큰 긍휼의 마음을 가지고 있습니다. 너무나 희생적이고 베푸는데 관대하며, 겸손과 인내로 사람들을 섬기는 그녀는 다른 사람들이 도움을 필요로 할 때마다 항상 손을 내밀고, 상담해주고, 도와줄 준비가 되어 있습니다. 어떤 피부색, 인종, 성별 및 나이든지 선교를 위해서라면 그녀는 사람들에게 다가가는데 조금도 주저하지 않습니다. 그녀는 사람들에게 매우 솔직하고 사랑과 담대함, 긍정적인 태도로 어떤 상황에도 기꺼이 직면하려고 합니다.

저는 종종 하나님께서 어떻게 제 삶 속에 이처럼 사랑스러운 아내를 허락해 주셨는지 감탄하면서 곰곰이 생각할 때가 있습니다. 그녀는 우리 가족과 교회, 나가(Naga) 사람들과 인도 전체의 큰 축복입니다. 하나님은 매우 특별하고 극적인 방법으로 우리를 결합시키셨습니다. 우리는 선교하며 만났고, 선교를 위해 결혼했습니다. 하나님께서 저를 인도 북동부 나갈랜드 주(州)의 산악지역에서 학업을 위해 필리핀으로 보내셨고, 그 다음엔 한국으로 저를 보내셨습니다. 한국에 장기간 머무른다거나 한국 여자와 결혼한다는 것은 결코 상상조차 하지 못했고 저의 꿈이나 계획이 아니었습니다. 모든 의심과 두려움, 불확실성에도 불구하고 우리는 하나님의 선교를 위해 기도와 믿음으로 하나가 되었습니다. 두 사람 다 세계 선교에 대한 같은 비전과 선교를 위해 다른 사람들을 세우고자 하는 공통된 관심사가 있었습니다.

결혼 초기의 좋았던 일들, 힘들었던 일들에도 불구하고 주님을 함께 섬길 때 주님은 우리의 삶 속에 신실하게 임하셨고, 모든 차이점들과 고군분투 및 어려움들을 극복할 수 있도록 우리를 이끄셨습니다. 주님은 한국에서 우리를 십 년 넘게 훈련시키시고 함께 사용하셨습니다. 이제 그 분이 인도에서 더 큰 일과 목적을 위해 우리를 사용하고 계십니다. 한국의 삶과 환경에 비하면 매우 다르고, 어렵고, 더럽지만 제 아내는 인도 나갈랜드의 삶과 환경에 잘 적응했습니다. 그녀는 다른 동료 한국인들과 비교하면 매우 독특하고 다릅니다. 주께서 그의 선교를 위해 제 아내를 부르시고 선택하셨기 때문에 하나님께서 그녀를 많은 나라들과 인도의 주변 국가들 및 인도의 여러 주(州)들에 보내셨습니다. 또한 그녀는 가르침과 상담 및 치유에 기름 부으심이 있습니다. 제 아내는 뛰어난 통역관이자 번역가입니다. 그래서 지금도 여러 모임이나 국제 선교대회에서 통역가로서 하나님이 그녀를 계속 사용하고 계십니다.

그녀가 이 책에서 쓴 것이 무엇이든지 간에 이 모든 글들은 그녀의 마음과 그녀의 실제적인 삶의 경험에서 우러나온 것들입니다. 주께서 그녀를 선교에 부르신 날부터 그녀의 매일의 삶과 관심은 오직 선교를 위한 것이 되었고, 그녀는 '선교 여인'이 되었습니다. 그녀는 선교에 사로잡혔고, 그 정신에 이끌렸습니다. 그녀가 말하거나 할 수 있는 모든 것은 선교에 관한 것입니다. 선교에 있어서 만남의 축복들과 기쁨이 주를 섬기는데 큰 영향력과 도전을 줍니다.

한 사람이 하나님과 만남으로써 하나님의 선교에 동참하게 됩니다. 그 사람이 다른 장소와 상황들 속에서 다른 사람들과 만날 때, 그 만남은 좀 더 넓은 영역과 관점에서 선교하고 주를 섬기고자 하는 삶의 헌신을 더 풍성하게 하고 권능을 부여해줍니다. 당신이 이 책을 통하여 그녀를 만나고 선교 이야기를 들을 때, 주께서 당신을 축복하시고, 새로운 도전과 격려를 주셔서 선교를 잘 감당하고, 하나님이시자 선교의 제공자이신 주님을 섬길 수 있기를 기도합니다.

케니 카포 목사(Rev. Dr. Kenny Kapfo)
(M. I. 인도 대표)

차례

추천사 1 유윤종(평택대학교 피어선 신학전문대학원, 구약신학 교수) · 4
추천사 2 케니 카포 목사(M. I. 인도 대표) · 6
머리말 · 13

## 제1부 만남을 통해 일하시는 하나님

1. 하나님과의 만남 · 21
2. 어머니의 태몽 · 25
3. 영혼의 의사가 되게 해 주세요 · 29
4. 아버지의 세례식 · 33

## 제2부 울며 씨 뿌리는 자의 기쁨

1. 모스크바에서 사명을 받기까지 · 45
2. M. I. 센터를 시작하다 · 51
3. 목사 안수를 받던 날 · 55
4. 교회 개척 · 60
5. 국경을 초월한 사랑 · 68
6. 세 가지 비전 · 72
7. 나의 도움 어디서 오나 · 77

## 제3부 아시아의 숨겨진 보물 나갈랜드

1. 아시아의 숨겨진 보물 · 85
2. 나갈랜드 초기 정착 시절 · 92
3. 텐트 성전이 완성되기까지 · 99
4. 약속의 땅에 와서 · 104
5. 비록 더딜지라도 기다려라 · 111
6. 너희 쓸 것을 채우시리라 · 115
7. 마르지 않는 샘물 · 119
8. 50개의 기둥을 세우고 · 122
9. M. I. 센터 건축 · 126
10. 선교사가 치러야 할 대가 · 130
11. 나가미즈 배우기 · 134
12. 각 나라별 예배 · 140
13. 나의 금식 기도 · 142
14. 르누의 가정을 위한 중보기도 요청 · 147
15. 주님이 사랑하시는 여자 · 155
16. 다시 돌아온 영적 아들 · 161
17. 감격의 졸업식 · 165
18. 감동적인 어머니날 · 172
19. 팀 사역자들 · 175
20. 중고차 스코르피오를 사다 · 184

## 제4부 하나님이 주신 꿈, 선교여행 및 집회

1. 첫 번째 인도 단기선교를 다녀와서 · 193
2. 어라이즈 미션 캠프를 마치고 · 209
3. 샤인 미션 캠프를 마치고 · 213
4. 가스펠 캠프를 마치고 · 222
5. 오릿사 집회에 부어진 성령의 은혜 · 231
6. 구원 얻을 백성 · 236
7. 본가이가온에 뿌려진 복음의 씨앗 · 246
8. 네팔 및 인도 델리 단기선교 · 251
9. 한국인 단기선교팀 · 263

## 제5부 M. I.와 함께 하는 사람들

1. 제자훈련을 시켜주신 M. I. 대표 _ 전동주 목사 · 300
2. 우리 가족의 기도 중보자 _ 김만조 권사 · 302
3. 충성과 섬김의 영적 어머니 _ 송금자 목사 · 304
4. 열방을 품고 선교하는 _ 권선희 목사 · 306
5. M. I. 서울 사역을 시작하게 하신 _ 이의숙 권사 · 308
6. 영적 스승 영원한 카우보이 _ 월터 설만 단 선교사 · 310
7. 늘 소녀 같은 시인 _ 우낭자 목사 · 312

8. 20년 선교 후원자 _ 배광영 목사 · 314
9. M. I. 사무실과 교회를 열어주신 _ 이광일 목사 · 316
10. 인도 M. I. 센터 건축에 중추적 역할을 한 _ 남가명 권사 · 318
11. 신실한 기도와 사역의 동역자 _ 지형욱 간사 · 320
12. 기도하고 선교하는 _ 사랑공동체 · 322
13. 늘 잘 챙겨 주시는 고마운 분 _ 구위자 전도사 · 325
14. 가방을 들고 따라 다니신 _ 고(故) 김인순 집사 · 326
15. 브리스길라와 아굴라 같은 _ 오현숙·정동조 집사 · 328
16. 늘 할렐루야로 화답하시는 영적 오빠 _ 김종은 목사 · 330
17. 씩씩하고 긍정적인 여장부 _ 강경희 목사 · 332
18. 목사가 되겠다던 대학 동기생 _ 신경수 목사 · 333
19. 나갈랜드의 아버지 _ 조한덕 목사 · 335
20. 하나님이 엮어주신 동역자 _ 한창국 목사 · 336
21. 늘 해맑게 웃던 청년 _ 고(故) 신경성 간사 · 337
22. M. I.의 첫 간사 _ 고(故) 김은진 강도사 · 338
23. 이란 세계선교대회를 치른 _ 국제여교역자협의회 · 339
24. 부흥과 선교에 매진한 21C 선교신학원 _ 유근만 목사 · 341
25. 중보기도와 선교의 동역자 _ 둘째언니 박정선 · 343
26. M. I. 서울 총무 _ 남동생 박상규 · 345
27. 이름도 빛도 없이 · 349

## 머리말

하나님의 인도하심 가운데 필리핀에서 유학중이던 한 미얀마 선교사 딸의 소개로 케니 카포(Kenny Kapfo) 선교사를 알게 되었고, 서로 전화와 편지로 기도 제목을 나누게 되었다. 그러면서 인도 동북부에 자리 잡은 나갈랜드 주(州)를 알게 되었다. 나가 인들은 1872년에 처음 복음의 메시지를 들었으며, 1950년대에서 1970년대에 걸쳐 성령의 놀라운 역사와 부흥으로 집단이 기독교로 개종했는데, 이 지구상에서 유일하게 200여만 명의 인구 중 90-95%가 크리스천인 지역이다. 폴 해터웨이(Paul Hattaway)는 나갈랜드에서 일어난 기적과 대부흥 보고서 〈머리 사냥꾼에서 교회 개척자로(2008, 홍성사)〉란 책에서 나가 인들이 어떻게 그리스도를 알게 되었는지를 소개하고 있다.

1996년 6월 29일, 케니 선교사는 필리핀의 장신대학원에서 석사과정(M. Div.)을 마치고 한국에 첫발을 내딛었다. 그가 평소 한국의 교회사역과 기도의 삶을 배우고 학업을 계속하기를 소망하며 기도해왔기에 나는 함께 사역하는 것도 좋을 것 같아 케니 선교사를 한국에 초청하게 되었다. 1년 이상 'M. I.(Mission International, 국제선교회) 서울'에서 함께 사역하면서 나갈랜드에 대해 더 많은 정보들을 알게 되었다.

내가 처음 케니 선교사를 만났을 때 얼굴이 한국인과 비슷하고 몽골 계통의 사람이라 낯설다는 느낌 없이 자연스럽게 나갈랜드를 접하게 되었고, 그 후 한국에 온 많은 나가 인들(주로 신학생 및 목회자들)을 만나면서 그들이 영적인 면은 물론 지적, 인적 잠재력과 자원을 가진 사람들이라는 것을 알게 되었다. 어쩌면 그들은 13억 명이 넘는 인도 대륙을 변화시키기 위해 하나님이 마지막 때에 택한 비밀 병기라고나 할까….

그 후 나는 하나님의 특별하신 섭리와 은혜 가운데 1997년 10월 4일 케니 선교사와 결혼하게 되었고, 5년간 기도로 나갈랜드 땅을 중보하게 되었다. 처음에는 그곳의 일가친척들과 교회들 및 가난한 이웃들에게 여러 가지 옷가지와 생필품 및 약간의 선교헌금을 보내는 일부터 시작된 이래 나와 나갈랜드와의 만남은 조금씩 우정을 쌓아가는 친구처럼 두터워져 갔다. 그리고 마침내 2003년 1월, 한국의 첫 단기선교팀과 함께 인도의 콜카타를 거쳐 나갈랜드 땅을 밟게 되었고, 하나님은 계속 선교의 문을 열어 주셔서 지금 내가 나갈랜드에 뿌리내리기까지 아홉 차례에 걸쳐 나갈랜드를 방문하게 되었다.

이곳에 실린 글들은 지금까지 인도의 여러 지역(콜카타, 뱅갈로, 첸나이, 실롱, 고하티, 실리구리, 시킴, 뉴델리 등)과 특히 나갈랜드의 여러 곳(디마푸르, 코히마, 푸체로, 펙, 양리, 제사미, 차주바, 워카, 둔산 등)을 오가며 단기선교한 경험들을 선교 편지의 형식으로 보고한 글과 짧은 단상들, 그리고 나갈랜드에 정착해 선교사로서의 삶을 살면서 체험한 일들의 기록이다. 양파껍질과도 같은 나갈랜드를 알아가고 나가 인들의 속성을 파악하기에는 더 많은 시간들이 걸리겠지만 하나님이 내 생애 가운에 허락하시고 행하신 놀라운 일들을 알림으로써 디마푸르 M. I. 센터의 사역을 모르는 사람들에게 인도와 나갈랜드 사역의 중요성을 소개하고자 한다.

아직도 아시아의 숨겨진 보물처럼 가려져 있는 나갈랜드에는 우리나라의 1960년대 시골처럼 순박한 사람들과 농촌 마을이 있는가 하면 하루가 다르게 변화되어 가고 있는 상업도시, 인도의 현지인들과 힌두인들, 무슬림들이 서로 어울려 살고 있는 복잡한 선교 현장도 있다. 아무튼 영적으로 잠자고 있던 나갈랜드가 깨어나고 있음은 반가운 일이다. 영적, 육적으로 가난하고 굶주려 있는 영혼들은 여전히 우리 영혼의 오랜 슬픔이 아닌가! 그러나 부흥을 직접 체험하지 못한 많은 젊은 세대들은 점점 신앙의 순수성을 잃어버리고 알코올, 마약 및 나쁜 습관에 물들어 있으며, 사탄 숭배자들도 생겨나고 있어 경각심을 더하고 있다. 주의 자녀들이 새롭게 일어나 하나님을 찬양하고 그 분을 알아가기 위해 몸부림치는 것을 보고 싶다.

2006년 8월 16-23일, 디마푸르 M. I. 센터에서 열린 8일간의 집중적인 영어 성경 캠프를 시작으로 나의 M. I. 인도 사역은 본격화되었다. 나갈랜드에서 가장 높은 곳인 푸체로(Pfutsero)의 글로리 피크(Glory Peak, 영광의 봉우리)에 갔을 때, 나는 하나님께 "인도에 와서 어떤 사역을 감당해야 합니까?"라고 물었다. 그 때 성령께서 이사야 60:1의 '어라이즈(ARISE, 일어나라)'라는 단어를 떠올려 주셨다. 그리고 이 'ARISE'의 단어를 하나씩 풀어서 설명해 주셨는데 인도 나갈랜드에서 크게 다섯 가지 사역을 해야 한다는 비전을 받게 되었다. Awakening(영적 각성), Revival through Repentance(회개를 통한 부흥), Intimacy with God(하나님과의 친밀함), Service for God and Men(하나님과 사람들을 위한 섬김), Encouragement and Enlightenment(격려와 계몽)이 그것이다.

비록 나가 인들은 영적 잠재력이 많고 복음화된 곳이지만, 영적으로 게으르거나 잠들어 있는 이름뿐인 크리스천들이 많아서 그들을 알곡 성도들로 만들어갈 과제가 남겨져 있다. 부족하지만 이 책을 통해 더 많은 사람들이 영적 보화가 많은 인도 나갈랜드를 발견하고, 이곳을 위해 중보하며, 이 땅을 밟고, 사역에 동참하기를 기도한다.

오늘이 있기까지 나의 삶 가운데 징검다리가 되어준 분들이 너무나 많다. 일일이 그 이름을 다 열거할 수는 없지만 M. I.의 모든 회원들과 중보 기도자들 및 국제선교교회의 모든 성도들께 먼저 감사드린다.

오늘의 내가 있도록 영어 성경과 선교를 가르쳐 주시고 제자 훈련을 해주셔서 주님을 아는 믿음을 심어주신 전동주 목사(M. I. 대표)와 어려울 때마다 기도와 물질로 늘 도와주신 인도 나갈랜드 선교후원회 기도회 회장인 송금자 목사와 사랑공동체 회장 마은숙 목사를 비롯한 믿음의 벗들, 사역 시작부터 지금까지 꾸준히 이 사역을 돕고 계신 후원 교회들과 개인 후원자들, 또 인도 나갈랜드 땅을 직접 밟고 이곳의 형제자매들과 신학생들 및 목회자들을 후원하고 계신 단기선교팀 목사님들, 차량을 마련할 수 있도록 도와주신 여러 분들께도 깊은 감사의 마음을 전한다. 함께 한국에서 사역해온 예장합동진리총회 및 국제여교육자협의회 회원들에게도 고마움을 전하고 싶다.

무엇보다 인도 나갈랜드 M. I. 센터 땅을 살 수 있도록 첫 예물을 심으시고 지금은 베트남에서 선교 사역하고 계신 브리스길라와 아굴라 같은 오현숙·정동조 집사님 가정, 센터 건축을 위해 가장 크게 도우신 성누가 의원의 남가명 권사와 늘 묵묵히 이 사역을 위해 이모저모로 도와온 가족들, 인도 단기선교팀들(나갈랜드에 와서 열악한 환경 가운데서도 불평 없이 센터에서 공동체 생활을 했던 모든 분들), 서울 M. I.에서 같이 사역하다 지금은 인도 나갈랜드 디마푸르 M. I. 센터에 와서 날마다 우리를 위해 중보하며 사역을 돕는 지형욱 간사, M. I. 서울 총무로 수고하고 있는 남동생 박상규 집사, 이 모든 글들을 타이핑해준 이소에 자매, 또 이 책의 출판을 위해 헌신의 노력을 쏟아주신 김명신 목사와 이곳에서 여러 가지로 돕고 있는 지체들에게도 말로 다 표현할 수 없는 고마움과 형제애를 느낀다.

이름을 다 아뢰진 않았지만 너무나 많은 분들이 이 사역을 위해 애써 기도하며 희생의 예물을 심어오셨다. 이름도 빛도 없이 수고한 모든 분들에게 하나님께서 특별히 예비해주신 상급이 있을 줄로 믿는다. 이 책자를 통해 지금까지 부족한 종의 사역을 도와주신 모든 분들께 주님의 풍성하고 마르지 않는 축복으로 축복한다.

무엇보다 나에게 나갈랜드 땅을 소개해주고 지금까지 함께 믿음의 같은 배를 타고 인내하며 이 사역을 도와온 나의 남편 케니 선교사와 이 책을 쓰도록 동기를 부여해주시고 한평생 헌신적으로 키워주신 사랑하는 어머니(구계순 성도)에게도 마음 깊이 우러나는 감사를 표하고 싶다. 그들의 격려와 협조가 없었다면 인도 나갈랜드 사역과 이 책이 만들어질 수 없었을 것이다. 나를 아는 모든 지인들과 믿음의 지체들 및 제자들에게도 감사의 마음을 전한다.

2013년 6월, 인도 나갈랜드에서
박남선

제1부

# 만남을 통해 일하시는 하나님

### 나의 하나님은

바람이 조금만 휘불어도
플라타너스 사이에서 흔들리는 나의 하나님,
물살이 조금만 거칠어져도
바다로 나가지 못하고 모래장 주변에서만
갈앉았다 뜨는 나의 모래
그러나 하나님은 한 줄기로 조용히 흐르는
사랑의 물결
그 사랑의 파도를 탈 때
나뭇잎 사이를 옮겨 다니며
절름발이 새가 되지 않아도 되고
놀란 물고기처럼 지느러미를 퍼득이지 않아도 된다.
어쩌면 나의 하나님은
내 마음 층계가 가장 삐걱거릴 때에야
못과 회중전등을 들고 어둠속을 건너오시는
말씀의 날개
지친 시경의 끝에서도 차가운 바다를 바라보게 하는
기적소리

# 1
# 하나님과의 만남

"섬들아 나를 들으라 원방 백성들아 귀를 기울이라 여호와께서 내가 태에서 나옴으로부터 나를 부르셨고 내가 어미 복중에서 나옴으로부터 내 이름을 말씀하셨으며 내 입을 날카로운 칼같이 만드시고 나를 그 손 그늘에 숨기시며 나로 마광한 살을 만드사 그 전통에 감추시고 내게 이르시되 너는 나의 종이요 내 영광을 나타낼 이스라엘이라 하셨느니라"
(사 49:1-3)

우리가 태어나기도 전에 하나님은 우리를 미리 아시고 조성하셔서 그 분의 뜻과 계획 속에, 또 그가 정하신 시간에 우리를 이 땅 가운데 불러주셨다는 것을 깨닫는 데는 한참의 세월이 걸렸다.

아버지와 어머니뿐만 아니라 일가친척들 모두가 대대로 불도(佛道)가 센 가정, 사촌 이모 한 분을 제외하고는 영적 불모지였던 집안의 토양에서도 하나님은 우리 가정의 구원을 미리 준비하고 계셨다. 어렸을 때 우리 집은 교회와 마주보고 있었고, 매일 아침 새벽 종소리가 늘 아련하게 퍼져 나가면 그 차임벨 소리에 단잠을 깨곤 했다.

그러나 20년간 교회 맞은편 집에 살면서도 교회에 가본 것은 손꼽을 정도다. 교회 안에서 무슨 일이 일어나는지 전혀 몰랐던 나는 말로 설명할 순 없지만 늘 교회 안의 삶들이 궁금했고, 주일학교에 나가 힘차게 찬양을 부르는 친구들이 마냥 부럽기만 했다.

어려서는 부모님을 따라 절에도 다녔고, 4월 초파일이면 시내 연등행사도 따라가 코끼리 등 위에 탄 스님과 등불을 들고 끝없이 이어지는 사람들의 행렬 속에 묻혀 가만가만 따라 가기도 했었다. 아버지가 늘 새벽에 산에 가서 운동을 하셨기에 중고등학교 시절 방학 때면 나도 여명의 그림자를 밟으며 아직은 어두운 거리를 뚫고 산에 올라가 걷기도 하고 뛰기도 하면서 밤새 촉촉이 쌓인 이슬에 젖어 있는 풀들을 밟았다. 동이 터오는 아침, 어둠에 잠겼던 집들이 하나둘씩 형체를 드러낼 때마다 참 신기하다는 생각을 하면서도 우주만물을 창조하신 하나님의 손이 이 지구를 붙들고 계신 줄을 알지 못하였다.

한두 번 여름 성경학교에 따라 갔던 기억도 난다. "흰 구름 뭉게뭉게 핀 하늘에…" 주일 학교 교가 같은 찬양을 부르면서 나도 교회에 앉아 있었던 적이 있었다. 지금 되돌아보면 하나님의 이끄심이 아니었는지…. 그리고 우리 집 작은방에는 참으로 신실한 전도사 한 가정이 세 들어 살고 계셨다. 어렸을 적 기억에 그 전도사는 부지런하고 성실하며 잘 생기신 분이셨고, 사모님은 알뜰하고 시어머니를 모시는 효심이 지극했던 분이셨다. 잠결에도 늘 전도사 부부가 새벽기도를 가기 위해 문을 여는 소리를 들을 때마다 교회 안에서는 어떤 일들이 있는 것일까 마음속엔 알지 못할 동경심이 커져 갔다. 저 분들은 이른 새벽, 교회에 가서 무엇을 기도하시는 것일까?

그 전도사는 지금 서울역 부근의 큰 교회 담임목사로 사역하고 교계에서도 두각을 나타내며 큰 일들을 감당하고 계시는데, 어머니와 함께 가서 인사드린 적이 있다. 지금도 감사한 것은 친정아버지와 그 전도사 가정을 통해 일찍 일어나는 습관을 어려서부터 몸에 배게 되었다는 사실이다. 중학교 때는 샐녁(새벽의 동틀 무렵)이란 이름으로 문예반에서 시를 쓰기도 했다. 나는 예수님이 보여주신 새벽기도의 본을 좋아한다.

"새벽 오히려 미명에 예수께서 일어나 나가 한적한 곳으로 가사 거기서 기도하시더니…" (막 1:35)

새벽이면 나도 모르게 왠지 가슴이 설렌다. 새벽기도 시간, 아침 Q.T. 시간을 내 삶의 우선순위에 놓고 집중해올 수 있었던 것도 아버지의 근면과 부지런하심, 또 늘 교회의 새벽 종소리가 나를 깨웠기 때문이 아닐까.

"여호와여 아침에 주께서 나의 소리를 들으시리니 아침에 내가 주께 기도하고 바라리이다" (시 5:3)

지금까지 새벽기도를 통하여 수많은 기도의 응답을 받았다. 새벽마다 말씀을 묵상하고 기도로 부르짖는 작은 헌신을 통해 하나님은 나의 삶을 인도하시고 그 날에 필요한 모든 영적인 자원들과 재정적인 필요들을 채워주셨다.

"아침에 나로 주의 인자한 말씀을 듣게 하소서 내가 주를 의뢰

함이니이다 나의 다닐 길을 알게 하소서 내가 내 영혼을 주께 받듦이니이다" (시 143:8)

언제 시작했는지는 알 수 없지만 매일 아침 교회에 새벽기도를 갔다 와서 〈오늘의 일용할 양식(Our Daily Bread)〉과 〈주님은 나의 최고봉(My Utmost for His Highest, 오스왈드 챔버스 저)〉를 Q.T. 한다. 말씀을 통해 하루의 삶을 인도받고 말씀 속에서 위로와 격려, 소망을 얻는다. 때로는 내 삶 속에서 잘라내야 할 가지가 무엇인지 깨닫기도 한다. 지금 돌이켜 보면 하나님은 나의 신앙생활에 가장 알맞은 영적 토양을 먼저 준비하시고, 그 분의 때에 강권적으로 미션 고등학교에 보내셨고, 그곳에서 주님을 만나게 하셨던 것 같다.

"주 예수를 믿으라 그리하면 너와 네 집이 구원을 얻으리라" (행 16:31)

고등학교 시절, 버스를 타고 학교 가는 길에 어떤 교회 담벼락에 새겨져 있던 말씀을 3년간 보면서 가족구원을 위해 간절히 기도했다. 주님을 먼저 만난 나를 통하여 불교에 몸담고 있던 가족들을 구원으로 인도하고 계신 하나님께 감사와 찬양을 올려 드린다.

# 2

# 어머니의 태몽

　　　　　　　　어머니가 나를 잉태하신 후 내가
어머니 태 안에서 얼마나 발길질을 세게 했던지 분명 아들일 줄
알고 열심히 기다리셨다고 한다. 어머니의 태몽도 예사롭지 않아
열 달 동안 나를 품으시고는 많은 기대를 하셨다. 어머니는 언젠
가 나의 태몽을 얘기해 주셨는데, 어둠의 세상에 빛을 던지는 삶
을 하나님이 예정해 놓으신 것 같다. 어머니의 꿈은 다음과 같다.
　'많은 사람들이 모여서 웅성거리며 태양이 떠오르기를 기다
리고 있었다. 마침 방 안에 계시던 어머니는 문을 열고 사람들이
손짓하는 방향으로 고개를 돌리셨다. 얼마 안 있어 크고 둥근 눈
부신 해가 구름 사이를 헤집고 고개를 내밀었다. 사람들이 와 하
고 탄성을 지르는 사이, 갑자기 그 붉은 태양이 움직이더니 하늘
에서 땅으로 내려왔다. 사람들은 여전히 태양을 보며 영문을 몰
라 하는데 어머니는 사람들에게 "바보처럼 왜 태양도 못 알아보

느냐?"고 물었다. 그런데 갑자기 그 붉은 태양이 어머니 쪽을 향하여 방 안으로 들어오자, 어머니는 양손을 벌리고 힘껏 그 태양을 가슴에 감싸 안다가 쓰러지셨다. 그 날 어머니는 나를 잉태하셨다.'

영어로 내 이름 끝 자에 'Sun'이란 단어가 붙어 있는 것도 우연은 아니란 생각이 든다.

"네가 나의 종이 되어 야곱의 지파들을 일으키며 이스라엘 중에 보전된 자를 돌아오게 할 것은 오히려 경한 일이라 내가 또 너를 이방의 빛을 삼아 나의 구원을 베풀어서 땅 끝까지 이르게 하리라" (사 49:6)

사도 바울처럼 '이방의 빛'이 되기를 원하시는 하나님, 나는 한국에서보다 외국에 나가기만 하면 많은 기적과 이사를 체험하곤 했다. 2003년 처음으로 인도에 갔을 때 이사야 60:1-3 말씀을 주시면서 '일어나라 빛을 발하라(Arise, Shine)'란 제목으로 말씀을 전할 수 있는 기회를 주셨다. 땅이 혼돈하고 공허하며 흑암이 깊음 위에 있을 때 하나님은 "빛이 있으라"고 명하셨고 천지창조 중 가장 먼저 빛이 만들어졌다. 예수님도 요한복음 8:12에서 "나는 세상의 빛이니 나를 따르는 자는 어두움에 다니지 아니하고 생명의 빛을 얻으리라"고 말씀하셨다. 가끔씩 나도 모르게 '빛으로 오신 예수여'란 찬양을 즐겨 부른다.

"이같이 너희 빛을 사람 앞에 비취게 하여 저희로 너희 착한 행실을 보고 하늘에 계신 너희 아버지께 영광을 돌리게 하라" (마 5:16)

아들인 줄 잔뜩 기대하고 낳았던 아기는 의외로 딸이어서 처음엔 부모님도 좀 실망이 되셨다. 내리 셋 딸이 태어나자 외할머니도 기분이 안 좋으셨던 모양이다. 할머니를 위로해 드린다고 하면서 아버지는 "앞으로는 여자들도 국회의원을 하는 시대가 올 거니까 너무 걱정하지 마세요"라고 안심을 시켜 드리면서도 마음속 깊은 곳에는 아들을 얻었으면 하는 바람을 감추지 못하셨다. 그래서 내 이름 중간에 '사내 남(男)'자를 넣고 끝 자는 '착할 선(善)' 돌림자니까 '남선'이라고 지어서 구청에 신고해버리셨다. 어렸을 때는 남장에다 머리도 남자처럼 해서 동네 사람들은 아들인 줄 알고 감쪽같이 속았다고 한다. 초등학교 때는 내 이름이 남자 이름 같아서 속상하기도 하고, 부끄럽기도 했다. 다른 친구들이 칠판에 자기이름을 자신 있게 쓰면 나는 왠지 모르게 주눅이 들기도 했다. 그러나 자라면서 내 이름에 대한 의미를 새롭게 깨닫고 하나님께 감사드리지 않을 수 없었다. '남자처럼 착한 일을 많이 하라'고 해석하게 되었고, 영어로는 'Good Man(좋은 사람)' 이니 얼마나 좋은 이름인가!

그 후 하나님은 나에게 'Paulah(폴라)'라는 크리스천 영어 이름을 하나 주셨다. 우연한 기회에 갖게 되었는데, 사도 바울과 드보라를 합성한 이름이다. 바울과 같은 사도, 드보라처럼 많은 남종들을 세우는 선지자이니 감당하기에 너무 큰 이름이지만 바울과 같은 선교사, 드보라와 같은 열방의 선지자가 되는 것이 나의 새로운 꿈으로 자리 잡아 외국에서는 '폴라(Paulah)'라는 이름으로 통한다.

바울은 다메섹 도상에서 빛 가운데 주님을 만났다. 호랑이는 가죽을 남기지만 사람은 이름 석 자를 남긴다. 성경에서 하나님이 한 사람의 이름을 바꾸어 주실 때마다 그의 삶은 새로운 영적 지평을 열었고, 새로운 사명을 부여받았음을 볼 수 있다. 아브람이 아브라함으로, 사래가 사라로, 야곱이 이스라엘로, 사울이 바울로….

우리의 가야 할 길과 사명을 아시는 하나님께서는 불교신자였던 어머니에게 뜻밖의 태몽을 주심으로써 내가 감당해야 할 일이 크다는 것을 미리 알게 하셨다. 이제 주님을 영접하신 어머니께서는 이렇게 기도하신다.

"사랑의 하나님! 내 딸이 어두운 세상에 빛의 역할을 잘 감당하게 하시고 무지하고 몽매한 자들을 복음으로 깨우치게 하셔서 온 누리를 주님의 사랑으로 비추게 하옵소서."

비록 초등학교밖에 졸업하지 않으시고 40여 년간 불교신자로 살아오셨지만 하나님을 만난 이후로 부족한 종을 위해 날마다 눈물로 중보 기도하시는, 세상에서 예수님 다음으로 가장 존경하고 사랑하는 어머니(구계순 성도)! 그리고 주님을 가까스로 만나 83세에 세례 받으시고 이제 천국에 가신 아버지도 우리를 위해 기도하고 계심이 느껴진다.

"일어나라 빛을 발하라 이는 네 빛이 이르렀고 여호와의 영광이 네 위에 임하였음이라 보라 어두움이 땅을 덮을 것이며 캄캄함이 만민을 가리우려니와 오직 여호와께서 네 위에 임하실 것이며 그 영광이 네 위에 나타나리니 열방은 네 빛으로 열왕은 비취는 네 광명으로 나아오리라" (사 60:1-3)

# 3

# 영혼의 의사가 되게 해 주세요

     1980년 8월 4일은 내 생애에서 결코 잊지 못할 날이다. 고등학교 3학년이라 열심히 대학 입시를 준비하고 있던 나에게 하나님은 '죽음'이라는 한계 상황을 제시하시면서 가까이 다가오셨다. 몇 달 전부터 공부할 때 머리와 배가 아파 견딜 수 없었는데 영문도 모른 채 꾹 참았다. "그저 스트레스로 쌓인 일시적인 통증일 거야!"라고 어머니는 날 위로하셨다.
     그러나 어느 날 갑자기 지퍼를 잠글 수 없을 정도로 배가 부풀어 오르면서 아랫배가 아프기 시작했다. 우리 집에서 아플 때면 늘 찾는 '남광의원'이란 곳에 가서 진찰을 받았는데, 의사 선생님께서 고개를 갸웃거리시면서 다른 큰 병원에 가보라고 하셨다. 몇몇 다른 병원들을 갔더니 이제는 산부인과로 가라는 진단이 나왔다. 의사 선생님이 빙그레 웃으시면서 남자 친구가 있느냐고 물으시기까지 했다. 그 말의 의미를 나는 잘 눈치 채지 못했었지만 아무 것도 모르는 순진한 여고생이 산부인과에 와서 검진 받는다는 자체가 부끄럽고 속상했다.

　결국 처음에 갔던 병원으로 되돌아갔는데 병명은 '난소 종양.' 자궁에 혹이 있어 수술하지 않고 그대로 두면 암으로 발전될 수도 있다는 의사 선생님의 설명에 얼마나 놀랐는지 모른다. 요즘은 자궁근종이 흔한 시대이지만 그 당시엔 매우 희귀한 병명이라 어찌할 바를 몰랐다. 두 가지 종류의 혹이 있는데 내 안의 혹은 물렁물렁한 것이 아니고 단단한 경혹이어서 언제 터질지도 모르니까 시한폭탄을 안고 사느니 아예 수술해서 잘라버리는 것이 안전하다는 의사 선생님의 충고에 담임선생님과도 의논하여 고3이라는 절박한 시점이었지만 수술하기로 부모님과 함께 동의하였다.

　수술을 앞두고 병원에 입원하기 위해 병실에 들어섰을 때 창문의 창살 사이로 유난히 눈부신 푸른 하늘이 내 두 눈에 가득 들어왔다. 그 시절, 불치의 병에 걸린 여자주인공의 이루지 못할 사랑을 그린 영화의 주제가인 〈사랑의 스잔나〉라는 노래가 유행하고 있어서 마음은 더 울적해졌다. 갑자기 죽음에 직면한 청천벽력 같은 일들 앞에서 지금 죽는다는 것은 너무 억울하다는 생각이 들었다. 부모님의 착한 딸로서, 학교에서는 모범생으로 별 탈 없이 자라왔던 나. 많고 많은 사람들 중에 왜 나에게 이런 어처구니없는 일이 생기는지 이해할 수가 없었다.

　"나에게 한 번 더 살길을 주신다면 이제는 나 자신만을 위해 살지 않고 나처럼 인생의 위기에 직면한 많은 다른 사람들을 위해 살고 싶어요"라는 기도를 나도 모르게 했다. 그러나 그때까지도 하나님을 모르고 있던 나로서는 인간은 죽음 앞에서 아무런 힘이 없는 무력한 존재임을 깨달았을 뿐, 하나님께서 왜 이런 일을 예비하셨는지 깨닫지 못했다.

내가 병원 수술대에 누웠을 때, 신실한 장로였던 이동영 의사 선생님은 나에게 "하나님을 믿느냐?"고 물으셨다. 마치 임종을 앞둔 환자에게, 아니면 사형 집행을 앞둔 사형수에게 마지막으로 하고 싶은 말이라도 있느냐고 물으시는 것 같았다. 나는 솔직하게 대답했다. "나는 하나님을 잘 모르지만 알고 싶다"고. 그리고 하나님을 믿고 싶다는 바람을 솔직하게 고백했다. 의사 선생님은 수술에 앞서 나를 위해 기도해주셨다.

"사랑의 아버지 하나님. 당신이 사랑하는 딸이 이 시간 수술을 받기 위해 누워 있습니다. 당신의 딸을 불쌍히 여기시고 죽음에서 건지시며 새 삶을 허락해 주옵소서. 당신의 딸이 당신을 알기 원합니다. 당신이 어떤 분이신지를 나타내 주시고 당신의 영광을 위해 사는 딸이 되게 해 주옵소서. 수술을 집도하는 저의 손을 지켜 주옵소서. 예수님의 이름으로 기도 드립니다. 아멘."

6시간 가까이 진행된 대수술은 하나님의 은혜 가운데 성공적으로 끝났다. 나중에 어머니는 의사 선생님이 내게서 잘라낸 혹을 보여 주셔서 직접 보았는데 손바닥만한 큰 혹이었다고 하셨다.

다시 찾은 세상은 너무나 감격적이었다. 그러나 수술 후 진통제 주사를 맞으면 회복이 더디다는 말에 공부에 욕심이 많았던 나는 진통제 주사를 맞지 않고 회복을 기다렸다. 수술보다 더 큰 고통… 얼마나 아팠던지 혀를 깨물어 혀가 다 헐고 피가 날 정도였다. 밤에는 통증에 못 이겨 병실의 벽을 하염없이 두들기기도 했다. 지금 되돌아보니 십자가에서 몸이 찢기신 예수님의 고통을 이해하라고 하나님이 허락하셨던 일이었다고 생각된다.

고3이라는 막바지 상황에서 친구들은 학교에서 열심히 공부하느라 수술 후 아무도 병문안을 오지 않았고, 담임선생님도 바쁜 스케줄 때문에 오시지 못했다. 외로움이 엄습했다. 어느 날 비가 억수같이 퍼붓던 아침, 부모님은 마침 식사 준비를 하러 집에 가셨고 병실엔 나 혼자 있었다. 나도 모르게 기독교방송의 채널을 이리저리 맞추다 공감되는 말씀들에 큰 은혜를 받았다. 그 날 아침, 아무도 찾아오지 않던 병실에 주님이 직접 찾아오셨다. 아무도 나의 고통과 인생의 외로움을 해결해줄 자가 없었지만 주님만은 나를 찾아오셔서 위로해주셨다. 주님은 영원토록 나를 떠나시지 않고 늘 함께 하시며, 눈동자처럼 지켜보시고 위로해주시는 유일한 분, 내 일생을 책임져주실 수 있는 분이라는 것을 깨닫게 되자 폭포수처럼 울음이 터지기 시작했다. 그때 나도 모르게 이런 기도를 드렸다.

"주님, 제가 영혼의 의사가 되게 해 주세요. 의학을 공부해서 의사가 될 순 없지만 나처럼 소망 없는 자를 일으켜 세울 수 있고, 절망에서 헤어 나올 수 있는 길을 가르쳐줄 수 있는 영혼의 치료자가 되기를 원합니다."

나의 소박하고 순수했던 그 기도를 하나님이 들으셨다. 그 후 목사가 되고, 상담학을 공부하여 신학교에서 상담학을 가르치면서 방황하거나 삶의 의미와 비전을 잃어버린 사람들을 위해 사역하게 되었다. 하나님께서 나를 이 길로 이끌어 많은 이들을 어둠 속에서 건져내고 그들의 아픔을 싸매며 그 영혼들을 고칠 수 있는 목사, 선교사가 되도록 만들어주신 것이다.

# 4
# 아버지의 세례식

                                    나의 친정아버지(박쾌복: 1928-2012)는 4남 1녀 중 막내인 넷째 아들로 태어나셨다. 아버지와 큰 아버지 세 분은 이제 모두 소천 하셨지만 막내 고모는 아직 살아 계시다.

    할아버지·할머니가 일찍 돌아가셨기에 그 분들에 대한 기억은 없지만 아버지는 어려서부터 가난한 가정에서 많은 어려움을 겪으며 자라나셨던 것 같다. 일가친척 모두가 불교에 심취했고, 특히 할아버지는 절을 세우실 정도로 불도(佛道)가 강했다. 아버지도 산에 가면 먼저 절에 들러 절한 후에 등산을 하시곤 했다. 전통적인 가정에서 자라서서 집안의 대소사가 생기면 막내인 친정어머니는 밤을 새면서라도 늘 집안일을 돌보셔야 했다.

    경제적으로 힘든 가정이라 자녀들에게 물려준 것이 별로 없었다. 그래서 자녀들은 공부를 많이 하지 못했지만 근면 성실하게 일하여 자수성가하는 법을 터득하게 되었고, 겨우 글만 깨칠 정도로 초등학교를 졸업하게 되었다. 아버지의 성격을 한 마디로 말하면 정직과 근면, 부지런함과 성실함이라고 할 수 있다. 아버지는 전매청(현 KT&G)이라는 직장을 33년 동안 시계처럼 정확히 출퇴근하여 다니셨는데, 정년퇴직하실 때는 대통령 표창을 받으셨다. 한평생 자녀들을 공부시키려고 애쓰시느라 자신의 편안함을 누리지 못하고 늘 한 푼이라도 절약해야 하는 판에 박힌 생활을 하시느라 자신의 안일함은 늘 두 번째로 밀려났다. 높은 직함이 아니라 말단 공무원이 갖는 비애도 있었지만 순진하게 자라나는 자녀들의 모습을 보며 위로를 얻으시고 묵묵하고도 충성스럽게 늘 자신의 자리를 지키셨다. 어찌 보면 여느 아버지들과 같이 나의 아버지는 평범하면서도 비범한 아버지라고나 할까.

아버지가 우리 네 자녀들에게 물려준 귀한 유산이 있다면 새벽에 일찍 일어나는 부지런한 습관이라고 할 수 있다. 한평생 새벽 4~5시면 일어나셔서 산에 올라 등산과 체조로 자신의 몸을 관리하셔서 늘 건강하고, 규칙적으로 사는 삶의 본을 보이셨다. 나도 중고등학교 시절, 방학 때면 새벽의 어두움을 깨뜨리고 아버지와 함께 산에 올라가곤 했다. 떠오르는 눈부신 태양과 함께 밤사이 잠들었던 하루가 꿈틀거리며 일어나고 안개에 가려 있었던 집들과 군상들이 점점 밝아지는 모습을 지켜볼 수 있었다.

아버지는 강직하고 좀 무뚝뚝하면서 완고한 면이 있으셨다. 왠지 모르게 아버지 앞에서는 재롱을 피워본 기억이 별로 없고, 여느 아이들이 하듯 아버지 앞에 달려가 안기거나 어리광을 부리지도 못하고 좀 두려워했던 것 같다. 어머니와는 모든 대화를 사사로이 나누면서도 아버지와는 늘 사무적으로 대하고 어려워하면서 꼭 필요한 대화가 아니면 회피했다. 아버지가 미운 것은 아니었지만 왠지 친밀하지 못함에 늘 마음속의 얘기들은 자상한 어머니에게만 털어 놓았다. 종교적인 차이도 큰 이유가 되었다.

고3 때 내가 미션스쿨을 다니고 그 후 몇몇 개인적인 사건을 거치면서 주님을 믿게 되었을 때 아버지와 어머니는 내가 교회에 나가는 것을 허락지 않으셨다. 한 번은 둘째 언니가 나에 대한 시기심에서, 공부를 잘한다고 칭찬해주시는 아버지께 내가 새벽마다 혼자 일어나 스탠드를 켜놓고 몰래 성경을 읽고 찬양 테이프 듣는다는 사실을 아버지께 일러 바쳤다. 한 방을 언니 둘과 같이 쓰고 있었으니 나의 신앙생활을 숨길 수가 없었다. 언니가 부모님께 나의 비밀스런 행동들을 폭로하자 화가 난 아버지는 당장 성경을 치우지 않으면 불태우겠다고 소리를 지르셨다. 아버지께 한 번도 그런 꾸중을 듣지 않았던 나로서는 몹시 충격스러운 사건이었다. 그 때는 이해하지 못했지만 사탄이 아버지를 부추겼던 것 같다. 아버지는 녹음기를 들어 땅에 내던지셨고, 찬양 테이프가 든 녹음기는 박살난 채로 땅에 내동댕이쳐졌다.

갑작스레 생긴 일들 앞에서 너무 놀랐던 나는 부랴부랴 성경을 들고 누군가에게 주겠다고 하면서 집을 나왔다. 순간 누구에게 주어야 할지 막막했다. 밤 10시. 이미 날은 어두워졌고, 부슬비가 조금씩 내리고 있었다. 나는 곧잘 가던 집 근처의 성모당(聖母堂)에 가서 한 신부님께 나의 자초지종을 얘기하고 성경과 즐겨 듣던 테이프들을 맡겼다. 나중에 신앙의 자유가 주어지면 와서 다시 찾아가겠다고 부탁하면서…. 그 때만 해도 아직 자유롭게 교회에 다니지 못하고 있던 터라 어쨌든 신부님이면 맡겨도 안심이 될 것 같았다. 그 후 수년이 지나도록 그 신부님을 다시 찾아가지는 못했다.

이 사건으로 인해 나는 아버지가 더 무섭고, 내가 어떤 얘기라도 꺼내면 묵살해버리실까 봐 늘 언행을 조심해야 했다. 한 지붕 밑에 살면서도 아버지와는 "식사 하셨어요?" "학교 잘 다녀왔습니다"라는 이런 형식적인 인사만 던질 뿐 아버지 앞에 가까이 나아가기를 회피했다. 그 후 신학을 공부하고 사역하기 위해 1990년 이후로 고향인 대구를 떠나 서울에서 살다보니 1년에 손꼽을 정도로밖에 집에 들르지 못했다. 늘 사역을 우선시 하다 보니 명절이나 부모님 생신 때 겨우 한 번씩 내려가는 것이 전부였다.

아버지를 미워한 것은 아니지만 잔정은 별로 내지 못했던 것 같다. 결혼 후 친정에 갔다가 서울로 돌아올 때면, 아버지는 우리가 차를 타고 떠날 때까지 늘 아파트 난간에서 우리를 내려다보며 서 계셨다. 아버지가 나를 정말로 사랑하시나 하는 의구심이 들 정도로 당시엔 아버지의 마음을 미처 읽지 못하고, 느끼지도 못했다. 어느 날 친정에 갔을 때, 아버지는 작은 라디오를 듣고 계셨다. 길을 걷거나 전철에서 듣기 좋은 포켓용 소형 라디오. 왠지 그것이 맘에 들어 아버지께 어디서 사셨는지 물어보고 나도 그것을 사고 싶다고 말씀 드렸다. 그때 아버지께서는 의외로 제법 먼 길, 버스를 타고 시내까지 나가셔야 하는 데도 바로 그 날 멀리 가서서 친히 그 라디오를 사와 내게 주셨다. 나는 마음속으로 '아버지가 나를 정말로 사랑하시나 보다!'하고 생각했다. 그 순간, 아버지의 사랑이 가슴 속에 찡하게 번져가는 것을 느끼며 눈시울이 뜨거워졌다. 어렸을 적 기억으로 되돌아가보면, 비오는 날 아버지가 우산 가져오라고 하셔서 우산 가지고 마중 나가면 아버지는 우리가 좋아하는 미성당 만두집에 들러 철판 위의 납작 만두를 사주시곤 했다. 우리는 허겁지겁 신나게 그 만두를 맛있게 먹었다. 지금도 가끔씩은 그 만두가 그립다.

아버지께서 33년 정년퇴직을 하시고 대통령상을 받게 되었을 때, 집에 와서 이런 마음속의 얘기를 모처럼 털어 놓으신 적이 있다.

"너희를 공부시키려고 내가 갖은 굴욕, 때로는 새파랗게 젊은 상사가 모욕을 줄 때에도 억지로 참으면서 이 길을 걸어 왔지."

공부를 많이 못 하셨기에 말단직에 있으시면서 얼마나 많은 갈등과 무시, 아픔들이 스쳐 지나가셨을까…. 어른이 되어가다 보니 아버지의 존재를 차츰 깨닫게 되었다. 아버지의 인내와 자기부인이 없었더라면 어떻게 네 자녀들이 공부할 수 있었겠는가? 수년 전 내적 치유 프로그램 중 한 상담자가 기도하면서 아버지와의 관계를 회복하고 화해하라고 말씀해 주셨다. 육신의 아버지와의 형식적인 관계 때문에 나의 영적인 아버지 하나님과의 관계도 깊지 못하고 친밀하지 못하다는 조언을 듣고 기도하기 시작했다. 내 안의 성인 아이는 소리쳤다.

"나도 다른 아이들처럼 아버지 품에 꼭 한 번 안겨보고 싶어요."

자연스럽게 아버지의 등을 타고 올라가 장난치는 여느 아이들이 부럽기만 했던 나는 어떻게 아버지와의 관계를 회복할 수 있을까가 숙제거리가 되었다. 하나님은 내 마음의 소원을 들으셨다. 한 번은 금식하고 친정에 갔을 때 놀라운 일이 일어났다. 말로는 차마 내 마음을 전달할 수 없어서 아버지께 장문의 긴 편지를 썼다. 내가 기억하고 있는 아버지에 대한 감사와 함께. 그 날 정말 잊지 못할 감격적인 일이 있었다.

친정에서 떠날 즈음, 어머니는 차타는 데까지 바래다주시겠다고 가방을 들고 나오시고, 아버지도 모처럼 엘리베이터를 타고 내려오셨다. 나도 재정적으로 여유 있지는 못했지만 아버지께 건강과 평안을 적은 짧막한 기도문을 용돈과 함께 봉투에 넣어 드렸다. 아버지는 마음으로 고맙게 받으셨던지 잘 가라고 손짓하며 배웅을 하셨다. 나도 안녕히 계시라고 손짓하고 돌아서는데 아버지가 다시 나를 부르셨다. 가까이 다가갔더니 아버지께서 갑자기 나를 껴안아 주시면서 눈물을 흘리시는 것이 아닌가! 나는 당황하고 놀라서 어떻게 반응해야 할지 몰랐다. 그 순간 깊고도 넓은 바다 같은 아버지의 사랑이 봇물 터지듯 내게 밀려왔다. 내가 아버지를 오해하고 살아왔었구나!

"너희가 악할지라도 좋은 것을 자식에게 줄줄 알거든 하물며 너희 천부께서 구하는 자에게 성령을 주시지 않겠느냐 하시니라" (눅 11:13)

육신의 아버지와의 사랑을 재확인하면서부터 하나님에 대한 나의 관계도 점점 더 친밀하게 깊어져 갔다. 전에는 내게 필요한 것들을 주로 하나님 아버지께 구했다면 지금은 나의 감정을 솔직하게 하나님께 표현할 수 있게 되었다.

어머니는 먼저 하나님의 은혜로 주님을 영접하고 교회에 다니시면서 중보기도도 열심히 하시지만 아버지는 주님을 만나지 못하셔서 그의 구원을 위해 늘 기도해왔다. 내가 선교사로 헌신하여 인도라는 척박한 땅에 오면서부터 아버지의 마음도 안쓰러움과 걱정으로 조금씩 깨어져 가기 시작했다. 워낙 자상하고 아버지의 모든 필요를 잘 채워주시는 어머니도 이따금씩 아버지께 함께 교회가자고 권면하셨다.

　인도에 온 후 처음으로 한국에 갔을 때, 꼭 아버지에게 복음을 전해야겠다는 마음으로 하루 온종일 금식하고 집에 내려가 귀에 소음이 들려 잠을 잘 주무시지 못하는 아버지를 붙들고 간절히 기도했다. 아버지의 연약해진 다리를 주물러 드리는데 갑자기 왈칵 눈물이 쏟아졌다. '지금 83세인 아버지. 또 1년 동안 선교 현장에 있다 오면 그 사이 아무 일도 없으실까? 아직은 따뜻한 체온의 아버지를 만질 수 있는데 나중에는 그 따뜻한 다리를 다시 주물러 드릴 수 없게 되면 어쩌지?' 하는 막연한 불안감에 뜨거운 눈물이 계속 아버지의 다리 위로 뚝뚝 떨어졌다.

　성령이 이끄시는 대로 가져간 사영리로 아버지께 복음을 전했다. 전에는 예수님을 집에서 얘기하면 큰일이 났었는데…. 내가 전도하려고 하면 "됐다!" 하고 말문을 일축해 버리셨던 아버지가 성령의 강권하심에 사영리를 따라 읽고 영접 기도까지 하셨다. 할렐루야! 집안 대대로 믿어오던 불교를 버리고 기독교로 개종하면 돌아가신 선친들과 할아버지께 불효한다는 생각에 절대로 개종할 수 없다고 고집하시던 아버지께서 "내가 교회에는 나가지 않지만 마음속으로는 너희들의 사역이 잘 될 수 있도록 기도하고 있다"고 말씀하셨다.

　며칠 후 남편인 케니 선교사가 ACTS(아세아연합신학대학교) 박사과정을 마치고 졸업하게 되었을 때, 아버지·어머니께서는 KTX 기차를 타고 서울까지 친히 올라오셔서 경기도 양평의 신학대학원까지 추운 날씨에도 불구하고 졸업식에 참석하셔서 얼마나 기뻤는지 모른다. 그동안 공부하느라 수고했다고 케니 선교사를 격려해주신 부모님, 파이팅!

또 화요일의 인도 나갈랜드 선교후원회 기도회 모임과 예배 참석 차 우리 교회에도 한 번 오셨다.

"내가 보니 네가 큰일을 벌려 놓았는데, 잘 되어야 할 텐데…."

아버지가 선교 사역에 대한 관심과 염려를 보이셨다. 서울역에 배웅 갔을 때 개찰구 안으로 들어가시다 말고 다시 나오셔서 나를 껴안아 주셨다.

그 후 아버지는 심장병 수술 후 중환자실에 입원하셨고, 심장이 잠시 멎는 바람에 기절하시면서 의식을 잃고 넘어지시는 바람에 팔다리를 다쳐 깁스까지 하셨다. 병상에서 친히 아버지가 주님을 만나시길 인도에 있는 M. I.의 모든 멤버들과 함께 간절히 기도했다.

한 가지 잊지 못할 놀라운 간증은, 아버지가 배 속에 담석이 있으셔서 수술하셔야 했는데 어느 날 아침 어머니께서 아버지를 위해 간절히 기도하셨다. 바로 그 날 산에 운동하러 가셨다가 넘어지셨는데 놀랍게도 돌이 밖으로 나왔다. 믿음이 없는 아버지에게 하나님이 살아서 친히 역사하신다는 것을 몸으로 느끼도록 하나님이 연출하신 드라마였다. 그 사건이 있은 후 아버지는 감사하는 마음으로 인도 M. I. 센터에 선교 헌금 30만원을 보내셨다. 하나님의 놀라운 은혜가 아버지께 부어졌다.

많은 분들의 간절한 중보기도로 그 후 아버지는 인공 심장박동기를 달고 퇴원하셨다. 그러나 뇌출혈로 쓰러지신 후 잘 걷지 못하시고, 늘 잘 가시던 노인대학과 등산을 그만두게 되셨다. 그러나 하나님의 자비로운 손길은 계속 아버지께 머물러 있었다.

어머니가 다니시는 교회에서 개최한 전도 축제를 기점으로 성령께서 아버지의 마음을 움직여 주셔서 마침내 어머니와 함께 아버지가 교회에 나가시게 되었다. 어려서부터 교회와 마주하고 자라난 우리 집 맞은편에 사시던 김만조 권사님이 마침 어머니와 같은 교회를 다니시게 되어 늘 밤마다 중보 기도해주셔서 아버지의 구원이 생각보다 빠르게 이루어지게 되었다. 가족이 함께 모일 때도 이제는 자연스럽게 모두가 식탁에서 기도하게 되었으니 30년간 눈물의 중보가 결코 헛되지 않았음에 하나님께 감사와 영광, 찬양을 올려 드린다.

한국 방문 시 친정에 갔을 때 하나님은 놀라운 선물인 '아버지의 세례식'을 준비해놓고 계셨다. 남동생과 어머니와 함께 아버지의 세례식에 참석하여 아버지가 신앙 고백하는 모습을 보았을 때 "하나님은 모든 사람이 구원을 받으며 진리를 아는데 이르기를 원하시느니라"(딤전 2:4)의 말씀이 실감났다.

정말 하나님을 믿을 것 같지 않았던 우리 아버지, 그러나 하나님의 긍휼하신 사랑은 비록 막차를 탄 것 같은 늦은 시간에도 변함없이 아버지를 향하고 계셔서 83세의 연세에 세례를 받게 되셨으니 얼마나 엄청난 기적인지 모른다. 늘 식사 때마다 기도하시는 아버지의 모습을 볼 때마다 어린아이같이 순수하신 하나님의 자녀임을 확인하게 되어 감사했다. 불교 가정의 부모님을 변화시키셔서 구원하신 하나님은 오늘도 불교, 힌두교, 이슬람교에 젖어 있는 수많은 잃어버린 영혼들을 구원하기 원하시며 선택받은 그 분의 백성들이 믿음으로 나아오기를 원하신다.

세례식 후 아버지는 꾸준히 교회를 다니시다가 건강이 악화되셔서 2-3년간 고생하셨다. 어머니도 아버지를 계속 간호할 여건이 못 되어 아버지는 집 가까운 요양원에 계시다가 2012년 6월 29일 향년 86세에 하나님의 부르심을 받고 천국에 가셨다. 이제는 이 땅에서의 모든 아픔을 벗어 놓고 주님의 품안에서 편히 안식하고 계신다.

제2부

울며 씨 뿌리는 자의 기쁨

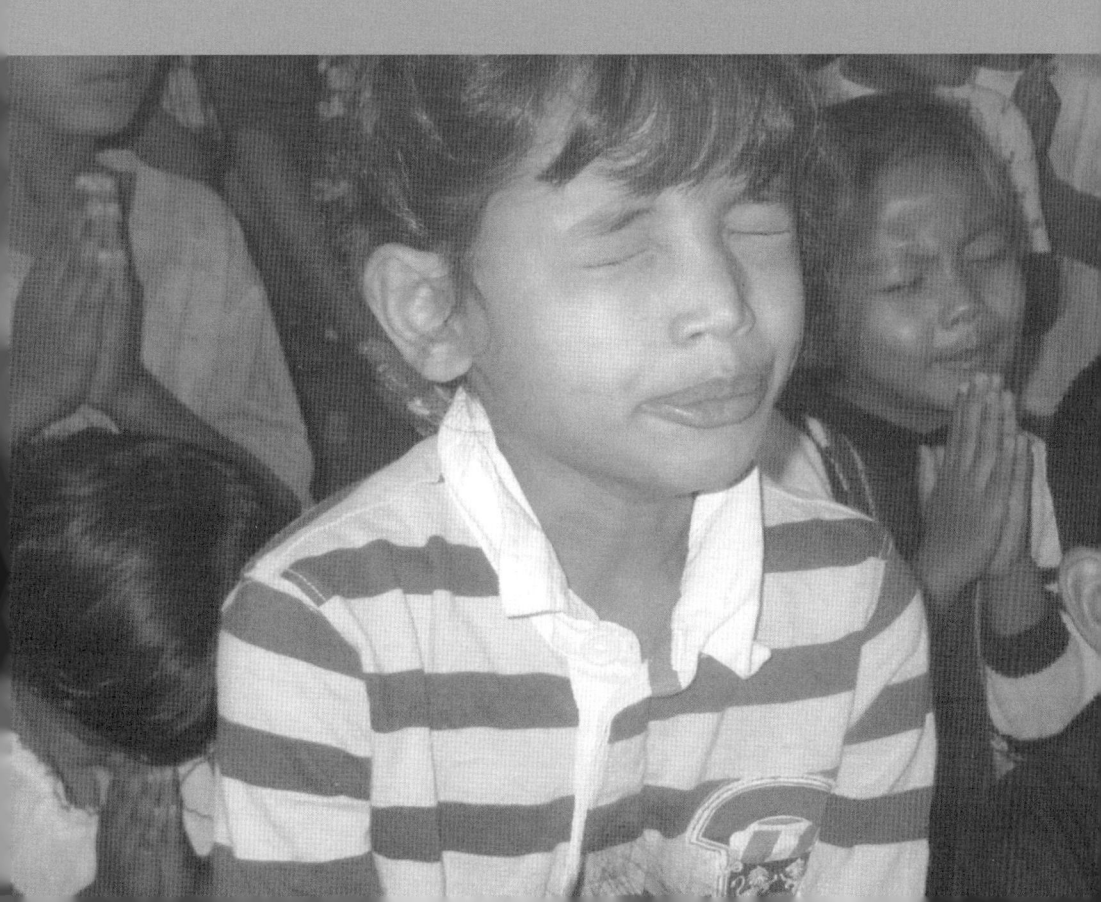

## 만남

다 쓰지 못하고
다 그리지 못하고
마음의 때와 더불어 쌓은
그리움도 다 토하지 못한 채로
말라져 누렇게 뜬
빈 편지만 들고
우체통에서 돌아오던 날

안녕이라 말할 수 없는
좋아함들이
귀또리 울음에 더 귀가 밝아진
좋아함들이
맨살의 시멘트 바닥을 핥으며 지나갔다.

내가 사랑한 계절만큼
사랑하고픈 사람들이
하얀 꽃을 피우며 만나고 있었다.

그들은 말하고 있었다.
당신을 기억하겠다는 섣부른 약속보다
오늘 일기(日記)를 좀 더 잘 써볼게요.

그런 맹세가 아름다우리만큼
끝까지 주고 싶은 충동으로
사람들이 손을 잡고 있었다.

우린 영원한 타인(他人)이 아니라
잠시 떨어져 있었던 영혼이에요.

# 1
# 모스크바에서 사명을 받기까지

나는 1990년 대구에서 서울로 올라와 낮에는 KABS(Korean-American Bible Study, 한미성서연구회) 간사로서 또 트리니티 신학연구원 조교로서 신학을 공부하면서, 저녁에는 영어학원 강사로서 가르치는 일을 계속 했다. 연세대, 홍익대, 이대, 서강대 등 신촌을 중심으로 캠퍼스에서 복음을 전하고 영어 성경을 가르치는 열정에 불붙었던 시절, 그때 동행하며 만났던 선후배들은 지금 거의 다 목회자들이 되었고, 여러 모습으로 주를 섬기는 일들을 감당하고 있음을 볼 때 얼마나 감사한지….

1992년 하나님은 세계 선교를 위한 구체적인 준비 작업을 시작하셨다. 내가 어느 전도사의 소개로 여의도 순복음교회 통역에 지원했다가 마침 〈순복음가족〉 기자로 뽑힌 것이다. 대학을 졸업할 무렵엔 언론사의 기자가 되기를 동경했었다. 그때 세상적인 기자가 되었다면 연예인들이나 사회에서 일어나는 일들을 알리는데 빠져 있을 것이지만, 하나님은 한참의 세월이 흐른 후 하나님 나라의 소식을 전하는 기자가 될 수 있도록 이끌어 주셨다. 얼마나 감사하고 벅찬 나날들을 보내었는지 모른다. 세계적으로 유명한 목사님들과 선교사 및 교수님들을 직접 만나 인터뷰를 하고, 뜨거운 기도에 불붙은 성도들을 바라보며 중보 기도의 위력을 다시 한 번 배운 시간들이었다.

하나님의 시계는 '세계 선교'를 향해 계속 나아가고 있었다. 그 해 6월 조용기 목사님과 선교 일행들과 함께 모스크바, 우즈베키스탄, 타지키스탄으로 취재차 갈 수 있는 기회를 주셔서 처음으로 비행기를 탔다. 이제 막 구(舊)소련이 무너지고 공산주의가 해체된 시점이라 사람들은 중심을 잃어버린 것처럼 허탈해져 영적 진공상태에 빠져 있었고, 복음에 갈급해 있었다. 공산당 간부회의가 열리는 크렘린 궁에서 일어나는 부흥집회에 수많은 인파들이 몰려와 입구는 초만원을 이루었고, 먼 지방에서 휠체어를 타고 온 사람들, 직장도 가지 않고 육신의 치료를 위해 찾아온 사람들을 보며 위기의식을 느꼈는지 소련 정교회는 집회를 하지 못하도록 집회 3일째 되던 날에 집회를 무산시켰다. 소련 비밀경찰 KGB가 크렘린 궁 지하에 보초를 서서 사람들이 얼씬도 못하게 지키고 있는 살벌함 속에서도 하나님의 역사는 또 다른 막을 열며 진행되고 있었다.

크렘린 궁에서의 집회가 철회되자 한국 팀들은 급히 의논한 뒤 바깥에서 옥외 집회를 열기로 하였다. 모든 것이 협력하여 선을 이루게 하시는 하나님! 길을 가거나 차를 타고 가던 사람들이 무슨 일인가 구경하러 모이다 보니 집회는 예상 인원보다 두 배로 불어났고, 하나님은 더 많은 영혼들, 허기진 심령들을 불러 모아 주셨다.

한창 집회가 진행되던 중 어떤 여자 분이 나를 향해 손짓했다. 마치 나를 잘 알고 있던 사람처럼. 영문을 모르고 바라보자 그 모스크바 여자는 내가 어제 자기 딸의 사진을 찍었는데, 사진을 달라는 것이었다. 수많은 인파 속에서 어떻게 나를 알아보았을까? 나는 그저 취재차 셔터를 누르며 이곳저곳에서 사진을 찍었을 뿐인데…. 그 여자 분은 자신을 소개하며, 또 5~6살 또래의 딸을 내 옆에 세워놓고 뜻밖의 얘기를 했다. 자신은 영어 교사인데 자기 딸이 심장병으로 머지않아 죽을 것이라고…. 눈망울이 초롱초롱하고 영특하게 생긴 아이가 5~6개월밖에 살지 못한다니! 그 당시 카메라가 귀하니까 자기 딸의 사진을 간직해두려는 어머니의 안타까운 모성을 읽으면서 내가 무엇인들 해줄 수 없었겠는가! 그 날 아침에 들은 설교 말씀(막 16:15-20)에 의지하여 그 꼬마 아이를 위해 기도해주고 싶은 마음이 불현듯 일어났다.

"믿는 자들에게는 이런 표적이 따르리니… 병든 사람에게 손을 얹은즉 나으리라."

어디서 그런 믿음이 생겼는지 나도 모르게 그 딸의 가슴에 손을 얹고 간절히 기도해 주었다. 취재하다 말고 나의 관심은 온통 그 아이에게 쏠려 있었기에 주변에서 무슨 일들이 일어나는지에 대해서는 전혀 무감각한 채 기도에 몰두했다. 나의 진지한 기도에 어머니가 감동을 받으셨던지 이번엔 자신을 위해 기도해 달라고 하셨다. 그래서 이번에는 그 어머니를 위해 기도해 주었다.

기도를 마친 뒤 눈을 떠보니, 이게 어찌된 일인가! 어느덧 집회는 끝나 일행들은 버스를 타고 레닌그라드로 떠나버렸고, 나는 모스크바 한복판에 갑자기 미아처럼 서 있었다. 가방도, 여권도, 일행도 모두 잃어버린 채.

순간 너무나 당황했다. 이러다 국제 미아가 되는 것은 아닌가. 여권을 잃어버렸으니 한국으로 돌아갈 길도 막막했고, 취재한 모든 글들이 담긴 가방도, 돈도 모두 잃어버려 망연자실 서 있을 수밖에 없었다. 나는 죽어가는 한 시한부 인생 꼬마 소녀와 그 어머니를 위해 기도해준 일밖에 없는데, 왜 이런 일이 일어난 것일까. 그것도 처음 외국 여행에서.

어찌할 바를 몰라 그냥 서 있는데 성령께서 머무르고 있던 호텔로 돌아가 보라는 마음을 주셨다. 다행히 내 주머니 속엔 택시비만 남아 있었다. 일말의 기대를 품고 묵었던 호텔로 가보았더니 이미 체크아웃이 되어 있었다. 나는 그날 밤을 묵을 호텔비도 없는데….

울면서 기도하는 수밖에 없었다. 한참 기도하고 있는데 마침 같은 비행기의 옆 좌석에 앉아 왔던 분이 그 호텔에서 막 나가고 있었다. 나는 어찌나 반가웠던지. 처음엔 하나님이 보내신 천사인 줄 알았다. 그러나 그는 어떤 바쁜 일이 있는지 나의 인사에 건성으로 대답하고는 쏜살같이 밖으로 나가버렸다. 또 다른 절망감을 억누르지 못하고 울면서 기도했다. 성령께서 모스크바 순복음교회에 전화해 보라는 마음의 감동을 주셨다. 성령의 음성에 순종하여 전화했더니 모스크바 사람이 러시아말로 뭐라고 얘기하는데 무슨 말인지 전혀 알아들을 수가 없었다. 마지막에야 몇 분 있다 다시 전화하라는 메시지를 눈치 채고 기도하며 기다렸다. 몇 분이 얼마나 긴 시간으로 여겨지는지 일일여삼추(一日如三秋)라고 했던가.

5분 후 전화했더니 마침 목사님 형님이 전화를 받으셨다. 나는 자초지종을 얘기하며 도움을 청했다. 그랬더니 그 분께서 걱정하지 말라고 하시며 나의 여권은 여행사 차장이 가지고 있다고 안심시키셨다. 국민일보 K기자와 함께 곧 와서 호텔 수속을 다시 받아주시겠다고 하시면서….

그들을 기다리고 있는데 모스크바 대학생이 나의 가방을 들고 호텔로 찾아왔다. 한국학을 공부하는 학생인데 그 전날 밤, 우리 방에 들러서 많은 대화도 나누고 왠지 그의 어머니에게 돈과 선물을 주고 싶어 이것저것 주었더니 고맙게 여긴 탓에 나를 잘 기억하고 있었다. 레닌그라드로 떠나던 일행들이 그 학생에게 부탁하여 가방을 들고 나타난 것이다. 갑자기 모든 문제들이 해결되었다. 목사님의 형님과 K기자가 와서 호텔에 다시 머물 수 있도록 수속을 밟아주고 갔다.

호텔로 돌아와 너무나 감사해서 감사기도를 드리는데 놀라운 일이 일어났다. 갑자기 러시아 방언이 터진 것이다. 러시아 말을 전혀 배운 적도 없는데 너무나 유창한 러시아 말이 폭포수처럼 내 입에서 콸콸 쏟아지기 시작했다. 깜짝 놀랄 수밖에 없는 현지어가 계속 쏟아지자 나는 얼떨결에 하나님께 통역을 구했다.

그때 갑자기 성령께서 M. I.(Mission International, 국제선교회)를 시작하라고 말씀하셨다. 지금은 때가 급하니 많은 영적 일꾼들을 길러내야 한다고 명하셨다. 그 작은 꼬마 여자아이를 위한 중보

기도도 계속되었다.

한국에 돌아와서 좀 더 분명한 하나님의 뜻을 구하기 위해 오산리 기도원에 갔다. 기도굴에서 하나님께 이렇게 기도를 했다.

"하나님 한번만 더 응답해 주세요. 제게 직접 말씀해 주세요."

하나님은 너무나 인격적인 분이시다. 우리 마음의 동기와 바람들을 누구보다 잘 알고 계신다. 하나님은 한 번 더 분명하게 응답하셨다.

"때가 급하니라. 바로 시작하라."

기도원에서 내려와 명성훈 목사님과 상담을 했다. 선교에 뜻이 있는 것 같다고 하시면서 그쪽으로 가는 길도 좋겠다고 조언해 주셨다. 즉시 기자직 사표를 냈다. 성령께서 마음에 감동을 주신 대로 선교사 훈련센터를 시작하여 하나님의 많은 일꾼들을 길러내기로 결단하며 내가 좋아했던 기자의 길을 접고 선교의 일에 발을 내딛었다. 내가 예측하지 못한 방법으로 하나님은 새로운 길을 준비하고 계셨다.

순종할 때 기적을 베푸시는 하나님!

2

# M. I. 센터를 시작하다

1992년 10월 4일, 서울 서대문구 연희동의 한국도자기 건물, 고(故) 이성봉 목사 기념 센터인 성봉회관에서 'M. I. 서울' 사역을 시작하게 되었다. 대구 M. I.에서 훈련 받았던 모든 부분들을 하나님이 사용하셔서 영어 성경과 선교 영어로 선교사들은 훈련시키는 선교훈련센터의 비전을 품고 아무것도 없이 시작한 M. I. 사역. 이제는 창립 21주년을 되돌아보면서 하나님이 어떻게 극적으로 선교센터를 이끌어주셨는지를 잠깐 소개하고자 한다.

장소를 물색하고 있던 중 우연히 만난 전도사 한 분이 연희동에 좋은 장소가 있다는 것을 귀띔해 주셨다. 그 당시 나는 도봉구 방학동에 살고 있었는데 버스를 몇 번 갈아타야 하는 거리였지만 성봉회관에 갔을 때 왠지 모르게 가슴이 설레면서 하나님께서 예비해주신 장소 같은 느낌이 들었다. 100명이 앉을 수 있는 세미나실은 강당처럼 넓은 홀에 카펫이 깔려 있었고, 작은 사무실도 하나 붙어 있었는데 마침 외항선교회의 사무실로 쓰고 있었다. 집으로 돌아와서 너무 흥분한 나머지 즉시 프로그램을 만들었다. 아직 장소를 임대한 것도 아니고, 건물주의 허락을 얻지도 않은 상태에서….

다음날 아침, 새벽기도를 마치고 건물 주인을 만나러 가려고 일어서는데 갑자기 팸플릿 하나가 바닥에 떨어졌다. 그것은 다름 아닌 횃불선교센터의 팸플릿이었다. 그 자리에서 무릎을 꿇고 기도하기 시작했다.

"하나님, 횃불회관 같은 이런 선교훈련센터를 세워 주세요. 하나님의 많은 일꾼들을 말씀과 기도로 잘 양육하여 예수님의 제자들을 세우고, 그들이 세계 곳곳에 나아가 복음을 증거하는 주의 증인들, 선교사들이 되기를 원합니다."

그 기도는 지금도 이어져 오고 있다. 몇 년 전, 인도 나갈랜드에 가서 디마푸르에 산 땅을 놓고 기도할 때 어떤 전도사님이 기도 중 이런 말씀을 하셨다.

"하나님이 이곳에 횃불선교센터와 같이 아시아에서 우뚝 설 수 있는 선교센터를 세우기 원하십니다."

나는 그 기도를 듣고 깜짝 놀랐다. 우리의 마음에 심겨진 소원을 아시는 하나님, 14년간 선교센터를 위해 기도해 왔었는데 하나님께서 그 기도를 들으시고 이제 일하기 시작하셨다. 너무나 놀라운 방법으로, 뜻밖의 사람들을 통하여 센터의 땅값을 마련해 주셨다.

M. I. 연희동 성봉회관 센터를 계약하던 날, 고(故) 이성봉 목

사님의 따님이셨던 이의숙 권사님께서 내가 만들어온 프로그램을 보시더니 아직 장소가 허락된 것도 아닌데 왜 전화번호와 주소를 써 왔느냐고 물으셨다. 그때 나도 모르게 "믿음으로 했습니다"라고 대답했더니 이 권사님은 "그 믿음 참 대단하네"라고 말씀하셨다.

너무도 순수한 믿음의 시절이었다. 처음엔 시간제로 일주일에 3번, 선교훈련 프로그램이 있는 날만 장소를 빌렸다. 한번은 여의도 순복음교회 코이노니아에 가서 영어 성경을 가르치는 선생님의 배려로 사역을 설명하고 홍보하는 시간을 가졌다. 그때 나이가 지긋한 두 분이 앞으로 나아왔다. 한 분은 필리핀에서 선교하다 오신 선교사님이셨고, 다른 한 분은 집사님이셨는데 내 손을 덥석 잡더니 "저는 가방이라도 들고 따라 다니겠습니다"라고 하시면서 용기를 주시는 것이 아닌가. 돈 한 푼 없이 시작했지만 하나님의 인도하심과 공급하심으로 사역을 시작할 수 있었다.

그 후 외항선교회가 다른 곳으로 이전하게 되어 우리가 기대한 대로 작은 사무실을 얻고, 1년 후에는 강당 전체를 풀타임으로 얻어서 선교훈련도 하고, 토요일 오후마다 아프리카 자이르(콩고민주공화국의 옛 이름)의 무이(Mbuyi) 목사를 모시고 영어 예배를 드리게 되었다. 3년간 그곳에서 크고 작은 많은 일들이 있었다. 하나님은 선교회를 축복해주셔서 큰 어려움 없이 임대료를 내고, 또 몇 명의 선교사들을 후원할 수 있었다. 특이한 것은 우리 센터에서 처음으로 영국, 미국의 전문인 선교사들을 모시고 선교 세미나를 열었는데, 그 세미나 후에 전문인 선교단체인 한국전문인선교협의회(Korean Association of Tentmaking, KAT)가 태동하게 되었다. 1994년에는 영국 노퍽에 있는 영국 피켄햄 선교훈련센터에 3개월마다 단기선교팀을 파송했으며, 그 훈련을 마친 자들 가운데 많은 이들이 후일 목회자와 선교사들이 되었다.

3년간 무보수로 낮에는 선교훈련을 하느라 1시간 30분이 넘는 시간을 매일 다녔고, 밤에는 영어를 가르쳐 그 수입으로 사역을 뒷받침하는 등 하나님의 천국을 확장하는 일에 혼신의 힘을 바친 기쁨이 있었다. 남다른 어려움들과 인생의 깊은 골짜기들을 지나는 아픔들도 많았지만 그 분이 보여주신 신실함과 변함없는 사랑, 여호와 이레의 예비하시는 은혜는 나 혼자 간직하기에는 너무 많은 은혜들을 담고 있었다고나 할까.

육의 사랑에서 영의 사랑으로 바뀌어 하나님 나라 확장과 예수님의 제자 세우기에 삶의 포커스를 맞출 수 있도록 도전하고 이끌어주신 선교사님들과 영적 멘토들, 낙심될 때마다 기도와 사랑으로 일으켜 세워주신 모든 지인들, 주의 종들과 제자들 및 앞으로의 사역 속에서 만나고 변화될 영혼들에게도 감사드린다.

# 3

# 목사 안수를 받던 날

          1995년 5월 16일, 하나님의 강권적인 이끄심 가운데 대한예수교장로회 합동정통교단에서 목사 안수를 받았다. 34살의 젊은 나이에, 그것도 여자로서 내가 목사가 될 줄은 꿈에도 몰랐다. 어렸을 때부터 나의 꿈은 교수, 작가나 교사가 되는 것이었다.

  1990년에 서울로 신학 공부하러 올라가기 직전에 친구가 어떤 권사님을 소개해준 적이 있는데, 그 권사님은 예언이 정확하기로 소문이 나 있었다. 나를 처음 만난 그 권사님은 내가 도착하자마자 나에게 필요한 성경 말씀을 기도 중 주셨고, 다섯 가지 중요한 예언 즉 나의 미래에 대한 일들을 알려주셨다.

  첫째는 내가 사명이 커서 강단에서 외쳐야 한다는 것이었다. 내가 묻지도 않았는데 앞으로 내가 선교사들을 훈련하는 일을 할 것이며 많은 목사님들과 함께 세계 여러 나라를 다니게 될 것이라고 하셨다. 또 목사와 결혼하는 것이 좋겠으며 자녀는 하나님이 늦게 줄 것이라고 하셨다. 그리고 나와는 너무 맞지 않는 부흥사가 될 것이라는 귀띔도 해주셨다. 그래서 교직에 있는 것보다는 신학 공부하기 위해 서울로 가는 것이 좋겠다는 권면을 해주셔서 아프리카 탄자니아에서 온 챨스 쵸메 목사와 한 번 더 상담한 후 미국 트리니티 신학연구원 한국 분교에서 공부하기 위해 상경했다.

정말 그 권사님의 예언대로 나는 서울로 올라와서 선교사 훈련센터를 시작하게 되었고, 마침내 목사로서의 길을 가게 되었다. 하나님이 강제적으로 나를 떠미셔서 어려운 목회의 길을 택한 것은 아니다. 하나님은 내가 목사 안수 받기까지 여러 모로 나의 마음을 떠보셨고, 또 몇 가지 예비과정을 준비해 주셨다.

몇 년 전, 우연히 신문을 펼치다가 신현균 목사님이 총재로 있는 '민족복음화운동본부' 여목 연수원이라는 광고가 내 눈에 들어왔다. 그 옆에는 부흥사 훈련과정에 대한 안내가 나와 있었는데 나는 예전에 들었던 그 예언의 말씀이 생각났고, 나도 모르게 그 과정에 지원하고 싶은 마음의 소원이 일어났다. 그 다음날 어떤 기도회 모임에 갔다가 내가 부흥사 연수과정에 대한 기도 제목을 나누었는데 만난 지 얼마 안 된 집사님이 감동을 받고 자신을 따라오라고 하시더니 은행에 데려가 돈을 찾아서 나의 학비를 대주셨다.

1년간 연수원에 다니면서 많은 목회자들을 만났고, 뜻밖에 여자 목사님들도 만났다. 나는 하얀 저고리에 검정 치마를 입고 전도 가방을 맨 채 집집마다 심방 다니는 여자 전도사들을 본 이미

지가 있어서 여자 목사들은 대개 좀 무식하고 세련되지 못한 부류의 사람들이라 생각했었다. 그러나 내가 만난 여 목회자들은 똑똑했고 당찼으며 남자 목사들 못지않게 말도 잘하고 기도도 폭포수처럼 유창하게 했다. 나의 선입관이 좀 깨졌다.

어느 날 설교 실습시간에 5분씩 설교하는 기회가 주어졌다. 먼저 원고를 제출하고 아무나 뽑아서 호명하는 대로 나가 즉석 설교를 해야 하는데, 마침 신현균 목사님이 오신 날 다른 몇몇 목사님들과 함께 내가 뽑혔다. 5분이 50분 같았다. 한국에서 유명한 여러 부흥 강사들과 많은 목회자들 앞에서 지극히 짧은 시간인 5분 동안 설교하고 강평을 받아야 하니 부담감에 떨려서 내 이름이 호명되었을 때 어떻게 설교했는지도 모를 정도였다. 나는 마태복음 9장 35절 말씀을 본문으로 '예수님의 3대 사역'에 대해 설교했다. 말씀을 가르치고 전파하며 치유하는 일….

다른 분들은 고쳐져야 할 점에 대해 지적 받았는데 나는 의외로 신현균 목사님께서 "앞으로 여성 설교가로서 대성할 수 있는 소질이 있다"고 하셔서 깜짝 놀랐다. 그렇게 내게 용기를 주시지 않았더라면 몹시 실망하고 좌절했을지도 모른다.

부흥사 연수원을 졸업한 후 어느 날 후배가 나에게 '개신교 연합 신학연구원'이란 신학대학원에서 조교로 일하는데 한번 와서 공부해보지 않겠느냐는 전화를 해주었다. 어느 날 성령께서 100일 작정 기도하라는 마음을 주셔서 혼자 집에서 시간을 지켜가며 100일간 하루 1시간씩 예배드린 적이 있었는데 그 기도가 끝난 뒤 들어온 제안이어서 공부해도 나쁘지 않겠다는 생각이 들었다. 배움에 대해 남다른 애정과 열정을 가진 나로서는 거절할 이유가 없었기에 목회학 박사과정에 입학했다.

　참 놀라운 일이다. 그곳에서 지금의 영적 어머니인 송금자 목사를 만나게 되었고, 교무처장 목사의 권유와 소개로 목사 안수를 받게 되었으니…. 그 당시 나는 성결교회에 다니고 있었고, 매일 밤 9시에 기도회 모임이 있었다. 내가 목사 안수를 받지 않으면 화가 미친다는 협박조의 이야기도 들었기 때문에 나는 새벽마다 밤마다 기도하며 하나님의 뜻을 물었다. "만일 제가 목사 되는 것이 당신의 뜻이면 담임목사와 친정 부모님, 그리고 선교회 동역자들이 동의하게 해주세요. 그러면 목사 안수를 받겠습니다"라고 하나님과 약속하면서 21일 작정 다니엘 기도를 했다. 놀라운 것은 그 당시 불교 신자였던 부모님도, 담임목사님도, 또 선교회 멤버들도 목사 안수 받는 것을 격려해주었다는 사실이다.

　목사 임직식을 앞둔 날 밤, 나는 마음이 몹시 괴로워졌다. 갑자기 무거운 무엇인가가 내 마음을 내리 누르는 것처럼 부담감이 왔다. 선교사로 있을 때는 이런 저런 직업도 가질 수 있지만 목사가 되면 오직 한 길만을 가야 한다. 갑자기 내가 모든 자유를 다 박탈당하는 것처럼 족쇄 같은 것이 나를 눌렀다. 그동안은 영어 가르치는 일로 돈을 벌었는데, 이젠 어떻게 살아가야 하나 막막해져서 울기 시작했다. 혹시 내가 잘못 선택한 것은 아닐까 하는 번민이 생겼다. 한참 그렇게 내 속에서 갈등과 치열한 싸움이 있은 후에 성령의 세미한 음성이 들렸다.

　"네가 날 도와줄 수 있겠니?"

　너무나 부드럽고 인자한 목소리였다. 주님은 내게 강요하지 않으셨다. 다만 내가 기쁨과 자원하는 심정으로 그 길을 가기를 원하셨다. 나는 무겁고 어두웠던 마음이 밝아지면서 나도 모르게 "네, 주님. 주님이 저의 도움을 필요로 하신다면 얼마든지 돕지요. 제가 할 수 있는 일은 많지 않지만 다른 사람들이 주님을 안 돕는다 하더라도 저만은 주님을 도와드릴게요. 제 최선을 다해서." 이렇게 나는 주님의 부르심에 응답하게 되었다. 이것을 나의 소명이라고 믿고 있다.

목사 안수식에는 남자 목사 네 명, 그러나 여자로서는 나 혼자였다. 내 안에, 내 삶에 영적 혁명이 일어났다. '아무리 어려운 일이 있어도 절대로 주님을 배반하지 않겠습니다'라는 마음속의 서원을 되뇌며 많은 증인들, 가족들 앞에서 나는 무릎을 꿇었다. 친정어머니와 유일한 크리스천인 사촌이모, 그리고 작은이모와 국제선교회 멤버들, 또 담임목사 내외분과 성도들이 축하해주는 곳에서 젊고 아리따운 나이에 목사 안수를 받았다.

그것은 시작이었고, 목사 안수 후 나의 삶은 180도 달라졌다. 전보다 모든 면에서 하나님 중심이 되어야 했기에 보다 센 영적 훈련과 연단이 시작되었다. 그러나 영혼을 구원하는 의사로서 부족한 종을 목사로 기름 부어주신 하나님께 매일 감사로 찬양하며 그 분의 충성된 심부름꾼이자 주님의 참된 제자로서 살아가기 위해 최선을 다하고자 한다.

# 4

# 교회 개척

2013년 1월 13일, 국제선교교회 창립 16주년을 맞이했다. 되돌아보면 감회가 새롭고 그 어느 것 하나 주의 손길이 미치지 않은 것이 없다. 국제선교회(Mision International)란 선교단체를 먼저 시작해서 사역해오는 가운데 직면하는 한 가지 아쉬운 점은 열심히 사역자를 키워 놓으면 정말 함께 손잡고 일해야 할 때가 오면 각자 자신이 섬기는 교회로 가 버린다는 점이었다. 그저 영어 실력을 향상시키겠다는 자신의 필요만 채워지면 뿔뿔이 흩어져 버리는 것이 안타까웠다. 함께 세계 선교의 비전을 품고 일할 수 있는 사람들을 놓고 오랫동안 기도해왔다.

또 한 가지 어려운 점은 선교센터가 집에서 멀리 떨어져 있어 5년간 매일 몇 번씩 버스를 갈아 타고 가서 무보수로 사역한다는 것이 쉽지 않았다. 매일 저녁 영어 개인 레슨을 해서 선교회를 꾸려 나갔는데 선교 후원자들의 후원도 일률적이지 않고 또 선교훈련을 받으러 오는 대부분의 사람들이 가정 형편이 어려워 훈련비를 제대로 못 내게 되다보니 점점 재정이 어려워져 갔다. 뭔가 구심점이 필요한 시기가 온 것 같았다.

나 자신이 리더로 선교센터를 운영하면서도 여자라는 이유 때문에 가끔씩 리더십의 문제에 부딪혔다. 간혹 몇몇 간사는 남자를 리더로 세우는 것이 좋겠다는 제안을 하기도 해서 마음이 상하고 능력의 한계를 느껴서 다른 유능한 분을 찾아 그 분에게 사역을 맡기고 나는 다른 일을 찾아볼까 하는 시험도 왔다. 그러나 "너희를 부르시는 이는 미쁘시니 그가 또한 이루시리라"(살전 5:24)의 말씀처럼 하나님이 지명하여 부르신 그 일은 다른 사람이 아닌 내가 그 일을 해야만 한다는 것을 나중의 몇몇 사건들을 통하여 다시 한 번 깨닫게 되었다.

미국에서 유학하고 사역해 오신 한 남자 목사가 우연히 우리 선교회에 오시게 되었다. 외관으로 봐서는 성격이 온유하고 영어와 성경에 탁월한 실력이 있어 강의를 맡기고 함께 사역을 하게 되었다. 그러나 그 목사는 가정이 있고 자녀들의 학업 문제도 있어 매월 1백만 원이 보장되지 않으면 사역을 맡을 수 없다고 하셨다. 나는 새벽마다 교회에 가서 하나님께 재정을 열어달라고 기도했다. 그런데 재정이 늘어나기는커녕 점점 후원자들이 줄어드는 것이 아닌가. 학생들은 그 목사님을 좋아했다. 얼마 후 놀랍게도 선교 영어를 배우러 오던 학생들이 갑자기 나타나지 않았다. 나중에 알아보니 그 목사님이 모든 학생들을 데리고 나가 자신의 집에서 영어를 가르치고 강의료를 받는다는 것이었다. 몹시 실망했다. 그동안 공부 배우러 나오던 학생들도, 또 그들을 데리고 나간 목사님도 야속하기만 해서 사역을 내려놓을까 하는 마음까지 왔다. 그러나 모든 간사들은 요동하지 않고 끝까지 남아 다시 사역을 시작하는 마음으로 해보자고 나를 격려해 주었다. 이 사건을 통해 사람을 의지하지 말고 하나님만을 의지하라는 교훈을 철저히 배운 셈이다. 그 후 그 목사님은 외국인 학교에 교사로 가셨다가 나중에 암으로 돌아가셨다는 얘기를 전해 들었다.

　이런 저런 한계 상황 속에서 내가 직접 말씀과 기도로 양육하지 않은 성도는 내 양이 아니므로 언젠가는 떠나게 되어 있다는 현실을 체험하면서 집에서 기도회 모임을 시작했다. 몇몇 뜻 있는 분들과 함께 1주일에 한 번씩 모여 기도하면서, 교회를 개척하는 것이 하나님의 뜻이면 집에서 가까운 곳에 교회 장소를 허락해 달라고 기도했다. 그 당시 나는 선교회 일 외에 집에서 가까운 교회에서 교육 목사로 섬기고 있었다. 어느 날 기도회 모임 중에 과부이신 한 여 전도사가 자신의 반지를 개척 예물로 내놓으셨다. 그 분도 남편 없이 오랜 세월 동안 물질 연단 받으며 고생해 오셨기에 어쩌면 그 반지가 자신의 가장 중요한 옥합일 수도 있는데 그걸 바치시다니…. 감동의 눈물이 났다. 교회를 개척하라는 하나님의 사인 같았다. 몇 주간 기도회 모임을 계속 해나가는 동안 도봉구 방학동 도깨비시장에 한 교회 자리가 있다는 소식을 듣고 가 보았더니 교회는 지하이고 1층에 선교회로 쓸 수 있는 사무실이 있었다. 전에 공장으로 썼던 곳인데 그동안 세가 나가지 않아서 비어 있던 건물이었다. 그 당시 우리는 무일푼이었지만 선교센터 건물 임대를 도와주시는 이광일 목사님께 말씀

드렸더니 흔쾌히 5백만 원 보증금을 빌려 주셨다.

반지를 헌금하신 구위자 전도사와 그 자녀들과 함께 교회를 개척했다. 썰렁한 지하실에 내려가 먼지가 수북이 쌓인 곳을 청소하고 주변을 둘러보는데 마침 오산리 기도원의 개인 기도굴 같은 작은 공간이 있어서 그곳에 들어가 기도하려고 무릎을 꿇었다. 너무나 놀랍게도 마치 누군가가 바로 내 옆에서 얘기하듯이 성령의 음성이 들려왔다. 순간 나는 중요한 메시지를 놓치지 않으려고 펜을 집어 들고 메모하기 시작했다. 그것은 우리 교회에 주신 하나님의 비전, 다섯 가지 메시지였다. 그 내용을 요약하면 다음과 같다.

1) 하나님의 말씀이 풍성하며 말씀에 따르는 표적이 나타나는 교회
2) 기도로 성령의 인도하심과 능력을 받는 교회
3) 찬양과 기쁨, 사랑이 넘치는 교회
4) 귀한 일꾼들을 예수 제자 삼는 교회
5) 21C까지 1천 명의 선교사를 훈련, 파송, 지원하는 교회

나는 너무나 기뻤다. 교회 개척에 일말의 불안감이나 두려움이 있었던 것도 사실이기에 하나님이 직접 음성으로 들려주신 비전을 받았을 때 모든 두려움이 떠나가고 새로운 목회의 꿈으로 마음이 부풀었다. 처음엔 "너희는 온 천하에 다니며 만민에게 복음을 전파하라" (막 16:15)는 말씀에 따라 교회 이름을 '만민선교교회' 라 지었다. 얼마 후 사정상 교회 이름을 '국제선교교회'로 바꾸게 되어서 지금까지 그 이름으로 사역을 해오고 있다.

1996년 12월 20일, 어두운 지하실에서 무릎을 꿇고 하나님의 도우심을 구하면서 교회는 시작되었고, 우리는 처음부터 '하루 3시간 이상 기도하기, 하루 3시간 이상 말씀 읽기, 하루 3명 이상 전도하기'란 표어를 내걸고 7명의 개척 멤버가 날마다 예배와 말씀, 기도로 충만한 시간을 보내게 되었다. 새벽기도회 5-7시, 오전 10시-오후 1시 영어 성경 공부, 오후 3-5시 기드온 300명 용사를 위한 기도회, 오후 9-11시 저녁 기도회 등 거의 하루 5시간씩 기도하며 하나님께 성도들을 보내달라고 기도했다.

　　몸이 아프고 초신자였던 한 여자 분이 우리 교회 새벽기도에 나오면서부터 몸이 회복되고 기도의 능력과 예언의 은사를 받아 우리 교회에 나오게 되었는데 딸은 피아노 반주자로 섬기고 아들은 드럼을 치고, 남편과 아내는 교회를 떠나지 않고 성전에 머물면서 주야로 기도하며 사역을 도왔다. 하나님께서 아주 강한 개척 멤버를 붙여주셔서 금요 철야 때는 밤을 꼬박 지새며 성도들이 기도하기에 목사인 나도 자리를 떠나지 못하고 밤새도록 강단에서 무릎을 꿇고 철야를 했다.

　　하나님이 우리의 연약함을 아시고 많은 은혜를 붓기 시작하셨다. 정신질환에 걸린 자도 와서 낫는 역사가 나타나고, 운동권에서 수십 년 동안 일하면서 신앙이 전혀 없던 형제가 영어 성경 공부를 하면서 변화되어 새벽 다니엘 작정 기도회에 나와 첫날 방언을 받는 역사도 있었다. 물질적으론 한참 연단을 받느라 아침에 쌀이 떨어지면 오후에 누군가가 와서 쌀 한 가마니를 놓고 간 적도 있다.

　　그리고 자연스럽게 그 지역에 사는 외국인들, 특히 양말 공장에서 일하고 있던 필리핀 노동자들이 하나둘씩 오후 영어 예배에 나오기 시작했다. 그들이 친구들을 소개해서 매주 성도들이 늘어나기 시작했다. 인도에서 온 케니 선교사가 영어와 찬양을 잘하고 필리핀에서 석사과정(M. Div.)을 졸업했기에 필리핀의 타갈로그어도 어느 정도는 구사해서 그 형제자매들과 친밀함이 있었다. 어떨 땐 그들이 월급을 제대로 못 받아서 고민할 때 우리가 공장에 찾아가 중재해주기도 하고, 사장과 대화가 안 통해 힘들어 할 때면 통역을 해줌으로써 서로 간의 의사소통을 도와주었다. 외국인 형제자매들이 하루 12시간씩 일하여 몸이 피곤한데도 고마움을 잊지 않고, 또 자신들의 영적 성장을 위해 일주일에 한 번씩 우리들을 자신의 집으로 초청해 식사도 대접하며 함께 말씀과 기도로 교제하는 귀한 시간을 나누었다. 그들이 있으므로 우리는 교회 개척 시절부터 외롭지 않고 기쁨으로 사역할 수 있었다.

방학동 개척교회는 눈물의 기도가 많이 쌓인 만큼 기적도 많이 일어났고 연단도 많이 받은 내 생애에서 결코 잊지 못할 많은 아름다운 추억들과 아픔이 있는 곳이다. 내가 사랑하는 본교회에서 1997년 10월 4일 M. I. 창립 5주년 기념일에 하나님의 뜻과 인도하심 가운데 케니 선교사와 결혼식을 올렸고, 인도 나갈랜드 선교와 맺어지게 되었다. 지금 되돌아보면 하나님께서 바울을 아라비아로 보내서 훈련시키신 것처럼 우리를 고난의 풀무 가운데서 연단하고 훈련시켜서 이곳 인도에 선교사로 파송하신 것이 아닐까 한다. 그 때의 어려운 시절이 없었더라면 오늘 이 척박한 곳에서의 선교도 쉽지 않았으리라. 눈이 펑펑 퍼붓는 어느 추운 겨울날, 아프리카의 한 목사가 오산리 기도원에서 기도하다 말고 성령께서 너무나 강력히 선교 헌금을 갖다 주라고 해서 우리 교회를 찾아온 적도 있었다. 하나님의 위로와 사랑이 가슴 저민 시간들…. 세계 선교의 비전을 더 구체적으로 받았고, 신학교에서 강의하는 길이 열린 것도 방학동 지하교회여서 우리는 그곳을 떠나고 싶지 않았지만 하나님은 벌써부터 또 다른 프로그램을 준비하고 계셨다.

3년의 훈련이 끝나자 성령께서 여러 가지 사건들을 통하여 우리의 걸음을 노원구 상계동의 당고개 부근으로 옮기게 하셨다가 1년 후 다시 사당동으로 교회와 선교회를 이전하게 되었다. 미국인 월터 셜만 단(Walter Shurman Dunn) 선교사는 몇 년 전부터 우리가 그곳으로 가야 한다고 예언한 적이 있으셨다. 사당동 총신대 부근 남성전철역 바로 옆 2층에서 또 다른 3년 동안 M. I. 사역은 대외적으로 알려지면서 체계를 잡아가기 시작했다. 그 후 여러 곳에 가 새롭게 교회를 개척하는 경험을 시켜 주셨다. 신림동에서는 재정적으로 어려웠지만 3층 건물 독채를 임대해서 한국인, 인도인, 아프리카인들이 함께 모여 영성 공동체 생활을 하는 본격적인 타문화 선교훈련을 받게 되었다. 서로 다른 국적을 가진 사람들이 모여 사느라 좌충우돌 부딪치는 일들도 많았지만 색다른 이 공동체 삶은 되돌아보면 나중에 인도에서 우리가 선교센터를 운영하는 예비적 훈련이었다고 해도 과언이 아니다. 그 후 군포시 산본과 중랑구 망우동 등 다른 지역에 가서 무에서 유를 이루는 새로운 교회들을 시작하게 하셨고, M. I. 교회를 통하여 많은 주의 종들이 배출되었다. 남들은 이상하게 생각할지 모르지만 하나님이 인도하시는 곳으로 갈 때마다 꼭 만나야 할 사람들이 예비되어 있었다.

　2007년 12월 인도에 정착해서도 계속 국제선교교회(M. I. Church)의 이름으로 사역하면서 오늘에 이르게 되었다. 지금은 신학생뿐만 아니라 무슬림, 힌두인들을 전도하고 상담, 치유 및 홈셀 그룹을 통하여 많은 잃어버린 영혼들을 주께로 인도하고 있다. 전혀 그리스도 예수를 모르고 살아왔던 그들이 개종하고 세례를 받으며 새롭게 헌신된 삶을 사는 모습을 보면 어떻게 감사를 표현해야 될지…. 전에는 술을 팔던 한 네팔의 아주머니가 변화되어 지금은 온 가족이 세례 받고 매일 교회 청소를 기쁨으로 하신다. 단칸방에서 네 가족이 부엌을 겸하여 사는 어려운 환경인데도 그들이 불평하지 않고 하나님의 때를 기다리면서 점점 주님께 가까이 나아오고, 기도를 할 줄 몰랐던 그녀가 여성 예배 때는 울먹이면서 유창하게 기도하는 소리를 듣노라면 정말 위대하신 주님을 찬양하지 않을 수 없다.

　사람을 바꾸는 명수이신 주님, 이방인들이 천국 백성으로 변화되기를 간절히 기다리시는 주님이 부족하지만 우리들을 사용하셔서 한 영혼 한 영혼을 주의 거룩한 자녀들로, 일꾼들로 만들어 가심에 감사와 영광을 올려 드린다. 앞으로도 하나님께서 국제선교교회를 통하여 큰일을 행하시기를!

# 5

# 국경을 초월한 사랑

"룻이 가로되 나로 어머니를 떠나며 어머니를 따르지 말고 돌아가라 강권하지 마옵소서 어머니께서 가시는 곳에 나도 가고 어머니께서 유숙하시는 곳에서 나도 유숙하겠나이다 어머니의 백성이 나의 백성이 되고 어머니의 하나님이 나의 하나님이 되시리니" (룻 1:16)

국제결혼이라 하면 모두가 특별한 시선으로 바라보게 되고, 어떻게 외국인 남편을 만나게 되었는지 사람들이 묻곤 한다. 나 역시 지도에서 쉽게 찾을 수 없는 인도 나갈랜드의 한 선교사와 결혼하게 되리라고는 전혀 상상치 못한 일이었다.

우리의 만남은 하나님의 선교 때문이라고 해도 과언이 아니다. 서로 편지로 기도 제목을 주고받는 가운데 우리는 선교의 비전이 비슷하다는 것을 알게 되었다. 결혼하기 전날 밤, 우리는 밤 2시까지 룻기 1:16의 말씀을 큰 종이판에 새기며 한국과 인도

(Nagaland)를 하나로 묶는 하나님의 인도하심 앞에 순종하기 위해 다시 한 번 우리의 마음과 믿음을 새롭게 하고자 했다. 하나님이 우리를 어디로 부르시든지 그곳에 우리가 머물기로….

남편인 케니 선교사를 만난 것은 한국에 유학 와서 선교 일을 도와주며 알고 지내던 미얀마의 토나 선교사의 딸을 통해서였다. 한국에 왔다가 우리 집에 잠시 들렀던 린다 자매가 케니 선교사의 간증과 학교 성적표 및 장학증서를 주면서 기도를 부탁했다. 간증을 읽고 난 후 나는 특히 두 가지 사실이 계속 마음에 남았다. 첫째는 어려서 태어나자마자 어머니가 일찍 돌아가셔서 아들이 없는 다른 크리스천 가정에 입양되어 교육을 잘 받고 사랑을 듬뿍 받고 성장했다는 것과, 둘째는 친구들과 같이 차를 타고 가다가 차가 강둑에 떨어져 몇 번을 굴러서 죽을 뻔 했는데도 살아나서 즉시 하나님께 헌신했다는 것이다. 그의 생애가 마치 모세와 같다는 첫 인상을 받았다. 성령께서 계속 그를 위해 기도하라는 마음을 주셨다. 필리핀의 장신대학원 석사과정(M. Div.) 졸업을 앞두고 재정적으로 어렵다고 해서 반찬값까지 털어 두 번 선교 헌금을 보냈다.

1996년 6월 19일 하나님의 도우심 가운데 케니 선교사는 한국에 첫 발을 내디뎠다. 그는 석사과정 졸업 후, 한국에 와서 공부도 계속하면서 사역을 경험하고 기도생활도 더 배우고 싶어 했다. 나는 영어로 성경을 가르치고 선교사들도 훈련시켜 파송하는 선교회 일을 맡고 있었기에 사역을 같이 하는 것도 좋을 것 같아 한국에 초청하게 되었는데, 이것이 우리의 첫 만남이었다. 그가 생각보다 신실하고 말씀도 잘 정립되어 있으며, 어떤 환경에나 잘 적응하는 것이 마음에 들었다. 우리 교회에는 게스트하우스가 없었기 때문에 케니 선교사는 지하교회 소파에서 6개월을 자면서도 한 번도 불평하지 않았다.

1996년 12월 20일 내가 교회를 개척하여 필리핀 외국인 형제들을 위한 영어 예배를 시작하게 되자 함께 영어로 말씀을 전할 사역자가 필요했다. 그간 비자가 다 되어 케니 선교사가 인도로 돌아가게 되었을 때 서류와 재정적인 어려움 속에서 금식도 하고 작정기도도 하면서 비자를 연장하게 되었다. 케니 선교사는 다른 큰 교회의 영어 예배 사역을 맡아 사례비도 받으면서 숙식도 제공되는 부목사님 댁에 있다가, 처음 교회를 개척하고 힘들어 하는 내가 안쓰러웠는지 그 교회를 사직하고 M. I.로 와서 나와 함께 사역을 하게 되었다.

우리의 마음은 사역을 통하여 서로를 신뢰하게 되었고, 서로 비전이 같다는 것을 확인하게 되었다. 어려울 때 힘이 되어준 것이 고맙기도 했고, 그가 하나님 안에서 갖고 있는 여러 가지 달란트들과 미래의 잠재력들이 계속 그를 돕겠다는 마음을 주었지만 처음부터 결혼을 작정한 것은 아니었다.

한국에서의 비자가 끝나서 마침내 그가 인도로 돌아가게 되었을 때 미국에서 온 한 선교사가 동역자를 멀리서 찾을 필요가 있느냐고 귀띔했다. 사역의 동역자만이 아닌 인생의 파트너로서 생각해보는 것이 어떠냐는 제안에 영적 어머니로서 지내겠다고 했던 나의 기대와는 달리 배우자로서의 기도를 해보게 되었다. 새벽기도 중 하나님이 요한일서 4:18 말씀을 주셨다.

"사랑 안에 두려움이 없고 온전한 사랑이 두려움을 내어쫓나니 두려움에는 형벌이 있음이라 두려워하는 자는 사랑 안에서 온전히 이루지 못하였느니라"

케니 선교사와 아침 식사하면서 하나님으로부터 받은 말씀을 나누자 나중에 기도하던 중 그도 하나님이 왜 한국에 보내셨는가를 깨닫게 되었다고 했다.

나는 배우자를 위해 늘 세 가지를 기도해 왔다. '하나님을 경외하는 자, 찬양을 잘하는 자, 나의 사역을 이해하고 도와줄 수 있는 자'가 그것이다.

하나님은 나의 기도에 응답해 주셨고, 1997년 10월 4일 M. I. 창립일에 우리는 결혼했다. 그리고 16년째, 국경을 초월함으로써 치르는 대가와 아픔들도 있었지만 가장 귀한 동역자로서, 때로는 친구처럼, 오누이처럼, 그리고 연인처럼 살고 있다.

# 6

## 세 가지 비전

비전(Vision)이란 시력, 시각이란 기본적인 단어의 정의 외에 '통찰력, 꿰뚫어보는 힘, 상상력'이란 뜻이 있다. 사전에서는 미래상, 이상상, 환상이라는 말로 해석되기도 한다. 비전이란 한마디로 정의하기는 어렵지만 '하나님이 주신 꿈' '미래의 소망'이라고 쉽게 이해할 수 있을 것이다.

수년 전 사역하면서 몹시 어려웠던 시절에 어떤 영적 집회에 사흘간 참석한 적이 있는데 기도 중 매일 하나의 그림처럼 성령께서 세 가지 비전을 보여주셨다. 첫째 날 집회 때는 황금빛 물결처럼 누렇게 벼가 익어 추수할 넓은 땅에 주님이 서 계신 것이 보였다. 끝없이 넓은 들판이었는데 주변에 일꾼들은 없고 주님 혼자 낫을 들고 서 계셨다. 나는 주님께 "이렇게 추수할 것은 많은데 왜 일할 사람들은 없죠? 제가 뭐 도와 드릴 일은 없나요?"라고 조심스럽게 물었다. 주님은 나를 물끄러미 바라보시더니 이렇게 대답하셨다. "네가 해야 할 일은 없다. 다만 네가 나의 마음만 품어다오."

주님의 마음을 품기만 하면 된다고? 그 환상에서 깨어나 많은 생각을 하게 되었다. 다음과 같은 성경 구절이 떠올랐다.

"이에 제자들에게 이르시되 추수할 것은 많되 일꾼은 적으니 그러므로 추수하는 일꾼에게 청하여 추수할 일꾼들을 보내어 주소서 하라 하시니라"(마 9:37-38)

수많은 무리들이 고생하고 방황하는 모습을 보면서 주님은 군중들을 불쌍히 여기셨다. 영적, 육적으로 방황하고 있는 영혼들이 얼마나 많은가. 주님이 들려주신 그 짧은 몇 마디 음성이 사역하는 나의 삶속에 많은 파장을 불러일으키기 시작했다. 빌립보서 2:5에서도 주님은 "너희 안에 이 마음을 품으라 곧 그리스도 예수의 마음이니" 주가 원하시는 것은 나의 대단한 업적이나 일의 성취보다 먼저 영혼들을 긍휼히 여기는 사랑의 마음이 앞서야 한다는 것임을 그 비전을 본 후에 더욱 깨닫게 되었다. 요즘도 사역 속에서 내가 원했던 만큼 일이 잘 진행되지 않고, 사람들도 빨리 변화되지 않아 실망할 때는 그 때 본 주님의 모습을 떠올리며 나도 주님의 마음을 본받는 자가 되게 해달라고 기도하곤 한다.

둘째 날 본 환상은 주님이 지하실의 어떤 조그만 방에 촛불을 들고 찾아오시는 장면이었다. 처음 개척 교회할 때 지하실에서 먼저 시작했었는데 교회보다는 훨씬 더 작은 공간에 주님이 직접 내려오셨다. 그 방의 사방 벽은 눅눅한 습기와 곰팡이로 젖어 있었다. 그러나 주님이 촛불을 벽에 갖다 대는 순간 그 벽엔 빛이 임하면서 축축했던 벽은 마르고 깨끗해졌다. 주님은 사방 벽을 다니시면서 일일이 촛불을 비추셨고, 그 때마다 곰팡내 나는 냄새도 사라지고 모든 벽은 금방 도배를 끝낸 새 방처럼 환해지고 밝아지는 것이 보였다. 무슨 뜻일까?

우리의 놀라운 상담자로 오신 주님은 우리의 마음 안에 있는 여러 가지 상처들과 아픔들, 고통 받는 마음에 위로자로 찾아오셔서 빛이신 주님의 손길이 닿기만 하면 우리가 치유받고 온전해진다는 메시지 같았다. 그 당시 하나님이 붙여주셔서 우리 교회에 정신적으로 질환을 앓고 있는 한 형제가 머물고 있었는데, 그 형제를 치료해보려고 나는 온갖 노력을 다하면서 안간힘을 썼다. 기도원에도 데려가보고 직접 밥을 해서 그 형제를 먹이면서 나름대로 온갖 정성을 쏟았는데 하나님께서 나를 안쓰럽게 보셨는지 그 비전을 통해 나를 위로해 주시고 오직 그 분만이 위대한 상담자요 치료자라는 사실을 확인케 하셨다. 목회하면서 받았던 여러 가지 아픔들, 나 자신도 미처 의식하지 못하고 있었던 버려야 할 많은 것들이 그 날 주님이 성령의 빛을 비춰주심으로써 내면의 어두웠던 방이 환해지고 치유를 받게 되었다. 나중에 그 형제도 변화되어, 내가 인도 선교 온 후에는 직접 일해서 번 돈으로 선교비를 보내주었다. 지금은 요양보호사가 되어 자신처럼 정신질환을 앓는 사람들을 돌보는 일을 하고 있다. 가끔씩 마음이 힘들 때면 어둡고 축축한 방에 찾아오셔서 나의 불필요한 부분들을 주님의 촛불로 다 태우시고 내 마음 방을 새롭게 만들어 주셨던 주님의 은혜를 떠올리며 주님을 초청하곤 한다.

셋째 날 본 비전은 가장 신나는 것이었다. 백마를 타신 주님이 찾아오셔서 나를 앞자리에 앉히시고 한참 가셨는데 천국 문 같은 곳에 이르게 되었다. 그곳에 도착한 후 주님은 나를 안으로 데려가셔서 여러 방들을 보여주셨다. 주로 황금으로 도배된 방들이었다. 이란의 다니엘 무덤에 갔을 때 본 듯한 금으로 된 방. 너무나 흥분해서 그 방들을 구경한 뒤 나는 주님께 이렇게 물었다.

"어떻게 저 같은 사람을 이렇게 좋은 곳으로 데려와 이 아름다운 방들을 보여줄 수 있죠?"

주님은 나를 물끄러미 바라보시더니 이렇게 당부하셨다.

"오직 충성된 사람들만이 이곳에 올 수 있단다. 사람들에게 가서 충성하라고 가르쳐라."

나는 깜짝 놀랐다. 소설에서나 나올 법한 얘기가 내 삶속에서도 일어나는 것이 잘 믿어지지 않았다. 내가 처음 신학을 공부하기로 작정한 후 사흘 밤 동안 주님이 잠을 주지 않고 깨우셔서 이렇게 물으셨다.

"네가 아무리 힘들어도 이 길을 갈 수 있겠니?"

"네 주님! 그렇게 할 게요. 제가 결심했으니까 신학을 공부하려고 하는 게 아닌가요? 아무리 힘들어도 이 길을 가겠습니다."

늘 초저녁잠이 많고, 누웠다 하면 쉽게 잠이 잘 들고, 피곤하면 차에서도 잘 자는 내가 뜬눈으로 사흘 밤을 자지 않고 버틴다는 것은 상상할 수 없었던 일이었다. 전혀 잠을 자지 않고는 못 버티는 체질인데 사흘 밤 동안 뜬눈으로 지새워도 조금도 피곤하지 않는 자신이 이상했다. 매일 밤 주님은 나를 찾아오셔서 내게 똑같은 질문을 하셨다. 부활하신 주님이 베드로를 찾아오셔서 "요한의 아들 시몬아 네가 이 사람들보다 나를 더 사랑하느냐 하시니 가로되 주여 그러하외다 내가 주를 사랑하는 줄 주께서 아시

나이다 가라사대 내 어린 양을 먹이라" (요 21:15)고 당부하신 것처럼 내게도 세 번 주님이 그렇게 당부하셨다.

나는 물론 자신 있게 "네"라고 대답했지만 믿지 않는 척박한 가정에서 신학을 공부하고 여자의 몸으로 목사, 선교사가 되는 이 여정은 말처럼 그렇게 쉽지만은 않았다. 내가 장차 겪을 미래의 어려움을 미리 아시고 주님은 도중에 나의 마음이나 믿음이 흔들리지 않도록 세 번씩이나 거듭 다짐하신 것이다.

수십 년 전 믿음이 별로 없을 때 어느 날 "죽도록 충성하라"는 우레와 같은 소리를 들은 적이 있다. 성경을 좀 더 공부하면서 요한계시록 2:10 "네가 장차 받을 고난을 두려워 말라 볼지어다 마귀가 장차 너희 가운데 몇 사람을 옥에 던져 시험을 받게 하리니 너희가 십일 동안 환난을 받으리라 네가 죽도록 충성하라 그리하면 내가 생명의 면류관을 네게 주리라"는 말씀을 읽게 되었고, 내 삶과 사역 속에는 늘 '충성'이라는 두 글자가 새겨지게 되었다.

주님은 충성하는 자를 찾고 계시고 충성하는 자들에게 자신의 큰일을 맡기기를 원하신다. 그 비전을 본 이후로 나는 늘 더 충성하려고 노력하게 되었다. 언젠가 우리가 주님 앞에 서게 될 때 '착하고 충성된 내 종아 수고했다'는 주님의 칭찬을 듣고 싶다.

# 7

# 나의 도움 어디서 오나

"내가 산을 향하여 눈을 들리라 나의 도움이 어디서 올꼬 나의 도움이 천지를 지으신 여호와에게로서로다"(시 121:1-2)

나는 힘들 때면 '눈을 들어 산을 보아라 너의 도움 어디서 오나. 천지 지으신 너를 만드신 여호와께로다'라는 찬양을 자주 부르곤 한다. '하나님은 너를 지키시는 자, 너의 우편에 그늘 되시니 낮의 해와 밤의 달도 너를 해치 못하리. 하나님은 너를 지키시는 자, 너의 환란을 면케 하시니 그가 너를 지키시리라 너의 출입을 지키시리라'의 찬양 속에서 늘 새 힘을 얻곤 한다.

사람들의 도움에는 한계가 있다. 누구도 우리의 속사정을 다 알 수 없고, 우리가 어떤 고난을 통과하고 있는지 잘 모르기 때문에 가까이 있는 절친한 사람들이 아니면 대부분의 사람들은 다른 이들의 문제에 대해서 그러려니 할 때가 많은 것 같다. 특히 선교지에서는 다른 이들에게 일일이 설명할 수 없는 상황들이 많아서 어려움이 올 때마다 나는 주로 하나님께 부르짖는다. 선교 현장에서 부딪히는 순간순간의 많은 어려움들을 어떻게 사람들이 다 알 수 있을까.

새벽기도를 마친 시간 이후부터 많은 사람들이 나를 찾아온다. 육신이 아픈 사람들, 재정적인 어려움에 부딪혀 채소 살 돈조차 없는 엄마들, 남편이 술 마시고 때리거나 다른 여자와 살러 가서 어떻게 해야 하느냐고 호소하러 온 아내들, 가족 간의 갈등 때문에 힘들어 하는 자들, 부모가 다 돌아가셔서 의지할 데가 전혀 없는 고아도 있고, 영적인 혼란이나 사탄에게 사로 잡혀 정상적이지 못한 영혼들도 있다. 그들의 문제를 다 듣고 나면 일일이 다 도와줄 수 없는 내 능력의 한계 때문에 힘이 빠지곤 한다. 저들의 가난과 질병을 어떻게 해결해줄 수 있을 것인가? 신학교의 운영과 어려운 사역자들의 가정들, 2층 건축 및 도서관의 신학서적 마련 등 내부의 재정적인 어려움은 계속 되는데 당장 도와주지 않으면 생존이 힘든 자들도 찾아오니 이 모든 짐을 어떻게 져야 하나?

내가 할 수 있는 유일한 길은 하나님이 우리에게 허락해주신 것들을 최대한 나누고, 나머지는 늘 하나님께 아뢰는 것이다. 그러다보니 기도로 하나님께 부르짖는 것이 내가 발견한 최상의 방법이요, 또 성경이 제시하는 해결책이어서 매일 하나님께 매달리며 부르짖어 왔다. 많은 사람들은 조용히 기도해도 하나님이 들으시는데 왜 그리 부르짖느냐고 묻는다. 그러나 사람은 어찌할 수 없는 상황에 부딪히고 절박한 심정이 되면 자신도 모르게 부르짖게 되어 있다. 특히 선교지에서는 매일 영적 전쟁터와 같이 싸우고 부딪혀야 할 난제들이 많이 있기에 늘 긴장하고 깨어 있어야 할 뿐만 아니라 하나님과 교통하면서 그 분의 도우심과 공급하심을 받아야 한다. 사람들에게 이런 저런 도움을 요청하면 자존심 상할 때도 있고, 그들이 우리가 처한 상황 속에 있지 않기 때문에 동일한 부담감과 관심을 갖지 않아 차라리 얘기하지 않은 것이 나았다는 것을 많이 경험하기 때문에 주로 하나님 앞에 문제들을 가지고 간다. 매일 하루 3시간 이상씩은 기도해야 모든 난관들을 뚫고 갈 수 있는 힘이 생긴다. 특히 재정 문제가 가장 심각하다. 다른 부분은 우리가 노력하고 애쓰면 되지만 많은 스텝들과 어려운 신학생들, 또 제자학교 학생들의 삶을 책임지고 있는 우리로서는 매달 살얼음을 걷듯 재정적인 어려움에 직면하곤 한다. 그러나 되돌아보면 하나님이 거의 모든 문제를 다 해결해 주셨다. 요즘도 어려운 일이 생기면 더 어려웠던 시절을 떠올리며 그 때도 살아왔는데 못 살 일이 뭐 있냐고 자신을 위로하곤 한다.

요즘 날씨가 갑자기 너무 더워져서 한국 학생들이 밤에 잠을 몇 시간밖에 못 잤다고 하면 예전에 이 시멘트 건물이 들어서기 전 뙤약볕 속의 나무집이나 텐트 속에서도 예배드리고 살았었다고 얘기해준다. 모기와의 전쟁에서 괴로워하는 자들에게는 나의 팔다리가 모기와 벌레들에 물려 온통 단풍들었던 시절이 있었다고 위로해준다. 후원자들이 많지 않은데 어떻게 신학교를 운영해 가려고 하는가? 학비를 내지 못하는 학생들은 아예 받지 말라고 지혜로운 충고를 하는 사람들에겐 예전에 한 명의 신학생 후원자가 없을 때에도 살아남았다고 말해준다. 하나님이 순간순간 피할 길을 내주지 않으셨더라면 어떻게 여기까지 이를 수 있었으랴!

최근에 내 목이 잠겨 말소리가 잘 나오지 않았다. 너무 목을 많이 써서 목소리가 허스키해졌는데 다른 방법은 없고 목을 안 쓰고 휴식하는 것 밖에는 다른 치료약이 없다는 의사의 진단이 나왔다. 늘 이어지는 강의들과 기도, 상담 및 설교 등으로 말을 많이 해야 하는데 목소리가 잘 나오지 않고 갈라지니 너무나 답답하고 안타까웠다. '하나님께서 왜 이런 일을 허락하시는 걸까?' 하고 계속 기도하는 가운데 말씀과 함께 몇 가지 깨달음이 왔다.

"의인이 외치매 여호와께서 들으시고 저희의 모든 환난에서 건지셨도다 여호와께서는 마음이 상한 자에게 가까이 하시고 중심에 통회하는 자를 구원하시는도다 의인은 고난이 많으나 여호와께서 그 모든 고난에서 건지시는도다" (시 34:17-19)

주님께 조용히 나가 모든 힘든 것들을 다 토해 놓으라는 것이다. 국제전화로 사람들에게 어려운 일들을 호소할 수도 없다. 이제는 큰 소리로 기도할 수 없으니 오히려 하나님께 눈물로 호소하며 내면의 음성을 듣는 훈련을 해야 한다. 우리의 모든 도움의 원천이신 하나님이 문을 여시고, 하나님이 도와주셔야 모든 일이 순조롭게 진행될 수 있다.

그동안 내가 하려고 애썼던 많은 부분들조차도 철저히 내려놓고 하나님의 전적인 공급만을 더 의지하라고 이 기간을 주신 것 같다. 지금까지 우리가 고난을 통과할 때 함께 해주셨던 바로 그 하나님만이 나의 도움이시기에 오늘도 눈을 들어 산을 바라본다. 언젠가 나를 위해 기도해 주셨던 한 중보기도자의 말이 늘 큰 힘이 된다.

"이런 사람 저런 사람, 누군가가 나를 돕지 않을까 절대로 기대하지 마세요. 사람들의 도움을 기대하지 않을 때 하나님이 초자연적인 방법으로 도우시고 모든 것을 채워주신답니다."

그 날 이후로 사람들에게 도움을 요청하기보다는 우리의 모든 형편과 사정을 다 아시는 하나님께 조용히 나아가 나의 모든 문제를 아뢸 때 그 분이 하시는 놀라운 일들을 목도하게 되었다. 하나님의 은혜의 보좌 앞에 날마다 담대히 나아갈 수 있는 특권을 받았으니 우리는 얼마나 다행스러운가!

제3부

아시아의 숨겨진 보물 나갈랜드

## 주님

가장 외로운 날은 당신에게 편지를 씁니다.
인간들의 칭찬과 평가에 제 자신의 모든 무게를 걸었던 것
그것이 얼마나 헛된 자만인가를 깨달았습니다.
필요 이상의 기대를 걸었음으로 하여
오늘 제 삶이 쓸쓸하다면
이젠 좀 달리 걷게 하여 주십시오.
두 길을 함께 걸어가려 했던 것
부질없는 욕망의 길을 돌아서서
이제는 오직 하나의 길
당신이 걸어가신 길을 좇아 걸어가게 하여 주십시오.
주님
흔들리지 않는 사랑 하나 주십시오.
당신을 몰랐던 날들의 모든 우울함을 지워버리고
빛과 생명의 원천이신 당신의 맥박으로
뛰놀게 하십시오.
척박한 삶의 토양에도
풀 한포기 일으켜 세우는 자 되게 하여 주십시오.

# 1
# 아시아의 숨겨진 보물

"나의 달려갈 길과 주 예수께 받은 사명 곧 하나님의 은혜의 복음 증거하는 일을 마치려 함에는 나의 생명을 조금도 귀한 것으로 여기지 아니하노라" (행 20:24)

지금까지 우리의 모든 걸음걸음마다 만남의 귀한 축복들을 허락하시며 성령의 놀라운 역사로 선교의 열정들을 다시 불붙게 하신 하나님께 먼저 감사와 영광과 찬양을 올려 드린다.

나는 2003년 이후로 지금까지 수차례의 인도 단기선교를 통해 인도의 종교와 문화, 생활방식 등 타문화들을 경험하고, 많은 교회와 신학교들, 일반 중고등학교를 방문했으며, 집회 및 세미나들을 인도하면서 인도인들의 영적 메마름과 고통, 은혜를 사모하는 갈망들을 보고 선교의 필요성을 절감하게 되었다.

1992년 10월 4일 'M. I. 서울' 창립 이후 국제선교회는 영어 성경과 선교영어 및 영어 예배, 또 외국인과 선교 지망생들과의 공동체 생활을 통해 간접적인 타문화 적응훈련을 해왔다. 이제 때가 차매 단순히 선교사들을 훈련시키고 파송하는, 다시 말해 보내는 선교사로서의 삶뿐만 아니라 직접 가서 현지인들과 동고동락할 수 있는 기회들을 열어주셔서 어떤 곳이든 하나님이 원하신다면 기꺼이 가겠다는 결단을 하게 되었다.

그 동안 인도의 여러 지역들, 뱅갈로, 콜카타, 뉴델리, 첸나이, 고하티, 실롱, 하이데라바드 및 나갈랜드(디마푸르, 코히마, 푸체로, 펙, 차주바) 등을 두루 다니며 계속적인 성령 집회와 세미나에서 말씀을 증거할 수 있는 기회를 가졌으며, 성령의 놀라운 역사하심에 많은 위로와 도전, 감사를 느꼈다.

앞으로 아시아 선교 사역의 주 무대가 될 나갈랜드는 인도의 북동부 산악지역에 자리 잡고 있는 작은 주(州)로서, 약 2백만 명에 달하는 인구 거의 대부분이 농업에 의존하고 있다. 특히 케니 선교사의 고향인 푸체로(Pfutsero)는 한국의 1950~60년대와 같은 전형적인 시골로서 지금도 장작불을 지펴서 밥을 해먹는 가정이 많으며, 물 항아리에 물을 길어오는 여인들의 모습을 쉽게 볼 수 있다. 그들 선조들은 사람의 머리를 베어 집집마다 걸어놓고 자랑하면서 가장 많은 머리를 벤 사람이 그 마을의 추장이 될 정도의 미개한 '머리 사냥꾼들(Head Hunters)'이었지만 200년 전 미국 선교사들이 복음을 전한 이후 성령의 강권적인 역사로 집단 개종을 하여 지금은 90% 이상이 크리스천이 되었다.

나갈랜드는 1950년대와 60년대, 그리고 70년대의 세 차례에 걸쳐 놀라운 부흥을 경험하면서 1만 명의 선교사를 파송하겠다고 서원한 민족이며, 이미 5천 명 이상의 선교사들이 세계 곳곳에 나가 있다. 하지만 하나님에 대한 경외심을 가지고 주일에는 거의 의무적으로 온 가족이 교회를 다니지만 이름뿐인 크리스천이 많고, 에베소 교회처럼 첫사랑을 잃어버리거나 라오디게아 교회처럼 미지근하여 더웁지도 차지도 않게 될까봐 우려가 된다. 얼굴이 우리와 비슷하게 생긴 몽골 계통인데다 많은 점에서 우리와 비슷한 문화를 가지고 있어서 큰 이질감은 없다. 어떤 학자는 우리나라 고려인들이 이곳으로 옮겨 왔을 가능성이 높다고 한다.

나가 인들은 영국의 식민지 지배에서 살 때 인도로부터 많은 종교적 핍박과 착취를 당했다. 많은 나가 자매들은 성적으로 희롱당했고, 자신들이 가진 많은 땅들을 무장한 군인들에게 빼앗기기도 했다. 그래서 나가 사람들은 같은 인도 국적을 가지면서도 인도와는 전혀 다른 종교와 인도에 대한 적대감 속에서 인도로부터 독립하려고 안간힘을 써왔다.

인도의 독립기념일도 우리나라의 광복절처럼 8월 15일이지만, 나가 사람들은 8월 14일을 그들의 독립일로 정하여 미리 지키고 있는 것만 보아도 인도와의 악감정을 알 수 있다. 인도의 수도는 델리이고, 나갈랜드의 주도(州都)는 코히마이지만 왜 이곳 사람들은 코히마를 그들 자신의 수도라고 부르며 살아가는 것일까? 그만큼 그들은 인도와 구별된 자치독립국으로서의 꿈을 꾸고 있는지도 모른다. 나갈랜드 인들은 한동안 악감정 때문에 인도의 공용어인 힌디어도 학교에서 공식적으로 가르치지 않았다. 그러나 이제 많은 세월이 흘러오면서 나가의 많은 젊은이들이 인도의 다른 지역으로 유학가거나 사업 및 취업 때문에 인도 본토에 갈 수밖에 없는 상황이 되자, 이제는 모든 학교에서도 힌디어나 산스크리트어를 의무적으로 배우게 되었다. 어떤 믿음의 사람들은 나갈랜드가 인도로부터 독립되지 않아야 인도 비자를 갖고 자유로이 복음을 전할 수 있기 때문에 독립하지 않는 것이 인도 선교를 위해서는 더 유리하다는 상반된 의견을 내놓기도 한다.

정치적으로 볼 때, 나갈랜드는 많은 외적인 공격을 받았다. 1941년에는 일본군이 이곳까지 와서 민간인들을 괴롭히고 먹을 것들을 탈취하며 서서히 나갈랜드를 삼키려는 만반의 준비를 해 나갔다. 다행히 주둔해 있던 영국군들의 도움으로 나갈랜드 인들은 영국식 영어 교육과 기독교 교육 및 신앙을 전수받았고, 무지한 일본 군인들로부터 보호를 받았다. 1944년엔 코히마 시에서 영국군과 일본군들의 치열한 전쟁이 일어났다. 이 전쟁으로 인하여 많은 꽃다운 젊은이들이 이슬 같은 목숨을 바쳤다. 코히마에 있는 전쟁기념관에 가보면 이 때 나가 인들을 살리기 위해 죽어간 많은 영국 병사들의 묘비에 새겨진 가슴 뭉클한 글귀들을 발견할 수 있다. "나는 친구를 위하여 나의 목숨을 바치노라"고. 일제 강점기 때 강제 징용 당한 한국 젊은이들도 이곳에 와서 싸우다가 죽어갔을 가능성이 많다는 얘기들도 전해진다.

영적으로는 나가 인들이 세계에서 인구 대비 크리스천이 가장 많고, 하나님으로부터 많은 달란트들과 축복들을 받았다. 나갈랜드는 1873년, 한국보다 일찍 복음이 들어왔으며, 미국인 클락(E. W. Clark) 선교사 부부가 아삼 지역인 십사가르(Sibsagar)에서 처음으로 이곳에 물물교환 차 찾아온 나가 인들에게 복음을 전했다. 어느 날, 몇몇 나가 인들이 클락 목사집에 와서 초인종을 눌렀다. 가지고 온 물건을 팔기 위해서였다. 사모님은 살 물건이 없으니 그들에게 가라고 했다. 그러나 클락 목사는 그들을 들어오라고 해서 처음으로 나가 인들과 대화를 나누게 되었다. 당시 나가 인들은 거의 문명 세계에 노출되지 않아 아는 것이 없었지만 하나님이 주신 지혜로운 마음이 있었다.

다음날 클락 선교사는 나가 인들을 자신이 운영하는 사립학교에 데려갔다. 그들은 처음으로 어린 학생들이 교실에 앉아 공부하는 모습을 보고 신선한 충격을 받았다. 그래서 클락 선교사에게 자신의 자녀들에게도 저런 교육을 시켜달라고 부탁했다. 클락 선교사는 그들의 순수하면서도 배움에 대한 열정이 있는 모습을 보고 깊은 감동을 받았다. 그는 나가 인들에게 체계적으로 성경을 가르치기 시작했고, 그 중 한 사람을 제자 훈련시켜 나갈랜드에 전도자로 보냈다.

그 후 복음은 나갈랜드 목고청(Mokgochung)에서 아오 부족을 중심으로 급속히 번져가기 시작했다. 클락 선교사 부부는 중국이나 미얀마로 선교 가려던 원래의 계획을 포기하고 복음의 수용성이 강한 나갈랜드에 와서 자신의 이름을 따서 '클락 신학교'를 세웠다. 그렇게 처음 네 부족에게만 미국인 선교사가 전했던 복음이 현지인들의 전도로 인해 12부족 전체에게 전해지게 되었다. 나갈랜드에 인도 해외봉사단으로 온 한 기자는 한 마디로 나갈랜드를 '아픔을 통해 만들어진 아름다운 진주를 품은 땅'이라고 묘사하기도 했다.

그러나 나갈랜드의 많은 사람들은 여전히 하나님을 개인적으로 아는 지식과 믿음이 부족한 영적인 무지와 가난, 질병들로 어려운 삶을 살고 있다. 게다가 하루 두 끼밖에 밥을 못 먹을 정도로 삶의 경제적 자원들은 빈약하다. 그럼에도 그들이 하나님을 삶 속에서 구체적으로 친밀하게 만나고, 말씀을 통해 변화되며, 성령의 능력을 덧입어 기도의 불이 다시 붙는다면 나갈랜드는 우리나라처럼 세계 선교에 귀하게 쓰임 받을 수 있는 아시아의 숨겨진 보물 같은 잠재력이 있는 지역이다. 또 유치원부터 영어로 수업하기에 거의 모든 학생들이 유창하게 영어를 구사하는가 하면 찬양의 달란트와 환경에 대한 뛰어난 적응력이 있어 많은 인적 잠재력들이 있다. 영적 각성운동과 우리나라의 새마을운동 같은 것이 일어난다면 범국가적으로도 엄청난 변화가 일어날 것으로 예상된다.

경치가 아름다운 나갈랜드는 많은 울창한 나무들로 둘러싸여 있으며, 사람들이 순수하고 다재다능한 좋은 일면이 있다. 깨어 있는 지식인들은 우리나라의 신학교에서 공부하고 돌아와 영적 지도자가 되었으며, 한국에 대해서는 아주 우호적인 감정들을 갖고 있다. 앞으로 M. I. 센터는 나갈랜드의 소망인 젊은이들에게 체계적인 말씀공부와 영성훈련, 또 전문인 선교사로서의 기술들을 가르치고 목회자들의 재교육을 통해 교회들을 일깨움으로써 많은 선교사들을 일으키고자 한다.

2004년 3월 4~6일 차주바에서 착케상 침례교단 협회(CBCC) 주최로 열린 여성대회에는 5천 명이 넘는 여성들과 영적 지도자들이 모여 3일간 귀한 집회를 가졌다. 이 선교대회는 8년마다 열리는 가장 큰 여성 집회인데, "네 장막 터를 넓혀라"(사 54:2)란 주제 하에 많은 여성들이 가정의 울타리에서 벗어나 선교의 일꾼들로 기여할 것을 다짐하고 뜨겁게 기도하는 시간을 가졌다.

"내가 누구를 보내며 누가 우리를 위하여 갈꼬 그 때에 내가 가로되 내가 여기 있나이다 나를 보내소서" (사 6:8)

이사야 선지자의 고백이 우리의 고백이 될 수 있기를 소망한다. 하나님은 마지막 때에 추수할 일꾼들을 찾고 계시며, 잘 훈련되고 준비된 자들이 자원하는 심정으로 나아가기를 원하신다. 오늘은 내가, 내일은 그가 선교 현장에서 잃어버린 영혼들을 찾아 떠나야 할 것이다. 나갈랜드가 인도의 여러 지역들과 전 세계에 선한 영향력을 끼치는 복음의 유용한 도구가 될 수 있기를 기도한다.

# 2

# 나갈랜드 초기 정착 시절

2007년 12월 5일, 나는 인도 나갈랜드에 장기 사역자로 들어와 선교사로서의 삶을 시작하게 되었다. 결혼하면서부터 케니 선교사에게 나갈랜드에 대해 많이 들어왔고, 나갈랜드 크리스천 펠로십인 NCFK(Nagaland Christian Fellowship in Korea)가 우리 교회에서 주로 열렸기 때문에 한국에 유학 온 많은 나가 인들과 교제하면서 나갈랜드를 간접적으로 익혀 왔다. 게다가 2003년부터는 1년에 한두 차례씩 아홉 번의 단기선교를 통해 나갈랜드의 많은 교회들과 신학교들을 방문하고, 인도의 친척들과도 만나왔기 때문에 나갈랜드에 처음으로 혼자 산다고 해도 별 어려움 없이 잘 적응하리라는 자신감이 있었다.

그때 남편인 케니 선교사는 ACTS(아세아연합신학대학교)의 선교학 박사과정 졸업반이자 논문을 쓰느라 한국에 있어야 했기 때문에 함께 인도로 들어오지 못하고 떨어진 채 내가 1년 먼저 와서 사역을 시작했다. 당시에는 중요한 결정을 내려야 할 때나 선교 현장에서 일어나는 크고 작은 일들을 일일이 국제전화로 의논할 수도 없고, 인터넷도 잘 되지 않아 커뮤니케이션에 많은 어려움들이 있었다. 초기 정착에 있어 오는 여러 가지 타문화 충격들을 스스로 극복하면서 오직 주님만 바라보고 나아가야 했다.

캠프 후 지속적인 훈련을 받기 위해 남은 형제자매들은 M. I.에서 공동체 생활을 했지만 나는 세든 집에 살면서 센터를 오갔다. 옆방에 몇몇 자매들이 같이 살고 있어 큰 외로움은 느끼지 않았지만 가족들이나 정들었던 모든 사람들과 만나지 못하고 1년간 생활하다보니 가끔씩 향수가 몰려오곤 했다. 내가 가장 싫어하고 무서워하는 쥐들이 어둠 속 홀로 잠자는 침대 주변에 출몰할 때는 어떻게 내쫓아야 할지 막막하기만 했다. 한밤중에 자매들을 깨우거나 소리칠 수도 없어서 가만히 쥐의 동태를 살피며 숨죽이고 있기도 했다. 모기에 물려 깨어나는 일도 다반사였다. 그런 일로 한번 잠이 깨면 다시 잠이 잘 오지 않았다. 집이 도로변에 있었기 때문에 깊은 밤 정적을 뚫고 경적을 울리며 달려가는 트럭 소리로 인하여 신경이 곤두섰다.

디마푸르는 일교차가 심하고, 찌는 듯한 여름 더위 때문에 모든 방들에는 교실이나 창고처럼 시멘트벽에 창문 구멍이 뚫려 있었다. 게다가 한국과 달리 전혀 난방시설이 되어 있지 않아서 12-2월에 이르는 겨울밤에는 전기요 없이는 잠을 자기가 힘들었다. 밤에는 을씨년스럽게 추운 데다가 전기 히터를 틀어도 전기가 자주 나가버리기 때문에 뼛속 깊숙이까지 추위가 몰려왔다. 5월부터 거의 9월까지 계속되는 여름 우기가 되면 장맛비로 진흙길이

질퍽거려 걷기가 힘들었다. 집에서 선교센터까지 걸어오면 조심해도 늘 신발이나 옷이 흙투성이가 되어버렸다. 아예 반바지를 입고 다니거나 바지를 걷어 올리고 걸어야 했다. 한국에 있을 때 안동에서 1년간의 교사생활 동안 자취생활해본 것과 실업계 남자 고등학교에서 3년간 경험했던 것이 이곳의 낯선 삶에 적응하고, 방황하는 젊은이들의 문제를 이해하는데 많은 도움이 되었다.

그러나 시간이 지날수록 표면상 평화스러워 보였던 나갈랜드 삶의 이면에 예상치 않은 면모들이 드러나 보이기 시작했다. 나갈랜드에는 인도로부터 독립하려는 지하 독립운동단체(Underground)가 있는데 당시 그런 언더그라운드 그룹들 사이에 갈등과 내분이 일어 총성이 끊이지 않았다. 한번은 사람들이 "파이어(Fire)"라고 소리쳐서 어디선가 불이 난 줄 알았는데 나중에 알아보니 총성이었다. 신문에는 길에서 죽어간 사람들의 시체가 즐비한 기사들이 자주 오르내렸다. 우리 집에서 가까운 6마일에서도 6명이 총에 맞아 죽는 일이 발생하니 마음속엔 왠지 모를 두려움이 깃들었다.

일부 사람들은 나갈랜드를 '위험 지역'이라고 부른다. 공항에 내리면 경찰이 먼저 눈에 들어오는데 인도와의 관계가 좋지 않기 때문에 나갈랜드에서는 외국인들이 특별허가증인 PAP(Protected Area Permit, 보호지역 허가증)를 받지 않으면 비자가 있어도 출입을 허용해주지 않는다. 한번은 이 서류가 늦게 도착하는 바람에 공항에서 바로 경찰서로 불려가 조사를 받은 적도 있었다. 우리는 이 PAP가 없어지도록 수년간 간절히 기도했다. 하나님이 그 기도를 들으시고 철의 장막을 벗겨 주듯이 예전에는 1달만, 그것도

4명 이상의 그룹에 한해서 주던 것이 이제는 개인이 와도 1년까지 머무를 수 있게 되었다.

이곳 나갈랜드는 해가 지고 어두워지면 가로등 하나 없이 깜깜한 정적에 들어가기 때문에 밤에는 바깥출입하기가 힘들다. 밤에 성경 공부나 기도회를 마치고 늦게 들어오는 날이면 늘 남학생들이 랜턴을 들고 나를 집까지 바래다주었다. 가끔은 오릿사에서 선교사들을 핍박하고 교회들을 불태우겠다는 협박전화가 걸려오기도 했다. 그 때문에 단기선교를 오려했던 팀들이 취소한 경우도 있었다. 한번은 옆집 아저씨가 뱀에 물려 죽는 것을 본지라 마음이 왠지 불안했지만 하나님이 늘 안전을 지켜주시기를 기도하는 수밖에 없었다.

대부분의 선교사들이 경험하듯 환경적인 어려움들도 이곳이라고 예외는 아니었다. 도마뱀이나 여러 곤충들이 늘 방 안을 지나다녔다. 현지인들 가운데는 도마뱀을 사랑스러운 눈빛으로 보아야 모든 곤충들을 잡아먹는 도마뱀의 중요성을 알 수 있다고 충고해주는 사람들도 있었다. 미얀마의 C선교사가 내게 도마뱀은 귀엽고 사람을 전혀 해치지 않기 때문에 두려워할 필요가 없다고 얘기한 적이 있어 그다지 놀라지 않고 태연한 척 하지만, 한국 자매들이 오면 처음 보는 풍경에 모두 괴성을 지르곤 한다.

또 한 가지 힘든 문제는 '물'이었다. 이곳에는 수도가 없기 때문에 우물물을 모터로 끌어올려 쓴다. 모래와 벽돌로 정수를 해도 물 색깔은 황토빛이고, 옷을 빨면 얼룩이 질 때가 많다. 당시엔 세탁기도 없어 일일이 손빨래를 해야 했다. 물은 끓여서 먹긴 하지만 수질 상태가 안 좋아 몸이 자주 가려웠다. 한번은 밥맛이 없고 머리가 몹시 아픈 데다 열이 나서 병원에 갔더니 장티푸스(typhoid)에 걸렸다는 진단이 나왔다. 다행히 초기여서 일주일간 주사를 맞고 일찍 나았지만, 후진국 병이라고 사람들이 말하던 그 풍토병에 나도 걸렸구나 싶어 마음이 심란했다. 의사 선생님이 물 때문이라고 해서 그 후부터는 미네랄 물을 사먹고 있다.

무엇보다 최대의 적은 모기와의 전쟁이었다. 내 피가 유독 그들 입맛에 맞아서일까 온 팔과 다리는 늘 울긋불긋 단풍이 들었고, 한국에서 가져온 모기약은 금방 동이 났다. 긁으면 더 심해지기 때문에 가려움을 참느라고 혼이 났다.

그 밖에도 당시에는 냉장고와 전기밥솥, 전자레인지가 없어 식은 밥을 먹기 일쑤였다. 끼니마다 새 밥이나 반찬을 해먹을 수 없어 점심이나 저녁에는 아침에 해놓은 밥을 국이나 물에 말아 먹곤 했다. 하나님이 어떤 환경에서도 잘 적응하고 견디는 은혜를 나에게 주셨기 때문에 이 모든 과정들이 다소 불편하긴 했지만 크게 어렵다는 생각 없이 낯선 삶에 잘 동화되고 흡수되어 갔다.

또 하나의 어려움이 있었다면 여름에 너무 더운 데다 자주 정전이 되어 책보기가 힘들었다는 점이다. 거의 2시간마다 전기가 나가버리기 때문에 새벽엔 주로 촛불이나 랜턴을 켜고 성경을 읽고, 강의준비를 해야 했다. 동이 트기를 기다리면서. 한국에서는 언제나 전기를 켜고 끄는 것이 나의 선택이었지만 이곳에서는 내가 책을 읽고 싶어도 나라에서 전기를 절약하려고 수시로 전기를 끊어버리기 때문에 나의 선택이 있을 수 없다. 나가 인들은 이런 일에 너무나 익숙해져서 전기가 나가도 아무렇지도 않은 듯하고, 깜깜한 밤에도 잘 돌아다니며, 전기가 들어오면 탄성을 지른다.

인간은 환경에 길들여져 가는 존재인가 보다.

나는 추위에 약하고 비교적 더위에 강한 편이지만 7-8월이 되면 40℃까지 오르내리는데다 습도가 높아 여름에 강의를 계속하다 보면 땀띠가 가슴 안팎으로 났다. 선풍기도 계속 돌아가지 않아 좁은 집 안에 30명이 가득 들어차 있으면 그 열기가 보통이 아니어서 숨이 막힐 정도였다. 지금 되돌아보면 내가 어떻게 그 시간들을 견뎌냈는지 모르겠다. 시멘트 몇 포대와 모래로 가득 차 있던 작은 방 하나를 청소해서 시작했던 사역, 그러나 그 폭염 속에서도 너무나 강력한 성령의 임재와 하나님의 은혜로 성령이 마가의 다락방처럼 강타했고, 어둠속에 걸어가던 많은 젊은이들의 삶이 180도로 바뀌는 놀라운 역사를 체험했기에 열악했던 모든 환경을 뛰어넘을 수 있었던 게 아닐까.

밖으로 초라해 보이는 그 나무집이 사실은 기적의 산실이었다. 그들의 변화되어 가는 모습을 바라보는 기쁨에 나는 새벽 6시부터 밤 9시까지 피곤한 줄도 모르고 그들과 함께 말씀과 기도로 충만한 시간을 그곳에서 보냈다. 나무집의 바닥은 한국식 장판을 깔아 학생들이 낮에는 강의실로 쓰고, 밤에는 기숙사로 지냈다. 그 해 샤인 미션 캠프에 참석한 형제들 중 몇 명이 두 개의 나무방을 만들어줘서 여학생 기숙사로 사용하고, 나중에 열방교회의 도움으로 대나무로 된 남자 기숙사가 세워졌다. 기타 하나에서부터 컴퓨터 한 대, 소파 세트 등 그 좁은 방에서 우리가 부르짖을 때마다 필요한 것들이 하나씩 채워졌다. 학생들도 우리의 기도에 응답하시는 하나님을 체험했기에 매일 아침저녁으로 기도하며 주께 더 가까이 나아갔다.

또한 한국에서 온 내가 외국인으로서 견디기 힘든 부분은 행정상의 일처리였다. 관공서의 공무원들은 10-11시나 되어 늦게 출근하는 데다 점심엔 티타임, 그리고 오후 2-3시가 되면 퇴근을 해버리고 자리에 없기 때문에 어떤 문제를 처리하려 하면 시간이 너무 걸렸다. 또 집안의 대소사가 있으면 담당자들이 자주 빠져서 언제 올지도 모르는 채 매일 가보아야 하고, 전산화가 되어 있지 않아 여러 가지로 불편한 일이 많았다. 우리가 기술센터의 정부 등록을 받는데 꼬박 6개월을 뛰어다녀야 했으니 성질이 급한 나로서는 인내하고 또 인내하면서 기다리는 훈련을 많이 받았다.

무엇보다 가장 힘들었던 것은 재정문제였는데, 이곳에 오는 모든 이들이 어려운 가정 출신이고, 미얀마에서 온 사람들은 혈혈단신으로 와서 전혀 학비를 낼 수 없는 형편이었다. 매달 비누나 샴푸, 심지어 여성용 생리대도 배급제로 나누어줘야 했다. 그래서 쌀이나 계란 및 식용유도 기증자를 위해 기도했을 정도였다.

요즘 몇몇 사람들이 센터의 나무집이 문 입구에 있어 외관상 다소 초라해 보이는데다가 방에 구멍이 뚫려 에어컨도 설치할 수 없을 뿐 아니라 너무 낡았으니까 허물고 새로 건물을 짓자고 제안한다. 그러나 나는 완강히 반대하면서 이곳을 M. I. 사역의 기념관으로 보존하자고 주장한다. 이 나무집의 은혜가 없었더라면 오늘의 내가 없고 사역자들도 세워질 수 없었기에 이 나무집을 있는 그대로 잘 보존하고 싶다. 지푸라기 같은 우리의 인생을 진토더미에서 건지시는 하나님의 사랑이 배어 있는 이 나무집이 내겐 너무 소중한 자산이다. 지금은 주로 M. I. 기술센터로 사용하고 있는데 제자학교 강의실로, 또 학생식당으로도 쓰고 있다.

# 3

# 텐트 성전이 완성되기까지

"여호와께서 모세에게 일러 가라 사대 이스라엘 자손에게 명하여 내게 예물을 가져오라 하고 무릇 즐거운 마음으로 내는 자에게서 내게 드리는 것을 너희는 받을지니라"(출 25:1-2)

"내가 그들 중에 거할 성소를 그들을 시켜 나를 위하여 짓되 무릇 내가 네게 보이는 대로 장막의 식양과 그 기구의 식양을 따라 지을지니라"(출 25:8-9)

1992년부터 하나님께서 선교센터의 비전을 주시고 지금까지 여러 모로 부족한 종을 훈련해 오셨다. 인도 나갈랜드로 온 것도 하나님의 사람들, 주의 사랑을 맛보고 성령의 비춰심과 말씀의 거듭나는 은혜를 통해 주의 일을 하겠다는 사람들을 세우기 위함이 아니었던가. 수차례 이 땅을 밟는 동안 이곳 사람들을 만나게 되고, 특히 소망과 비전 없이 알코올과 마약, 흡연과 여러 가지 나쁜 습관들로 어둠과 죄악의 길을 걸어가던 청년들을 하나님께서 불러내셔서 2006년 이후 여러 번의 캠프를 행하게 하셨다. 그리고 놀랍게 변화되는 그들의 삶을 지켜보면서 하나님은 한 영혼도 실족하기를 원치 않으신다는 사실을 다시 한 번 깨닫게 되었다.

"그 작은 자가 천을 이루겠고 그 약한 자가 강국을 이룰 것이라 때가 되면 나 여호와가 속히 이루리라"(사 60:22)

이 약속의 말씀은 지금도 유효하다. 지금은 연약하고 영적으로도 어려보이는 이들이지만 이 가운데에는 수많은 영혼들을 변화시킬 자가 나오지 않겠는가! 그 기대감과 소망 속에서 오늘도 영적 단련은 이루어지고 있다. 나는 2003년부터 인도의 여러 지역을 다니며 우상과 가난, 영적 무지와 게으름에 찌든 많은 곤핍한 영혼들을 보게 되었고, 하나님께서 보내시고 이끄시는 대로 크고 작은 교회에서 말씀을 증거하였다.

2007년 12월부터 나갈랜드 디마푸르에 장기로 정착하여 이곳과 미얀마에서 온 형제자매들과 함께 생활하며 영적 공동체를 이루어 매일 아침 6시부터 저녁 9시까지 경건의 시간과 기도, 말씀 읽기, 신학 강의, 제자 훈련하는 일들로 지내고 있다.

한국에서부터 많은 사람들에게 선교센터의 필요성을 알렸고, 눈물겨운 헌신의 예물들로 디마푸르 5마일에 좋은 땅을 구입하게 되었다. 방대하지 않지만 그리 작지도 않은 이곳에서 많은 성령의 역사와 변화된 삶들이 있게 하심으로 기초석이 마련되게 하셨고, 고향과 일가친척을 떠나 하나님의 일꾼들로 준비되고자 하는 이들을 먼저 부르셔서 함께 살며, 사랑하며, 배우는 영성 공동체의 삶을 이루고 있다.

우리가 꿈꾸고 설계한 성전은 아니지만 2008년 2월, 기도하는 가운데 하나님께서 하얀 천막 성전을 보여주셨다. 사람들은 아직 그 필요성을 절실히 느끼지 못했지만 하나님께서는 이스라엘 백성들이 광야에서 성막을 지어 예배하는 삶을 살게 하셨던 것처럼, 세상 사람들의 눈에는 초라해 보일 수도 있는 소박한 텐트 성전을 먼저 세우도록 인도하셨다. 사람들의 마음이 감동되지 않고 환경이 열리지 않아서 지금과 같은 센터 건물은 세울 수 없었지만, 하나님의 손이 움직이실 때까지 더 기도의 분량이 차야겠기에 우리는 먼저 텐트 성전을 지음으로써 본격적인 훈련 프로그램을 시작했다. 만일 하나님의 세밀한 간섭하심과 공급하심이 없었다면 이 채플 홀은 볼품없는 평범한 텐트에 불과했을 것이다.

　그러나 나그네 삶을 살아가는 우리에게는 크고 화려한 성전만이 중요한 것이 아니라 작지만 성령의 기름 부으심과 역사가 있는 성전이 더 소중하다. 아무 것도 없는 상태에서 시작하여 어쨌든 성전이 완성되기까지 하나님은 여러 사람들을 사용하셨다. 하늘과 맞닿은 파란 지붕과 하얀 장막의 성전을 완성하는데 주도적인 역할을 한 것은 이곳에서 머무르며 훈련받는 청년들이었다. 건축 경험은 없었지만 훈련생들은 받은 은혜에 감사하여 직접 나무를 잘라 기둥들을 세우고, 모래와 자갈을 나르며, 울퉁불퉁한 땅을 고르게 했다. 텐트를 기둥들과 엮음으로써 마침내 하얀 텐트 성전을 완성했다.

　우리에게 있는 모든 것을 쏟아 부었기에 이 채플 홀은 어떤 웅장한 건물보다도 귀하고 아름답게 보였는지도 모른다. 아침저녁으로 부르짖은 기도와 눈물, 금식과 애씀의 노고들을 통하여 세워진 성전이기에 하나님께서 축복하시고 많은 기적들을 베푸셨다. 처음엔 오직 텐트만을 살 돈밖에 없었지만 물질의 공급도 끊임없이 이어져 재정의 큰 어려움 없이 성전이 세워졌고, 그 속에 들어갈 의자와 강대상, 기타와 키보드 등 필요한 모든 것들이 하나씩 채워지기 시작했다. 우리의 모든 사정을 보고 아시는 하나님의 살아계심을 더욱 체험하게 된 것도 뜻 깊은 일이었다. 나무 하나 사는 데서부터 텐트를 구입하게 된 모든 과정들이 매일 기도하며 그 분의 공급하심을 기다릴 때 이루어진 일이어서 더 큰 믿음의 단련을 받게 되었다. 하나님께서 큰 재정의 문을 여서서 더 아름답고 견고한 선교센터와 성전이 이루어질 때까지 우리의 예배와 눈물겨운 믿음의 여정은 계속되리라.

하나님께서는 성막을 세우는 모세에게 자원하는 자들의 예물을 받으라고 하셨다. 마음이 내키지 않고 마지못해 드리는 자의 예물은 마치 가인의 예물과 같아서 받지 않으시고 오직 피흘림이 있는 제사, 희생과 믿음의 제물만 열납하시기에 굳이 사람들에게 성전 건축의 예물을 강요할 일도, 재촉할 일도 없는 것이다. 오늘도 하나님께서는 그 분의 방법으로, 그 분의 일을 해나가고 계신다. 그 분께 온전히 맡길 수 있는 신뢰와 이끄심에 대한 영적인 민감성 및 희생도 기쁘게 드릴 수 있는 마음만 준비되어 있다면 하나님은 그를 사랑하는 자들을 통하여 계획하신 일들을 이루어 가실 것이다.

"그러므로 형제들아 내가 하나님의 모든 자비하심으로 너희를 권하노니 너희 몸을 하나님이 기뻐하시는 거룩한 산제사로 드리라 이는 너희의 드릴 영적 예배니라 너희는 이 세대를 본받지 말고 오직 마음을 새롭게 함으로 변화를 받아 하나님의 선하시고 기뻐하시고 온전하신 뜻이 무엇인지 분별하도록 하라"(롬 12:1-2)는 말씀처럼 우리의 몸과 마음, 온 힘을 다한 예배와 거듭나는 삶의 갱신과 영적 회복 및 변화를 통해 하나님께 더 가까이 나아가고자 우리는 최상의 예배를 하나님께 올려 드리려고 애썼다.

작열하는 무더위와 뙤약볕 속에서, 또 천둥번개와 심한 장맛비가 쏟아질 때에도 '선교사 및 제자 훈련학교'는 계속되었고, 우리의 심령은 기쁘고 평안했다. 장마철에는 학생들이 매일 긴 막대기로 텐트 지붕 위에 고인 물을 퍼내는 수고로운 일들도 해야 했지만, 날씨와 환경에 상관없이 8개월간 그 텐트 성전에서 많은 것을 배우고 영적으로도 많은 성장을 했다. 그 텐트 성전을 통하여 우리가 새로워지고 신령과 진정을 다한 예배를 드릴 수 있었음에 감사드린다. 그 성전이 기초석이 되어 오늘날 더 좋은 채플홀이 세워졌다. 지금도 그 때의 사진을 보면 모두가 행복하게 웃고 있는 모습, 꿈꾸는 자의 소망이 눈에 가득 고인 표정들을 읽을 수 있다.

# 4

# 약속의 땅에 와서

"그날에 여호와께서 말씀하신 이 산지를 내게 주소서" (수 14:12)

하나님은 우리에게 꿈과 비전을 먼저 주시고 자신의 목적대로 그 뜻을 이루어 가신다. 2003년 내가 처음 나갈랜드 땅을 밟았을 때 디마푸르 5마일에 하나님께서 보여주신 땅이 있었다. 그 땅에서 "이곳에 선교센터가 세워지게 하소서"라고 기도한 이후 계속 그 꿈을 잉태하며 땅 밟기를 했었다. 그다지 오래지 않아 그 꿈의 한 조각이 이루어졌다. 2005년 지금의 선교센터와 M. I. 선교신학대학원의 건물이 들어선 2,030㎡(약 614평)의 땅과 앞으로 기술센터를 세울 부지 1,650㎡(약 500평)의 땅을 하나님의 공급하심과 몇몇 희생어린 후원자들의 도움으로 사게 된 것이다.

2008년 11월부터 시작된 센터건축은 꾸준히 진행되어 지난 2012년 10월 4일 'M. I. 서울' 창립 20주년 및 'M. I. 인도' 창립 6

주년 기념일에 반지층(기도실 겸 채플 홀, 남자 기숙사) 및 1층 공사 완공식 예배를 한국의 단기선교팀 10명의 목사님들과 사역자들이 참석한 가운데 드렸다. 하나님께 모든 영광과 감사를 올려 드린다.

2003년 처음 이 땅을 찾았을 때, 선교센터 땅 옆에 작은 나무집 한 채가 붙어 있었는데 보는 순간 "주여 저 집을 저희에게 주옵소서"라고 기도했다. 하나님께서 계속 마음의 소원을 주셔서 불가능한 상황 가운데서도 쉬지 않고 기도하게 되었다. 처음엔 집 주인이 미국에 산다는 막연한 얘기만 들었고, 나중에서야 아버지가 네 명의 아들들에게 유산으로 물려준 땅이어서 팔지 않겠다는 소식을 들었다. 우리 수중에 돈이 없었을 뿐만 아니라 한 형제는 팔 생각이 없다고 해서 포기할까 하는 생각도 했다. 꿈을 접을 만한 충분한 이유들이 있었다. 그러나 "내가 이 땅을 네게 주기를 원하노라" 하는 성령의 음성을 들었기에 하나님의 약속을 붙들고 그 분의 시간에 그 분의 방법으로 이루시기만을 기다려왔다. 기도한 지 9년째인 2012년이 되어서야 정체되고 불가능해 보였던 이 일이 표면에 떠오르고, 하나님께서 본격적으로 이 일을 추진해나가기 시작하셨다.

어느 날 성령의 감동으로 갑자기 그 집에 가서, 살고 있는 사람들에게 미국에 있다는 형제 선교사의 전화번호를 물었더니 사촌 여동생에게 가보라고 집을 가르쳐 주었다. 그 사촌 여동생을 통해 연락처를 받고 미국에 전화했더니 그 땅은 네 형제 소유로 되어 있어 자기 마음대로 팔 수 없다는 얘기를 했다. 그러나 같은 주의 일을 하는 사람들로서 그 땅이 하나님의 사역에 필요하다면 자기 형제들을 설득해 보겠다고 했다.

그리고 얼마의 시간이 지났다. 우리 사역자들을 위해 렌트하고 있는 집이 있는데 그곳은 M. I.와는 좀 떨어진 도로변에 있었다. 어느 날 집주인이 전화해서 그 집을 우리에게 팔고 싶은데 다른 사람들에게는 얘기하지 말아달라고 부탁했다. 집이 넓고 상업용으로도 쓸 수 있지만 M. I.에 자주 드나들기에는 좀 떨어져 있고 찻길도 건너야 하기에 우리에겐 좀 불편하게 느껴졌다. 그러나 앞으로 내 남동생이 이곳에 와서 사역하려면 거처할 집이 있어야 하기에 미래를 위해서라도 사두는 것이 좋을 것 같았다. 마침 우리 수중엔 계약금이 있어서 멀리 푸체로까지 가서 집주인 여자를 만나 1년간 분할해서 갚기로 하고 그 집을 계약했다.

중도금과 잔금을 놓고 기도하고 있는 사이에 어쩐 일인지 갑자기 주인이 마음을 바꾸어 집을 팔지 않겠다면서 계약금을 돌려주었다. 바로 그 날 공교롭게도 우리가 사고자 하던 M. I. 옆의 땅 주인이 M. I.에 찾아와서 형제들이 의논한 결과 그 땅을 우리에게 팔기로 결정했다는 통보를 해주었다. 우리는 하나님의 뜻이 어디에 있는지 다시 기도하기 시작했다. 그 받은 계약금으로 2층 건축하는데 쓸 것인가, 집을 사는데 보탤 것인가, 차량을 사는데 쓸 것인가를 놓고 하나님의 인도하심을 구했다. 그런 가운데 예상치 않았던 일이 일어났다.

지난날 M. I. 센터 건축을 맡아하셨던 존 안사리 목사가 찾아와서 지난 번 건축비용 중 계산이 잘못되어 우리가 갚아야 할 돈이 2락, 거의 500만원 된다는 뜻밖의 통보를 해왔다. 비할에 앞으로 교회와 초등학교를 세울 계획인데 그 땅을 사기 위해 돈이 꼭 필요하다는 사정을 말씀하셨다. 비할은 석가의 출생지인데 크리스천이 거의 없지만 지난번 가서 전도하고 복음을 전했을 때 많은 이들이 주를 영접하고 세례를 받았다고 했다. 하나님의 말씀에 갈급한 많은 영혼들이 사모하며 기다리고 있다는 간증을 들었기에 그곳의 필요가 더 시급한 것 같아서 받은 계약금으로 밀린 건축비를 모두 갚았다. 하나님이 하시는 일들을 우리로서는 측량할 길이 없고, 그의 길을 다 알 수도 없었다.

우리의 문제를 내려놓고 비할 사역을 축복하며 우리에게 향하신 하나님의 뜻과 공급하심을 놓고 간절히 기도했다. 마침 한국의 단기선교팀이 와서 집회를 했는데 김옥남 목사가 우리에게 하루 3시간씩 100일 작정 기도를 하라고 하셨다. 그 당시 친정 부모님의 건강이 좋지 않아 중보기도를 했는데, 특히 친정아버지를 위해서 눈물의 간구를 많이 올려드렸다. 100일 기도가 끝나갈 무렵, 나는 미얀마 선교사의 초청으로 미얀마에 갔다가 친정아버지가 위독하시다는 얘기를 듣고 한국에 가려고 비행기 티켓을 예약했다. 그러나 미얀마에 도착한 다음날 아침, 아버지가 돌아가셨다는 연락을 받고 서둘러 한국에 가려고 방콕 공항까지 왔으나 자리가 없어 그곳에서 17시간 동안 울며 기도하다 아버지를 위한 추모시를 썼다. 다행히 그 다음날 새벽 비행기를 타고 한국에 들어와 입관 예배엔 참석하지 못했지만 발인 예배와 장지까지는 갈 수 있었다.

아버지의 장례식을 치르고 혼자 계신 어머니와 1주일간 대구에 머무른 후 서울로 올라왔는데, 어느 날 아침 오산제일교회의 박순대 목사로부터 뜻밖의 위로전화를 받았다. 나의 안타까워하는 마음의 글을 읽으시고 감동이 되셨나 보다. 직접 박순대 목사를 뵌 적은 없었지만 케니 선교사로부터 늘 얘기는 듣고 있었다. 겸손하시고 사랑이 많으신 분! 1년간 케니 선교사가 매주 그 교회에 가서 영어 설교를 한 인연으로 우리를 잘 알고 계셨다. 대화 끝에 목사님 교회에서 선교 헌금을 하기로 결의하셨다고 하시면서 주일에 와서 말씀도 전하고 사역보고도 해달라는 얘기를 하셨다. 몇 주 후 하나님의 은혜 가운데 오산제일교회에서 말씀을 전하고 성령께서 역사하셔서 성도들이 각자 감동되는 대로 선교 헌금을 했다.

인도로 돌아갈 날이 다가왔을 때, 인도에서 8월 20일까지 그 땅을 일시불로 사지 않으면 다른 사람에게 팔 것이라는 전화가 왔다. 18락(한화 약 4,500만원)에서 더 깎을 수 없다는 최후 흥정과 함께 살지 말지 가부를 알려 달라고 재촉했다. 재정적인 어려움으로 머뭇거리고 있는 우리에게 하나님이 밀어붙이시고 있다는 느낌이 들었다. 매일 밤 송금자 목사와 함께 이 문제를 놓고 기도했다. 하나님이 주시겠다고 약속은 하셨지만 '어떻게?' 하나님이 며칠 남지 않은 짧은 시간에 일하실지 궁금했다. 그 후 하나님께서 놀랍게 역사하셔서 한국을 떠나기 하루 전 모든 물질이 채워졌다. 오산제일교회로부터 시작해서 열방교회, 엘림기도원, 생명빛교회, 친정언니와 형부, 친정어머니 친구 등 여러 분들의 도움으로 약속의 땅을 살 수 있게 되었다.

기도 중 하나님께서 그곳으로 사택을 옮기라는 감동을 주셨고, 다른 주의 종을 통해서도 우리가 나무집이지만 그곳에 가 살겠다는 마음의 결단을 기쁘게 받으셨다는 확증을 얻고 나니 감사가 넘쳤다. 인도로 돌아와 그 집을 산 이후 8월 20일부터 9월 30일까지 전 교인이 40일간 매일 그 집에 가서 오후 5-6시까지 합심 작정 기도를 했다. 놀라운 것은 처음 기도를 시작하는 날 1시간 동안 계속해서 나의 손이 움직이고 진동했으며, 계속 기도회를 하는 동안 많은 치유가 일어났다는 사실이다.

그 집에 살고 있던 사람들은 땅은 있지만 집 지을 돈이 없어 8명의 식구들이 어떻게 해야 하느냐로 고민하고 있었다. 큰 아들도 알코올 중독에 빠져 일을 안 하고 있고, 아버지는 경찰로 있다 은퇴했는데 연금도 제대로 받지 못하고 있어서 생활이 말이 아니었다. 기도 중 그 가정이 새 집을 지어서 이사갈 수 있도록 1만 루피(한화 약 25만원)를 도와주라는 마음의 감동이 왔다. 이상하게도 한국에서 마지막 보낸 돈이 아직 도착하지 않아서 우리도 재정적인 어려움을 겪고 있을 때였다. 그러나 순종하는 마음으로 우리가 가진 모든 물질을 먼저 드렸을 때 큰 아들이 감동을 받고 새벽 기도회에 참석했으며, 그 집이 새로운 장막터를 만들어 이사할 수 있게 되었다.

9월 15-30일까지 M. I.의 모든 학생들과 스텝들이 한 마음 한 뜻이 되어 나무집을 수리하기 시작했다. 판(이상한 잎담배 같은 환각제)을 팔던 가게를 허물고, 흙바닥은 다시 시멘트를 발랐으며, 화장실과 샤워실을 새롭게 만들고 나니 거의 폐허이다시피 한 집이 새롭게 탈바꿈했다. 나무집은 은빛 날개를 달고 반짝였다. 전에 우리가 살던 집은 너무 비좁아(작은 방 1칸, 거실 겸 식당) 늘 하나님께 소박해도 좋으니 넓은 방을 달라고 기도했었는데, 이제 비닐과 나무로 벽을 도배하긴 했지만 푸른 나무들이 보이는 넓은 집에서 살게 되어 너무나 감사하고 기쁘다. 물론 처음 얼마간은 화장실에 배수시설이 안 되었고, 대문도 달지 않았으며, 가스 설치도 하지 않아서 좀 고생했다. 하지만 철저히 하나님의 공급만으로 사는 훈련을 받았기에 하나님께서 부족한 모든 것들을 채워 주실 때까지 기다렸다. 이제는 매달 나가던 집 월세를 내지 않아도 되고, 채소를 재배함으로써 생활비를 절약하게 되었다.

농업 선교를 하려고 오신 구자두 집사가 무를 심어 무청이 났는데 그 잎들로 김치를 담았다. 요즘엔 식료품값이 비싸 빈 땅을 일구어 자주 먹는 채소들을 재배하려고 씨앗들을 심고 있다. 앞으로 이곳에 선교사들이 와서 지친 몸과 마음을 쉬고 새롭게 재충전하여 갈 수 있는 게스트 하우스와 한국인 유학생들이 와서 숙식할 수 있는 집, 교수들 숙소 및 사택을 지을 계획인데 여호와 이레의 하나님께서 일하시기를 간구하고 있다.

이 땅을 통해 하나님께서 영광 받으시고, 이 땅을 사는데 헌신했던 모든 교회와 가정들, 개인의 삶 속에 하나님의 풍성한 축복이 흘러넘치기를 기도한다. 앞으로 한국의 단기선교팀도 이곳에 와서 하나님이 역사하시는 놀라운 많은 일들을 목도하며 도전받기를 소망한다.

# 5

# 비록 더딜지라도 기다려라

"비전은 우리가 노력을 한다고 손에 잡혀지는 것이 아니다. 비전이 달성될 때까지 우리는 비전의 영감 속에서 살아야 한다. (…) 하나님이 당신을 일터로 던지게 하라. 그때까지 나서지 말고 기다려라. 당신이 스스로 일자리를 선정한다면 싹이 마른 꼬투리에 불과하게 될 것이다. 하나님이 당신을 심어야만 당신이 열매를 맺을 수 있다. 비전의 빛에 따라 서둘지 않고 걷는 보행 연습은 비전의 성취를 볼 수 있는 필수 요건이다."

오스왈드 챔버스(Oswald Chambers)는 자신의 경건집 〈주님은 나의 최고봉(My Utmost for His Highest)〉에서 비전을 이루기 위해서 우리가 마음에 되새김질해야 할 귀한 깨우침을 주고 있다. 더디 이루어지는 비전을 기다리면서 우리는 하나님이 주신 비전을 굳게 잡고, 환경을 바라보지 말고 오직 그 분만을 바라보며 하루 하루 그 분의 뜻에 따라 순종하며 나아가야 할 것이다.

서울에서 M. I. 선교 디렉터로서의 사역 15년, 담임목사로서 교회 사역 10년을 정리하고 인도에 선교사로 가기 위해 준비하는 모든 과정들이 결코 쉽지만은 않았지만 하나님께서 은혜를 주시고 또 예비해주신 귀한 사역자들을 세우게 됨으로써 사역이 더 넓혀지게 되었다.

2007년 12월 인도에 선교사로 온 후 우리와 국제선교교회 사역에 5년간 협력해온 진경우 목사님께 국제선교교회를 위임하였고, M. I. 사무 및 행정은 남동생인 박상규 집사가 서울 총무를 맡게 되었으며, 시온교회의 송금자 목사가 인도 나갈랜드 선교후원회 기도회 회장으로 수고하시게 되었다. 모든 것이 협력하여 선을 이루게 하시는 하나님의 은혜와 인도하심 및 자상한 배려였다. 우리가 없더라도 사역을 계속 이어갈 귀한 일꾼들을 하나님은 예비해주셨다.

1991년부터 아프리카 선교를 위해 기도와 작은 물질을 심었던 부분들을 하나님이 축복해주셔서 20여년이 지난 지금 콩고와 탄자니아, 나이지리아에서도 M. I. 사역이 활발하게 이루어져 가고 있으며, 미얀마와 인도, 베트남, 필리핀 등 아시아권의 여러 나라에서도 국제선교회의 사역들이 점점 확장되어 가고 있다.

국내적으로는 대구의 M. I. 본부가 성장, 발전하여 국제교회(International Church)에는 많은 젊은이들과 외국인 선교사들 및 헌신된 선교후원팀들이 파송선교사들과 캠퍼스 사역을 돕고 있다. 서울에서도 M. I.의 간사들과 거쳐 갔던 많은 훈련생들이 신학을 공부하여 목회자가 되었거나 선교사로 파송되어 열심히 주의 일을 감당하는 모습을 볼 때 우리를 이모저모로 훈련시키시고 다듬어 이 시대에 귀한 종들로 써주심에 새삼 감사하고 감격스럽다. 한국에 갈 때마다 회원들을 돌아보고 개척한 교회나 어려움이 있는 지체들, 또 그간 멀리 있어서 못 만났던 멤버들과도 교제를 나누곤 한다.

인도 나갈랜드 선교 사역을 위하여 2005년 11월 이후 매월 기도회 모임을 시작했고, 그 기도회는 송금자 목사의 인도하에 계속되고 있다. 이 중보 기도회 모임을 통하여 신학교, 기술학교 및 교회의 여러 가지 필요들을 놓고 기도하고 있다.

한국에서 이 땅의 영적으로 메말라 있는 영혼들을 위해 기도할 때 이곳에서도 조금씩 변화들이 일어나는 것을 볼 수 있다. 나갈랜드 착케상 교회 여성들을 중심으로 새벽기도가 시작되었으며, 여러 교회에서 나라와 자녀들 및 교회 지도자들을 위한 기도들이 불붙기 시작했다. 이 기도의 불이 계속 번져가기를 소망한다.

현재 디마푸르의 여러 초, 중, 고등학교와 대학교에 40~50명의 한국 학생들이 유학 와 있는데, 이곳이 학비가 싸면서도 기독교 신앙에 입각해 학생들을 잘 지도하기에 만족한다고 한다. 적응을 잘 하는 학생들은 영어 실력도 짧은 시간 안에 놀랍게 향상되어 강의를 거의 다 알아듣고, 외국인 학생들과도 막힘없이 대화한다. 피아노나 기타를 잘 치는 학생들은 예비 선교사들로서 학교와 교회에서 섬기고 있어 현지인들이 좋아한다는 얘기를 들을 때 한국인으로서의 자부심도 느낀다. 점점 더 많은 학생들과 사역자들이 'M. I. 인도'에 오고 싶어 하는데 이제는 선교센터 안이 포화상태라 숙소가 모자라는 실정이다.

인도 나갈랜드는 중국, 미얀마, 방글라데시, 네팔, 스리랑카, 부탄 및 파키스탄과의 국경지대에 있기 때문에 아시아권 전역을 선교하기에 아주 중요하고 전략적으로도 효과적인 선교 지역이다. 디마푸르는 방글라데시나 네팔 등 힌두교, 이슬람교 및 불교권에서 온 사람들을 전도하고 사역하는 선교 현장이어서 앞으로 힌두인들이나 무슬림들을 위해 사역하고자 하는 선교사 지망생들은 그 현지인들을 미리 만날 수 있다는 장점이 있다. 미래의 선교사들이나 영적 지도자들이 되기를 소망하는 자들에겐 이곳이 여러 모로 유익하고 다양한 선교 경험을 할 수 있는 미션 필드이다.

# 6
# 너희 쓸 것을 채우시리라

"나의 하나님이 그리스도 예수 안에서 영광 가운데 그 풍성한 대로 너희 모든 쓸 것을 채우시리라"(빌 4:19)

찰스 스탠리(Charles Stanley) 목사는 '오늘 그리스도 예수께 나아가 그 분이 당신을 위해 갖고 계신 넘치도록 풍성한 것을 받으라. 당신의 필요들은 채워질 수 있다'고 권면하고 있다. 오늘도 변함없이 우리의 모든 영적, 육적인 필요를 먼저 아시고 채우시는 여호와 이레의 하나님께 찬송과 영광을 돌린다. 우리가 하나님을 신뢰하고 더욱 의지하면 할수록 우리 가까이에서 일하시며 잠잠히 사랑하시는 그 사랑을 느끼게 된다.

하나님께서는 케니 선교사에게 기도 중 인도 나갈랜드 땅에 세워질 십자가 모양의 선교센터의 가(假)설계도를 그려주셨다. 20년간 선교센터를 세우는 비전을 품고 소원하며 기도해 왔었는데 하나님께서는 우리로 하여금 한국보다도 인도 땅에 먼저 선교 센터와 신학교, 미션 기술학교를 세울 수 있는 환경을 조성하시고, 우리가 한 걸음씩 믿음의 발을 뗄 때마다 그 일을 진행해가고 계신다. 이곳에 정착하기 전에도 단기선교를 올 때마다 매번 무에서 유를 창조하시는 하나님의 손길과 함께 많은 기적들을 체험했다. 때로는 금식으로 그 영혼들의 아픔과 영적 메마름, 가난과 질병, 어둠의 사슬에서 벗어나지 못하는 모습을 보며 눈물로 중보하게 하셨다. 이제 때가 차매 베일에 가려져 있었던 미답의 나갈랜드 땅이 한국 및 외국의 목회자들과 선교에 헌신한 자들의 방문을 통하여 조금씩 드러나면서 주님이 이모저모로 필요한 사람들을 이곳에 보내기 시작하셨다.

그 분들 중엔 은혜를 주러 왔다가 오히려 은혜 받고 영적으로 더 충만해져서 돌아가는 분들도 많이 있다. 가난하고 헐벗었던 과거의 우리나라 1950~60년대를 떠올리면서 주님의 빚진 자로서 복음과 사랑을 나누려는 자들도 생겼다. 하나님은 한 번도 우리를 실망시키지 않으시고 그 분을 경외하며 성령의 인도하심을 받는 자들을 통하여 쉬지 않고 일해 오셨다. 주님은 가는 곳마다 믿음으로 깃발을 세우시고 인도 주변에 있는 중국, 베트남, 미얀마, 방글라데시, 파키스탄, 네팔, 스리랑카, 태국, 인도네시아 등에서 선교에 불붙고 헌신한 자들을 불러 21세기가 필요로 하는 영적 지도자들, 선교사들을 세우기를 원하신다. 우리가 어떻게 그 큰일들을 감당할 수 있을지 아직은 막연함과 염려도 있지만 하나님은 가만히 서서 그 분이 일하시는 것을 보라고 하신다.

하나님은 여전히 우리 안에서 행하실 일이 있으시며, 그 일을 멈추지 않으시고 우리의 순종 즉 자발적인 참여를 통하여 이루길 원하신다. 그 분은 우리가 도전하지 않고 그냥 현 상태에 머무르게 내버려 두지 않으시고 우리 자신을 뛰어넘어 다른 사람들에게도 사랑과 말씀이 흘러넘쳐 가기를 기다리고 계신다. 우리의 영혼이 생기를 가지고 하나님 나라와 영광을 위하여 몸부림치며 당신의 나라가 곳곳에 세워지도록 계속 타문화 선교의 문을 여시고 믿음의 사람들을 감동시키신다.

얼마 전 몽골에 다녀왔던 한 목사님께서 울란바토르에 2년 반 만에 교회를 세운 한 선교사의 얘기를 해주셨는데, 새로운 소망과 힘을 갖게 하는 도전적인 내용이었다. 그 선교사 가족은 함께 아침저녁으로 예배를 드리면서 그저 하나님의 사랑에 감격해 울고, 단기선교 온 분들이나 현지의 형제자매들에게도 어린아이처럼 하나님의 임재를 사모하면서 신령과 진정으로 예배드리도록 촉구하신다는 것이다. 예배의 감격을 되살리며 모든 명예와 세상의 유익을 끊고 주님과 영혼의 사랑에만 몰두해 헌신적으로 섬길 때, 한국의 큰 교회와 모 국회의원이 교회를 세워주겠다고 제안해왔지만 거절했다고 한다. 그 후 한국의 한 시골 교회와 몇몇 후원자들이 정성어린 건축 헌금을 해오자 그 사랑의 헌금으로 아담한 현지인 교회를 세워 영혼들을 인도하고 있다는 간증을 들려주셨다.

열방 가운데 하나님께서 누구를 통하여 지교회들과 선교신학교 및 학교들을 세우실지 알 수 없지만 하나님은 준비된 자, 자신보다 더 필요에 처한 자를 위하여 귀한 옥합을 깨뜨릴 수 있는 자, 열방을 위해 기도하며 치유하기를 원하는 자, 주의 복음을 들고 어디나 떠날 채비를 갖춘 자들을 쓰시리라 믿는다. 한 사람 한 사람이 벽돌 한 장씩을 나누어 들 수 있다면 하나님이 우리에게 주신 비전은 머지않아 이루어질 것이다. 우리 모두의 적극적인 동참이 요구되는 일이다.

# 7

# 마르지 않는 샘물

"누구든지 목마르거든 내게로 와서 마시라 나를 믿는 자는 성경에 이름과 같이 그 배에서 생수의 강이 흘러나리라" (요 7:37-38)

2006년 우리가 디마푸르 M. I. 센터의 담을 쌓을 때 유명해 목사의 후원으로 센터 안에 우물을 하나 팠다. 하나님의 은혜로 샘을 판 곳에서 맑은 물이 계속 흘러나와 이 공동체 안의 모든 형제자매들의 갈증을 축여줄 뿐만 아니라 그 우물에서 길러진 물로 모두가 생활하고 아침저녁으로 세안과 샤워까지 할 수 있는 축복을 누리고 있다. 비가 오지 않는 건기에 다른 집의 우물에서는 물이 말라버려도 M. I. 센터의 우물에서는 계속 깨끗한 물이 나와서 인근 지역에 있는 사람들도 물을 길러 올 때가 있다. 2012년도엔 나의 둘째언니(박정선)가 또 하나의 우물을 파주어서 이제는 물 걱정 없이 지내게 됨을 감사드린다. 깨끗한 성경의 생수처럼 맑은 물이 가뭄 속에서 흘러나온다는 것은 하나님이 살아서 우리와 함께 하신다는 증거이자, 우리를 통해 성령께서 계속 일하시는 표적이 아닌지…. 그동안 심기 어려운 환경 가운데서도 가장 귀한 것을 주님께 먼저 드린 자들의 정성어린 헌금과 쉬지 않고 이곳의 영혼들을 위해 기도하는 자들의 눈물 섞인 중보가 있었기에 선교센터에 마르지 않는 샘물이 주어지지 않았나 여겨진다. 하나님의 구별된 거룩한 이 땅에서 많은 영혼들이 매일 성령과 말씀의 생수를 마시고, 변화 받은 많은 형제들이 센터를 지키며 훈련 받고 일하게 하심을 감사드린다. 오늘이 있기까지 묵묵히 M. I. 사역을 지켜봐 주시며 힘들 때마다 이모저모로 격려해주신 모든 동역자들께 다시 한 번 감사드린다.

단기선교를 다녀갔던 많은 목회자들과 선교팀을 통하여 인도의 보호구역인 나갈랜드 땅이 알려지게 하시고 더 많은 유학생들이 나갈랜드에 공부하러 오게 된 것도 눈에 띄는 변화들이다. 앞으로 영적 지도자가 될 촉망 있는 신학생들이 M. I. 선교신학대학원을 통하여 배출되기를 소망한다. 이곳에서 영적, 언어적으로 또 타문화에 잘 적응할 수 있는 많은 선교사들이 나와서 하나님 나라 확장과 영혼 구원에 귀하게 쓰임받기를 기도하며 선교사 지망생들과 선교에 비전 있는 자들을 환영한다.

우리는 M. I. 센터에서 달란트 훈련을 가짐으로써, 전문인 선교사들로 준비되고 영적 잠에서 깨어난 형제자매들을 아침저녁으로 말씀과 기도로 재무장시켜 그리스도의 군사와 주님의 헌신된 제자들로 세우고자 한다. 제자학교 학생들이 선교 현장에 필요한 여러 가지 기술들(악기, 언어, 운전, 컴퓨터 등)을 익히고 영적으로 성장하고 있음은 매우 고무적인 일이다. 2층 선교센터 건축과 영혼을 세우기 위한 모든 일들 위에 후원자들 모두의 땀과 정성 그리고 하나님의 마음과 관심이 일치된 중보기도가 날마다 쌓여가기를 소망한다.

"주 여호와께서 가라사대 보라 날이 이를지라 내가 기근을 땅에 보내리니 양식이 없어 주림이 아니며 물이 없어 갈함이 아니요 여호와의 말씀을 듣지 못한 기갈이라 사람이 이 바다에서 저 바다까지 북에서 동까지 비틀거리며 여호와의 말씀을 구하려고 달려 왕래하되 얻지 못하리니"(아모스 8:11-12)

예수의 이름은 들어 보았지만 아직 말씀의 양육을 제대로 받지 못해 기갈한 많은 영혼들이 교회와 신학교 및 제자학교를 통하여 잘 훈련받고 성령의 지혜와 능력을 덧입을 수 있도록 기도한다. 인도뿐만 아니라 세계 곳곳에 성령의 불을 지필 수 있는 많은 선교사들이 배출될 수 있기를.

성령의 마르지 않는 생수가 계속 흐르게 하소서!

# 8

# 50개의 기둥을 세우고

"이기는 자는 내 하나님 성전에 기둥이 되게 하리니 그가 결코 다시 나가지 아니하리라 내가 하나님의 이름과 하나님의 성 곧 하늘에서 내 하나님께로부터 내려오는 새 예루살렘의 이름과 나의 새 이름을 그이 위에 기록하리라"(계 3:12)

    M. I. 센터에서는 한 달에 한번 갖는 금식 기도회(매월 첫째 주 금요일 오전 8-12시) 때 8명의 리더가 나와서 여러 가지 기도 제목을 놓고 돌아가면서 기도회를 인도한다. 전 세계에 흩어져 있는 선교사들과 영적 및 정치 지도자들, 아픈 자들, 고아와 과부 등 소외된 자들, 그리고 M. I. 사역 전반과 기도 동역자 및 후원자들을 놓고 기도하는데, 라첼 자매 순서가 왔다. 그녀는 기도를 시작하기 전에 갑자기 나가더니 작은 토기항아리 하나를 가져왔다. 제자학교 학생들이 해바라기 씨앗을 팔아 얻은 약간의 수입을 2

층 건축에 보태라고 가져온 것이다. 항아리를 들어보니 쨍그랑 쨍그랑 하고 동전소리가 났다. 마치 과부의 두 렙돈과 오병이어의 기적을 베푼 한 소년의 점심 도시락에 든 물고기 두 마리와 빵 다섯 조각처럼 하나님은 물질의 액수보다 마음의 정성과 희생의 옥합을 더 귀하게 받으셨다.

지난 번 단기선교팀이 왔을 때도 한 전도사를 통하여 벽돌 하나씩 쌓기 운동을 하는 것이 어떻겠냐는 제안이 있었고, 그것이 도화선이 되어 없는 가운데서도 각자 최선을 다하여 건축 헌금을 했다. 2012년 여름 한국에 갔을 때에는 이귀선 사모가 손녀 예은의 이름으로 기둥을 하나 세워달라고 첫 예물을 심었고, 인도 나갈랜드 선교후원회 기도회 회장인 송금자 목사도 손자손녀들, 교회 자녀들의 이름으로 10개의 기둥 건축 헌금을 하셨다. 이런 정성들이 모이면서 큰 물질은 들어오지 않았지만 부녀회에서도 헌금하고 하나님께서 이런저런 모습으로 역사하셔서 거의 6개월 만에 이전에 세웠던 10개의 기둥과 이번에 또 다른 40개의 기둥을 합쳐 50개의 기둥이 우뚝 세워지게 되었다.

점점 많은 사람들이 M. I. 센터에 오는데 숙소와 사무실, 강의실이 부족해 손님들이 오면 총장실과 스텝들 방까지도 갑자기 게스트 룸으로 탈바꿈해야 하는 불편함이 있다. 그래서 2층 건축이 시급한데 큰 물질이 들어오지 않아 아직 2층 슬레이트 공사는 하지 못하고 화장실 3개와 방 4개를 만들 공간만큼만 입구에 슬레이트를 했다. 생활비를 쪼개면서까지 센터 건축에 동참하느라 도서관의 책이나 학생들 컴퓨터 등 다른 필요한 것들 구입은 미루어져 있는 상황에 와 있다. 하지만 느린 것 같고 더딘 것 같지만 하나님은 그 분의 일을 그 분의 방법으로 진행해 가신다.

다행히 신실한 젊은 일꾼들이 와서 우리가 별로 신경 쓰지 않고 일을 하게 되어서 감사하다. 이들은 주로 무슬림, 힌두인들이지만 센터 건축을 하는 가운데 마음이 많이 열렸고, 집에 가지 않는 주일에는 예배에 참석하곤 한다. 크리스마스 때는 휴가를 받아 각자 집에 갔다가 성탄절 예배에 참석하기 위해 일부러 아들을 데리고 온 형제도 있어 고맙고 반가웠다. 한 중보 기도자는 '이 지역을 덮고 있는 악한 세력들과 시기 질투하는 영들이 M. I. 센터의 2층 건축하는 것을 방해하고 있으니 여리고를 돌면서 합심하여 기도할 때 물권이 열리고 센터 건축이 순조롭게 진행될 것이다'라고 조언해 주었다. 그 말씀에 따라 처음엔 뜻 있는 몇 명만이 여리고를 돌았다. 그러다가 연말을 보내면서 새해에는 우리의 몸과 마음을 새롭게 헌신하는 것이 좋겠다는 마음이 들어서 성탄절이 지난 다음날인 12월 26-31일 7일간 전교인이 여리고를 돌 것을 선포하고 매일 새벽기도 후 7시 30분-8시까지 30분씩 여리고를 돌며 기도하기 시작했다.

이 지역에 만연한 모든 우상세력들과 음란, 질병, 가난, 영적 방황, 술취함, 흡연, 갖가지 나쁜 중독들, 영적 혼란, 무지, 게으름, 나태와 시기, 질투의 세력들을 내쫓고 성령의 새로운 바람과 임재, 기름 부으심, 말씀의 능력 및 아브라함, 야곱, 요셉, 야베스의 축복들을 선포하며 2층 전체를 돌면서 주 예수의 이름으로 주 보혈을 의지해 기도했다. 그리고 둥글게 원을 만들어 뜨겁게 합심 기도하는 시간을 가졌는데, 기도 중 성령께서 마음에 주는 메시지나 어떤 비전 및 음성으로 들려주시는 것들이 있으면 함께 나누고 기도했다. 그 후엔 가서 각자 기둥 하나씩을 붙들고 하나님 나라와 전에 귀한 기둥으로 세워주시고 써달라고 기도하는 시간을 가졌다. 각자의 이름을 기둥에 새기면서 기도할 때 더 현장감이 살아나고 모두가 더 진지하고 절실히 기도하는 모습이 보인다. 밥을 하다 말고 오라는 연락을 받은 여전도회에 속한 어머니 회원들도 참석했다. 여호수아 6장에 나오는 여리고성 함락 장면을 본떠 7명의 기도 용사인 어머니들이 앞서가고, 트럼펫을 들고 부는 제사장들 7명의 자리에 목사와 전도사들, 신학생들이 따라가고, 레위 인들에 속하는 하나님의 언약궤를 메는 4명의 자리엔 남자 집사들과 형제들이 따라갔다. 그리고 맨 뒤에서 호위하는 자들로 제자학교 꿈나무 10대들이 줄을 이었다.

  2층 센터 건축에 세워진 50개의 기둥들처럼 나갈랜드와 인도 및 세계 각국에 세워질 하나님의 기둥 같은 일꾼들, 하나님의 사람들이 되기 위해 오늘도 우리는 여러 모로 훈련을 받고 있다. 제자들이 나아가 말씀을 전파할 때 주께서 함께 역사하셔서 말씀에 따르는 표적으로 말씀을 확실히 증거한 것처럼 우리도 온 천하에 다니며 만민에게 복음을 전파하는 하나님의 사자들이 될 수 있기를 소원한다.

  이번 여리고 돌기를 통하여 각 가정과 우리의 사역을 방해하고 있는 것들이 있다면 다 끊어지고 속히 물질적인 공급도 주어져서 하나님의 전이 아름답고 견고하게 세워지기를 기도한다. "우리 각자가 더 거룩하고 흠 없는 하나님의 사람들로 아름답게 빚어지고 요긴하게 쓰여질 수 있게 하소서!"

9

## M. I. 센터 건축

2009년 11월부터 시작되었던 M. I. 센터의 1층 공사가 거의 3년 만인 2012년 9월에야 완성되어, 10월 4일 M. I. 창립 20주년 기념 예배 때 한국인 단기선교팀 목회자들을 모시고 감격적인 입당예배를 드리게 되었다. 그간 기도와 물질로 후원해주신 모든 분들과 건축에 직접 몸으로 수고한 분들의 노고에 다시 한 번 감사드린다. 인간적인 눈으로 보면 불가능할 것 같았던 건축에 직접 총 감독이 되어주시고 끊임없이 모든 필요를 공급해주신 전능하신 은혜의 하나님께 온 마음을 다하여 깊은 감사와 영광을 올려 드린다.

반지하 기도실로 먼저 시작했었던 건물이 그동안 여러 모로 아주 유용하게 사용되어져 왔다. 매일 아침 경건의 시간과 각종 기도회 모임, 예배드리는 채플 홀, 강의실, 스터디 룸 등 다목적으로 쓰인 데다 센터에서 가장 시원한 곳이라 한여름의 더위를 피하는 피난처가 되기도 했다. 이어 게스트 룸과 사무실을 먼저 완성해 한국에서 단기선교팀이 올 때마다 울창한 나무들이 쭉쭉 뻗은 숲을 배경으로 한 방 두 개를 게스트 룸으로 사용하고 있다. 특히 총장실은 평소엔 사무실로 사용하다가 손님들이 오면 장소가 부족해 손님들이 머무르는 숙소로 탈바꿈한다. 강의실과 도서실, 여학생 기숙사, 컴퓨터실, 게스트 룸 등 꼭 필요한 시설들은 어느 정도 갖춘 셈이지만 아직도 더 많은 강의실과 교수 연구실이 필요하다.

한국에서는 너무나도 당연한 환경들이지만 수세식 화장실과 샤워실이 만들어져 한국인들이 와도 그다지 불편함을 느끼지 않게 되었으니 센터의 수준을 업그레이드시켜 준 것만 같아 다행이다. 방과 멀찍이 떨어져 있는 데다 코를 막고 들어가야 할 정도로 더럽고 냄새나는 화장실 문화에 젖어 있다가 편리한 구조의 화장실을 사용하게 되니 마치 문명 세계와 떨어져 있던 사람이 서구의 발전된 도회지로 나온 것 같은 어리둥절함을 맛보기도 한다. 그리고 외부 손님이 왔을 때 대화나 상담할 공간이 없어 이리저리 옮겨 다니다가 이제는 자신 있게 모실 수 있는 접견실이 있다는 것이 얼마나 다행인지 모른다.

무엇보다 학생들이 공부하고 책을 빌려볼 수 있는 도서관이 완성되어 감개무량하다. 나 자신이 어려서부터 책읽기를 좋아해 '책벌레'라고 불렸었는데 벽에 붙은 책꽂이에 많은 신학서적들과 영적 성장에 도움이 되는 귀한 책들이 점점 불어나는 도서관에서 학생들과 함께 앉아 책을 읽을 때면 다시 학생으로 돌아간 듯 동심에 잠기기도 한다. IIM(인도 신학연맹)에서는 신학대학원

(Th. M.) 과정 신설시 1만5천 권의 신학서적이 있어야 된다고 했는데, 우리 신학교는 현재 3천여 권 정도의 신학서적들을 갖추고 있을 뿐이기에 아직도 가야 할 길이 멀다.

예전에는 신앙이 없었지만 주님을 영접한 후 늘 이 땅을 위해 중보기도하고 있는 나의 둘째언니(박정선)가 아직 믿음이 없는 형부(이희춘)를 설득해 남동생 박상규 집사와 함께 2009년 나갈랜드에 와서 구조가 편리한 샤워실을 만들어 주었고, 또 그렇게 선교 현장을 직접 보고 간 뒤 성령의 감동으로 도서관을 위해 특별헌금을 해줘 도서관을 마련하는데 큰 도움이 되었다. 아직 교회에 다니지 않는 나의 큰언니도 새로운 일을 시작해 받은 첫 월급 전액을 책 구입에 보태라고 보내주어서 좋은 신학서적들을 살 수 있었다. 전에는 불교신자였던 우리 가족 모두가 하나님의 선한 일에 함께 동참하게 되었으니 얼마나 감사한 일인가! 하나님이 행하시는 놀라운 일들에 찬양을 올려 드린다. 현재 3천여 권의 책을 보유하고 있는 M. I. 센터의 도서관 책 모으기 운동에 많은 분들이 동참해 왔는데, 앞으로 채워질 1만5천 권 이상의 책들을 위해 기도하고 있다.

반지하 채플 홀과 남자 기숙사를 포함하여 센터 건축이 1층은 완성되었지만 점점 늘어나는 스텝들과 학생들을 수용하기 위해서는 2층 건축이 아주 시급하다. 강의실도 부족하여 학년별 수업을 하지 못하고 합반하는 경우가 많고, 외부에서 손님들이 오면 머무를 숙소가 부족해 센터 안은 포화 상태가 된다. 또한 교회와 센터 건물을 함께 사용하고 있기 때문에 주일학교, 중고등부와 청년부 성경 공부를 할 수 있는 방들이 필요하다. 주일에 성도가 점점 늘어나서 자리가 모자라 특별행사 때는 사람들이 바깥에 서서 예배를 드리기도 하는 실정이다. 매일 도서관이나 강의실에 있는 의자를 날라야 하기 때문에 요즘 전 성도들이 '의자 하나씩 기증하기 운동'을 시작했다.

얼마 전에는 세찬 비와 강한 바람이 불어 학생식당 부엌의 슬레이트 지붕이 갑자기 날아가는 이변이 있었다. 식당이 없어 지금은 기술센터 산하 제자학교 강의실에서 학생들이 밥을 먹고 있는데, 학생식당도 곧 마련되어야 할 상황이다. 그리고 센터 안마당은 진흙이어서 비가 오면 걷기도 힘들고, 차가 들어오기 불편해서 요즘 자갈을 깔고 있다. 우리의 모든 필요를 보시고 아시는 하나님께서 곧 문을 여셔서 중단된 2층 공사 건축이 재개될 수 있기를 소망한다. 여름의 장맛비를 피하기 위하여 2층 입구의 방 하나만 우선 급한 대로 만들고 있는데, 이 공사 또한 여호와 이레 하나님의 공급하심을 기다리고 있다. 앞으로 센터 건축을 위해 기도와 물질로 동참할 수 있는 많은 분들이 일어날 수 있기를 기도한다.

# 10

# 선교사가 치러야 할 대가

2011년 11월, 내가 한국에 들어왔을 때, 〈국민일보〉 기자와 인터뷰한 적이 있다. 우리의 선교 사역에 대해 묻고 있던 기자가 갑자기 내게 "선교란 무엇이라고 생각하십니까?"라는 질문을 던졌다. 나는 늘 선교적인 분위기 속에서 살고, 선교학개론도 가르치며 실제로 선교하고 있는 사람이지만 그 질문을 받은 순간엔 '선교'라는 단어가 생소하게 느껴지며 막상 뭐라고 대답해야 할지 막막했다. 그때 얼떨결에 내가 내린 선교의 정의는 '내가 받은 주님의 은혜를 여러 사람과 나누는 것'이었다. 이어진 질문은 "선교사는 어떤 사람이라고 생각하십니까?"였는데, 나는 이렇게 정의를 내렸다. '선교사는 내가 받은 은혜를 나눠주기 위해 포기할 것이 많은 사람'이라고.

내게 다시 선교사가 치러야 할 대가와 선교사가 포기해야 할 것이 무엇이냐고 묻는다면 주님이 그를 따랐던 허다한 무리들에게 말씀하셨던 십자가의 도를 얘기할 수밖에 없다.

"무릇 내게 오는 자가 자기 부모와 처자와 형제와 자매와 및 자기 목숨까지 미워하지 아니하면 능히 나의 제자가 되지 못하고 누구든지 자기 십자가를 지고 나를 좇지 않는 자도 능히 나의 제자가 되지 못하리라"(눅 14:26-27)

이 말씀이 가슴 깊이 와 닿기 시작한 것은 선교지로 오기 위해 한국의 모든 생활을 청산할 때였다. 모든 선교사들이 걸어갔던 길이지만 막상 내가 그 길을 가고 그 값을 치르기는 결코 쉽지 않았다. 무엇보다 정들었던 가족과 모든 친척들, 교회 식구들, 친구들 및 나와 관계를 맺어왔던 모든 사람들과의 결별이 어려웠다. 그리스도 예수의 사람들은 육체와 함께 그 정과 욕심을 십자가에 못 박는 삶을 살아야 하는데, 특히 하나님의 부르심을 따라 가야 하는 선교사들이 부딪히는 어려움은 인정과 혈연에 얽매이게 되는 것임을 그 때 깨달았다. 무엇보다 힘들었던 순간은 부모님이 아프셔서 병상에 누워 계실 때 그 모습을 보고도 선교지에 가야 했다는 사실이다.

두 번째 어려운 대가 지불은 소유에 대한 집착을 끊는 것이었다. "이와 같이 너희 중에 누구든지 자기의 모든 소유를 버리지 아니하면 능히 내 제자가 되지 못하리라"(눅 14:33)는 말씀처럼 어렵게 장만했던 모든 물건들, 가정 살림에서부터 교회의 모든 소중한 성물까지 미련 없이 버리거나 나누어주고 아브라함처럼 믿음으로 순종하고 나아가는 길은 겪어본 사람만이 알 수 있는 아픔이기도 했다. 성경에 나오는 젊은 관원의 이야기처럼 하나님의 말씀을 잘 지키고 다른 모든 면에 완벽했다 할지라도 먼저 자신의 소유를 다 팔아 가난한 자들에게 나누어주고 와서 나를 좇으라고 한 예수님의 요구에 그 부자 청년은 슬픈 기색을 띠며 돌아가 버렸다. 우리의 사택과 교회 및 선교회 사무실을 정리할 때 나도 모르게 눈물이 났다. 그 모든 것을 다 포기하지 못해서가 아니라 우리가 길들였던 모든 시간과 소중하게 하나하나 장만했던 모든 의미가 깃든 물건들이기 때문에 아쉬움이 남았던 것 같다. 내가 가장 버릴 수 없어 컨테이너로 인도까지 가져온 것은 크리스털 강대상과 나의 눈물자국이 배인 기도방석이었다. 매주마다 하나님의 말씀을 전하고, 또 그 강대상 밑에서 하나님께 간구했던 모든 기도의 응답들을 소중히 간직하고 싶은 마음에서 그것들만은 포기하지 않고 가져왔다.

그러나 이곳에 그 대가를 지불하고 왔을 때 우리의 선하신 하나님께서는 전보다 더 많은 것들을 주셨고, 더 많은 영혼들을 붙여주셨으며, 더 놀라운 은혜를 맛보게 하셨다. 선교사가 되기 전에 먼저 주님의 제자가 되지 못하면 선교사가 될 수 없다는 것을 선교 현장에 와서 더 뼈저리게 느낄 수 있었다. "갈보리 십자가의 주님을 바라볼 때 하나님 크신 사랑 너무나 고마워라. 예수님의 십자가 이제는 나도 지고 이 생명 다 바쳐서 주님을 따르리라"는 찬양 가사처럼 주님의 십자가를 바라볼 때에만 세상 모든 유혹과 집착까지도 버릴 수 있다는 것을 배우게 되었다.

또 다른 한 가지 대가는 친숙해져 있던 언어와 음식 및 모든 문화들을 버리고 전혀 상이한 문화를 따라가야 한다는 점이다. 사람들은 본능적으로 자신이 살아온 환경에 순응해 있어서 색다른 문화나 다른 사람들 및 언어를 접하면 문화적인 충격이 오게 된다. 남편인 케니 목사와는 늘 영어나 한국어로 말하기 때문에 별로 언어의 장벽을 못 느끼지만, 케니 목사가 고향 사람을 만나면 갑자기 고향의 현지어를 써 버리기 때문에 내가 이방인이 된 것처럼 여겨진다. 처음 이곳에 왔을 때, 시누이가 어떤 음식을 좋아하느냐고 물어서 고기보다는 생선을 좋아하고 생선 통조림 찌개에 양배추 삶은 것을 좋아한다고 말했더니 한 달 내내 매일 똑 같은 음식만 나와서 혼난 적도 있다. 내가 다른 집회에 가면 자기들끼리 전화해서 내가 그 음식을 좋아한다고 같은 음식을 내놓으니 울며 겨자 먹기로 그 음식을 맛있는 것처럼 먹느라고 혼났다. 이렇게 선교사가 평범한 매일의 삶 속에서 겪는 여러 가지 어려운 점들 모두가 다 주님을 위해서 대가를 지불하는 것들이다.

   선교사 후보생들인 신학생들, 특히 미얀마에서 온 형제자매들을 보면 왠지 마음이 찡하다. 집안 형편이 어려워 고국에서는 공부하지 못하고, 신앙의 핍박을 피해 이곳 나갈랜드에 오면 공부할 수 있는 길이 열린다는 소문을 듣고 국경을 넘어온 그들. 아직 부모의 사랑을 듬뿍 받아야 할 어린 나이에 타지에서 언어의 장벽을 극복하느라 안간힘을 쓰고 있는 모습을 보면 애처롭기까지 하다. 그러나 그들 마음 속 깊은 곳에서는 주님을 사랑하는 마음들이 가득 차 있고, 하나님을 더 알아가기 위해 촛불 아래서도 쪼그리고 앉아 성경을 읽고 쓰는 모습들을 볼 때 하나님은 누구를 더 사랑하시는가 하는 질문을 새삼 던지게 된다. 그러므로 선교사가 되기 원하거나 이미 선교사로서의 길을 걷고 있는 모든 자들은 주님이 주시는 고난과 지불해야 될 대가를 피하지 말고, 십자가 사랑을 기억하며 감사함으로 받아야 할 것이다.

# 11

# 나가미즈 배우기

선교사는 현지어에 능통해야 한다는 것은 누구나 잘 아는 사실이다. '인도' 하면 먼저 힌디어를 떠올리는데 인도 안에서도 지역에 따라 1,600여 개의 다른 언어가 있다는 것은 놀라운 일이다. 처음엔 영어만 하면 되는 줄 알았다. 세계 공용어니까. 2003년부터 단기선교 올 때는 영어로 설교하면 늘 현지 목사님들이 통역을 해주셨기 때문에 별다른 언어의 어려움들은 모르고 지냈다. 특히 내가 사역하고 있는 인도 나갈랜드는 학교나 관공서 등의 공영어가 영어이고, M. I.에서도 늘 영어로 강의하고 생활하기 때문에 언어의 불편함 없이 지냈다.

그러나 2007년 이곳에 와 정착해 살면서보니 불편함이 이만저만이 아니다. 시장에 가면 대부분의 사람들이 영어를 모르고, 나갈랜드의 공용어인 나가미즈(Nagamese)를 썼다. "키만 살 아세(Ki man sal as)?"라고 가격을 묻는 일부터 모든 일에 나가미즈를 모르면 물건도 제대로 살 수 없어 늘 통역해줄 수 있는 사람들을 데리고 다녔다. 시장에서 물건 파는 상인들이나 하층민들은 거의 대부분이 방글라데시나 인도의 아삼 지역, 네팔이나 미얀마에서 온 유입 인구들이기 때문에 영어는 모르고 구전으로 전해지는 나가미즈나 힌디어로 대화를 주고받는다.

처음엔 우리의 사역도 선교센터로 시작했기 때문에 영어를 잘하는 형제자매들이 같이 공동체 생활하면서 지냈기 때문에 나가미즈의 필요성을 별로 못 느꼈지만, 교회 사역을 하면서부터 나가미즈를 모르고서는 성도들과 대화가 통하지 않는 답답함을 체험하게 되었다. 남편인 케니 선교사의 고향인 푸체로에서는 또 다른 언어인 케자어를 쓰는데, 그 말은 더 어려워 시댁 가족들임에도 나는 몇 가지 인사말을 제외하고는 그 부족어를 못 알아듣는다. 우리 신학교에도 그 지역에서 온 학생들이 있는데, 그들이나 시댁 가족 친척들이 모일 때면 갑자기 자기들 현지말로 대화하기 때문에 나는 갑자기 이방인이 된 듯한 외로움을 느끼게 된다.

케니 선교사가 한국에 와서 13년간 사는 동안 얼마나 힘들었을까 비로소 이해가 되었다. 처음 5년간은 한국말을 거의 못해서 내가 신학대학원에 가서 청강하며 강의를 일일이 한글로 통역해 준 적도 있었다. 어느 날은 우리 부부가 전철에서 영어로 대화하고 있으니까 자리에 앉아 계시던 할아버지 한 분이 짜증나는 말투로 "젠장, 요즘 젊은 사람들은 영어 깨나 한다고 한국말 놔두고 영어로 얘기들 해서…"라고 투덜거리시는 것을 들은 적도 있다. 그나마 다행인 것은 그때 우리 교회는 선교 중심의 교회로 필리핀 노동자 중심의 사역을 했고, 영어 성경을 주로 가르쳤기 때문에 남편도 언어의 별 어려움은 모르고 지냈다. 그러나 오전 예배는 한글로, 오후 예배는 영어로 드렸는데, 오전 예배는 알아듣든 못 알아듣든 꿀 먹은 벙어리처럼 앉아 있어야 했다. 가끔씩 다른 목사님들이 오셔서 대표 기도할 때면 늘 기도 끝에 "… 인도하여 주시옵소서"라는 코멘트가 따르곤 했는데, 케니 선교사는 자신이 인도에서 왔으니까 모두가 자기를 위해서 기도해주는 줄로 착각한 적도 있다.

어쨌든 현지어를 모르면 겪게 되는 여러 가지 해프닝들이 있는데, 나도 다른 선교사들처럼 요즘 현지 언어의 중요성을 절실히 깨닫고 있다. 그래서 우선 나갈랜드의 공용어인 나가미즈부터 공부하기로 작정했는데, 문제는 사전이나 공부할 수 있는 스터디북이 하나도 없는 것이다. 주로 입으로 구전되어오는 떠돌이 언어라 사전이나 문법책이 없어서 어떻게 공부해야 할지 힘들다. 한국에 있을 때 나갈랜드 자매에게 생활에서 많이 쓰는 중요한 표현들을 좀 적어달라고 해서 가져온 두 페이지 분량의 회화가 내 교재의 전부이다. 나가미즈 선생을 두려고 해도 내가 사역에 바빠 일정하게 공부할 시간을 낼 수 없는 애로점이 있었다. 수시로 사람들이 찾아오고, 강의들이 많고, 기도시간도 있기에 그것은 힘들었다.

이런 답답함으로 고민하던 어느 날, 전직 코히마 시장이었던 케 바오라는 시가 친척께서 나에게 신약 나가미즈 성경을 한 권 주셨다. 성령께서 "네가 성경을 나가미즈로 공부하면 나가미즈를 잘 할 수 있게 해주겠다"는 감동을 주셔서 영어 성경과 비교하며 매일 새벽마다 나가미즈 성경을 읽기 시작했다. 처음에는 모르는 단어가 너무 많아서 알파벳 순으로 내가 모르는 단어들을 써두었다가 틈나는 대로 사람들에게 물었다. 다행히 나가미즈 성경은 영어식 표기로 되어 있기 때문에 읽는 데는 별다른 어려움이 없다.

한번은 내가 나가미즈로 정확하게 성경을 읽자 한 집사님이 내가 나가미즈를 잘 하는 줄 알고 나가미즈로 이런 저런 얘기들을 해서 당황한 적도 있다. 주일 대예배 때는 케니 목사와 내가 매주 돌아가면서 설교하기 때문에 내 순서가 될 때는 나가미즈로 성경 본문을 읽었더니 사람들이 잘 읽는다고 칭찬해 주었다. 물론 설교 때에는 다른 부교역자가 통역하지만.

인내가 없이는 다른 하나의 언어를 마스터하는 것이 어렵다. 조금씩 생소한 단어들의 의미들을 알고 그 단어들과 친숙해지면서 나가미즈 성경을 읽는 것이 좋아졌다. 이렇게 혼자서 영어 성경과 비교해 단어들의 의미를 감 잡아 하나씩 기록해 가다보니 어느덧 사전 분량의 책이 되어 있다. 나가미즈 성경을 읽다가 뜻을 잊어버린 단어들은 다시 내 노트를 보면 그 의미가 적혀 있어 반갑다. 지금은 어느 정도 알아들을 수 있다. 나가미즈-영어, 영어-나가미즈 이렇게 두 개의 사전을 만들어가고 있는데, 좀 더 많은 단어들과 유용한 표현들이 모이면 사전을 발간해볼 생각이다.

매주 수요일마다 드리는 여성 예배에 참석하는 어머니들의 대부분은 영어를 모르고 나가미즈만 말해서 예배가 나가미즈로 진행된다. 나도 처음엔 통역을 써서 한 달에 한 번씩만 설교하다가 어느 날 잘 하든 못하든 나가미즈로 첫 설교를 했다. 아직 나가미즈로 미리 원고를 써서 읽는 수준이지만 그래도 가끔 고개를 끄덕이는 사람들을 보면 긴장되면서도 용기가 생겼다. 성경 내용은 잘 아니까 성경을 인용해서는 잘 말할 수 있는데 삶 속의 간증이나 다른 예화를 말할 때면 아직도 문장 구조가 익숙해지지 않은 나로서는 곤욕스럽고, 누군가를 불러 의미 전달을 해야 하는 안타까움이 있다.

아기가 새로운 언어를 배울 때 들음으로써 말을 습득해가듯이 나도 그들이 주고받는 말들을 들으면서 쉰 살의 나이에 새로운 언어를 배워가고 있다. 농부이신 구자두 집사가 영어를 몰라 이곳에서 어려움을 겪고 있는 것처럼. 다행히 이곳은 영어권이라 많은 학생들이 어학연수 비자로 선교 현장도 경험할 겸 이곳에 와서 영어를 배우려고 모이고 있다. 생소한 언어를 쓰는 곳에 가서 언어 때문에 고통당했을 선교사들이 더욱 이해가 된다.

아프리카 탄자니아에 간 한 선교사는 이런 간증을 한 적 있다. "다른 선교사들은 많은 선교비를 본국에서 받아 교회도 세우고 다른 많은 선교 활동도 하는데, 저는 선교비가 생존할 수 있는 만큼만 오기 때문에 오직 제가 할 수 있는 것은 엉덩이에 군살이 배기도록 현지어를 공부하는 것밖에 없었습니다. 수년간 현지어 배우는데 골몰했더니 지금은 한국에서 온 어떤 선교사들보다 제가 스와힐리어를 가장 잘 구사하게 되었지요. 그래서 지금은 높은 지위에 있는 분들과도 막힘없이 대화할 수 있기 때문에 그 분들로부터 많은 도움을 얻고 있습니다. 되돌아보면 가난이 하나님의 은혜였던 것 같습니다."

지금 탄자니아에서 21년째 사역하고 계시는 이 선교사의 고백을 자주 떠올리며 나 역시 나가미즈를 배우려고 애쓰고 있다. 다행인 것은 하나님께서 수십 개의 언어를 잘 할 수 있는 남편- 영어, 한국어, 필리핀어, 힌디어, 핼라어, 나가미즈, 푸체로 언어인 케자, 안가미 말, 또 다른 많은 부족어 등 -을 주셔서 새벽마다 나가미즈 성경을 읽다 모르는 단어가 나올 때면 자는 중에도 깨워 그 뜻을 물어볼 수 있는 좋은 선생이 있다는 사실이다.

나의 설교 통역을 도와주는 조나단 전도사와 1주일에 한두 번씩 나가미즈를 공부하려고 하지만 바쁜 스케줄 때문에 여전히 시간을 내기가 쉽지 않다. 하지만 매주 있는 여성 예배 때, 한 달에 한 번씩은 부족하지만 나가미즈로 설교하고 있다.

12

각 나라별 예배

M. I. 교회에는 인도, 네팔, 미얀마 그리고 한국 등 여러 나라에서 온 사람들이 모여 함께 예배를 드린다. 서로 다른 언어를 쓰기 때문에 공동체 생활에 있어 언어의 장벽이 있고, 예배 때에도 전달상의 어려움이 있다. 강의는 영어로 진행되지만 예배는 영어와 나갈랜드 공용어인 나가미즈로 통역한다.

문제는 한국에서 온 학생들 가운데 아직 영어로 설교를 못 알아듣는 청년들도 있어, 토요일에 함께 모여 주일 설교 본문을 미리 한글로 해석하여 내용을 파악하고 예배에 참여하게 한다. 그러나 설교자가 여러 가지 예화나 간증도 곁들이게 되면 오리무중. 때로는 다른 사람들이 까르르 웃을 때에도 영문을 몰라 물끄러미 바라보아야 하는 순간도 있다. 나갈랜드가 아닌 인도의 다른 지역이나 미얀마에서 온 친구들도 영어와 나가미즈를 잘 모르기 때문에 예배의 은혜를 다 받지 못하는 안타까움이 있어, 스텝들이 모여 의논을 했다. 그 결과 한 달에 한번 나라별 예배를 드리고, 예배 후엔 함께 식사하며 서로 친교를 나누는 것이 좋겠다는 의견이 나왔다.

2013년 5월 26일 주일에 처음으로 나라별 예배를 각각 다른 장소에서 드렸다. 각 나라의 목사나 전도사가 그 나라의 친숙한 언어와 찬양, 예배 순서로 동시에 예배를 드리게 되었는데 나라별 찬양이 곳곳에서 울려 퍼지는 것을 들을 때 색다른 즐거움이 있었다. 예배시간에도 모두가 이해되는 모국어로 설교하기 때문에 은혜가 각 심령에 더 깊이 스며들어서인지 성령의 기름 부으심이 배가되는 훨씬 역동적이고 살아있는 화기애애한 예배가 되었다. 인도 사람들이 가장 많아 60명, 다음으로 네팔 인들이 31명, 미얀마 20명, 한국인 9명 등 예수님의 120문도가 예배에 참석했다. 모두의 얼굴이 싱글벙글한 것을 보니 우리는 국경을 뛰어 넘는다고 얘기는 하지만 어쩔 수 없이 자신이 살아온 토양과 언어를 다 벗어날 수는 없는 존재들임을 겸허히 인정해야 한다.

예배 후 식사 때 예배가 어떠했냐고 묻자 모두들 행복한 표정으로 아주 좋았다고 했다. 본격적인 여름이 되기 전인 데도 37℃ 이상의 무더위가 기승을 부리는데다 습도가 높아 밤잠을 설치고 또 모기에 물려 고생하던 한국 학생들은 비온 뒤의 소나비처럼 시원하게 알아듣는 예배를 통하여 잠시나마 한국에 온 것 같은 편안함을 느꼈다. 온 나라와 족속이 함께 모여 드리는 예배도 좋지만 가끔씩은 나라별로, 다 알아들을 수 있는 언어로 예배드리는 것이 훨씬 친숙하고 예배의 기쁨이 더 넘치는 것 같다.

# 13

# 나의 금식 기도

"다니엘은 뜻을 정하여 왕의 진미와 그의 마시는 포도주로 자기를 더럽히지 아니하리라 하고 자기를 더럽히지 않게 하기를 환관장에게 구하니 하나님이 다니엘로 환관장에게 은혜와 긍휼을 얻게 하신지라" (단 1:8-9)

하나님이 기뻐하시는 금식은 흉악의 결박을 풀어주며, 멍에의 줄을 끌러주며, 압제 당하는 자를 자유케 해준다. 금식을 자주 해본 사람들은 금식의 위력과 금식이 가져다주는 축복을 얘기할 수 있을 것이다.

나는 금식을 자주 하거나 잘 하는 스타일은 아니지만 금식을 통하여 하나님이 하시는 놀라운 일을 경험해 보았기에 어떤 문제가 생기면 곧바로 금식에 들어가는 사람들의 마음을 이해할 수는 있다. 처음엔 하루, 좀 지나서는 3일 금식은 여러 번 해보았다. 나갈랜드를 오가는 초창기엔 비행기 티켓과 성령의 놀라운 역사를 위해 금식했었는데, 그 때마다 놀라운 응답을 받았다. 그래서 많이 힘들거나 내 힘으론 도저히 해결할 수 없는 문제가 생길 때면 하루 온종일 아니면 3일씩 금식에 들어가곤 했었다.

21일 다니엘 금식이나 40일 금식 기도하는 분들을 보면 부럽기도 했다. 내가 본격적인 장기 금식을 해본 것은 1998년 개척 교회 시절, 부모님의 영혼 구원을 위해서 처음이자 마지막이라는 심정으로 7일 금식에 돌입한 것이다. 나는 목사이면서도 부모님과 가족들이 구원을 못 받고 있다는 사실이 늘 마음에 걸렸다. 그들을 전도해보려고 내가 할 도리는 다한 것 같았다. 어머니에게는 자주 편지를 써서 내가 받은 은혜를 나누기도 했고, 항상 편지 끝에는 성경 구절을 한두 개씩 적어서 어머니의 관심을 얻어 보려고 애썼다. 그러던 중 우리 교회의 한 여집사가 기도 도중 응답을 받았는지 부모님을 위해 하나님이 7일 금식하기를 원한다고 얘기해주었다. 어디에 가서 금식할까 생각하다가 고(故) 최자실 목사가 개척하고 그 아들 김성광 목사가 원장으로 계신 강남금식기도원에 가게 되었다.

금식 3일째에 갑자기 누군가가 불이 났다고 소리쳤다. 모두들 허겁지겁 밖으로 나가는데 나도 영문을 몰라 하며 나가면서 하나님께 이런 기도를 했다.

"하나님, 저를 지금 이 모습으로 데려가시면 안 됩니다. 제가 부모님을 위해 금식하다 혹시라도 어떤 일을 당하면 우리 가족의 전도문이 막혀버립니다. 그들이 다시는 당신께로 안 오려고 할 거예요. 제발 저를 지켜 주세요."

사람들을 따라 나도 밖으로 나오면서 왜 이런 일이 생기는 것인지 의아해했다. 다행히도 얼마 안 있어 방송실에서 내뿜어져 나오던 검은 연기는 멎었다. 누전으로 인한 화재였는데 다행히 불이 다른 곳으로 옮겨 붙지 않고 곧바로 진압되어 웅성거리며 밖으로 나갔던 사람들도 다시 성전으로 들어왔다. 정말 큰일 날 뻔했던 사건이었다.

그 날 밤, 성전에서 자면서 추웠던지 나는 몸을 웅크리고 누워 있었다. 그 때 내 옆에 계셨던 한 여집사가 내게 자신의 이불을 덮어주었다. 너무 고마워 마음이 찡해왔다. 그 날 이후로 우리는 친해져서 이런 저런 살아온 얘기들을 나누었다. 그 후 주일이 되어서 5일간의 금식을 끝내고 나머지는 교회에서 하기로 하고 기도원을 떠나왔다.

그리고 얼마 안 있어 그 집사가 다급한 목소리로, 남편이 빚에 몰려 살고 있는 집에서 나가야 할 상황인데 좀 도와줄 수 없겠느냐고 부탁했다. 크리스마스를 앞둔 엄동설한에 그 가족들이 길바닥에 나앉을 수도 없는 상황이어서 비록 좁지만 우리 집에 오라고 했다. 우리는 두 식구뿐이니까 여러 가지 짐을 넣어두었던 방을 비우고 딸 둘, 아들 하나 그리고 그 집사 부부 등 5명이 좁은 한 방에서 같이 살게 되었다.

되돌아보면 그것도 하나님의 섭리였다. 그 가족이 가장 어려울 때 하나님은 그 가족을 불러내어 우리 집에 같이 살게 하시고 함께 개척 교회를 섬기게 하심으로써 그 남편과 아내를 영적으로 회복시켜 주셨다. 자녀들은 앞으로 더 넓은 집을 달라고 고사리 손을 모아 기도하곤 했다. 그 후 그 집사님 가정은 사당동으로 이사 가셨는데, 나중에 그 남편분이 사명을 받고 신학을 해서 목사요, 신학 교수가 되었다.

　우리 가정을 통해 이런 많은 가정들이 위기의 순간에 힘을 얻고 새 길을 발견하게 되어서 감사하다. 금식하지 않았더라면 그런 만남을 갖지 못했을 것이다. 그 7일 금식 후 특히 친정어머니가 변화되서서 수십 년 믿어왔던 불교에서 기독교로 개종하시게 되었다. 그 때 금식이 얼마나 놀라운 힘이 있는지를 몸소 체험하게 되었다. 몇 년 후에도 교회 이전 문제로 다른 기도원에서 다시 7일 금식 기도를 한 적이 있었다.

　요즘은 예전보다 체력이 좀 떨어지는 편이어서 인도 나갈랜드에서는 금식을 잘 하지 않는다. 그러나 매월 첫째 금요일마다 나를 비롯하여 전교인이 오전 8-12시에 금식기도를 한다. 8명의 리더들이 돌아가면서 30분씩 기도회를 인도하면서 여러 가지 기도제목을 놓고 합심기도를 한다.

　올해 2월에는 한국의 한 중보 기도팀이 단기선교 차 왔을 때 성령의 강력한 기름 부으심과 터치가 있어서 신학생들 가운데 몇몇 학생들이 예언의 은사를 받았다. 그 중 한 자매가 나더러 기도 중 "고기를 먹지 말라"고 두 번씩이나 당부하는 것이 아닌가! 좀 의아해하던 중 미얀마에서 온 기도 사역자가 또 다시 나에게 고기를 먹지 말라는 예언의 말씀을 주었다. 너무나 이상한 일이다. 왜 나만 유독 고기를 먹지 말라고 하시는 걸까?

　순종이 제사보다 낫다고 했으니까 일단 그 의견을 받아들인 후 하나님께 기도했다. 그 때 성령께서 내게 '고기 금식'이라는 단어를 주셨다. 남편 케니 목사는 내가 금식을 하면 활동을 못하게 되니까 내게는 고기 금식을 시키신 것이라고 말씀해 주셨다.

우리의 모든 것을 다 아시는 하나님께서 내가 고기를 먹지 않고도 건강을 지킬 수 있도록 생선이나 다른 채소 등으로 영양분을 공급해주신다. 우리의 작은 헌신과 절제가 하나님의 일을 앞당기게 하는 금식의 효력을 발휘할 수 있으면 좋겠다.

# 14

# 르누(Renu)의 가정을 위한 중보기도 요청

"하나님이 불의치 아니하사 너희 행위와 그의 이름을 위하여 나타낸 사랑으로 이미 성도를 섬긴 것과 이제도 섬기는 것을 잊어버리지 아니하시느니라 우리가 간절히 원하는 것은 너희 각 사람이 동일한 부지런을 나타내어 끝까지 소망의 풍성함에 이르러…" (히 6:10-11)

얼마 전 우리는 마야 데비 성도의 장례식을 치르면서 삶과 죽음의 교차로를 목격하게 되었다. 그녀의 죽음 이후 남겨져 있는 가족들의 삶의 무게를 실감하면서 함께 그 가정을 위해 기도할 수 있기를 소망한다.

마야 데비는 네팔 태생이지만 나갈랜드에 와서 안가미 사람과 결혼했다가 세 자녀를 낳고 전 남편과 헤어지고, 다시 네팔 사람과 재혼했다. 위로 두 아들은 첫 남편에게 남겨두고 딸만 데리고 온 속사정을 잘 알지 못하지만 재혼한 남편과 아들, 딸을 낳고 다섯 식구가 함께 살아왔다. 그녀의 두 번째 남편은 경찰로 일하다가 은퇴한 후 연금으로 살았는데, 알코올 중독자여서 생활비의 많은 부분을 술 마시는데 써 버리곤 했다.

그녀가 살아 있을 때 우리는 자주 그 가정에 심방을 갔다. 르누의 어머니 마야는 화병에 걸린 사람처럼 남편과 함께 곧잘 술을 마시거나 자주 말다툼을 했다. 그러나 말을 잘하고, 얼마나 친절한지 자신의 집을 방문한 사람들에게 항상 음료수나 차 아니면 스낵이라도 대접하여 보내지 결코 그냥 돌려보낸 적은 한 번도 없었다. 늘 다음 주에 교회에 나오겠다고 약속해놓고는 펑크를 내곤 했다. 비록 교회에는 꾸준히 나오지 않았지만 3년 동안 이따금씩 예배에 참석하곤 했었다. 그러나 어떤 마음의 결심을 했는지 부활절에는 자청해서 딸과 함께 세례를 받겠다고 해서 세례 문답식을 마친 후 4월 24일 맏딸인 르누(Renu) 자매와 함께 세례를 받았다. 예수님을 구주로 영접하겠다고 고백하던 그녀의 얼굴이 새롭게 클로즈업되어 온다.

성령께서 그녀의 마음을 감동시키셔서 미리 천국 갈 준비를 시켜 주신 것을 그 때까지만 해도 몰랐었다. 세례를 받은 후 한 달간은 열심히 교회에 나오더니 그 후 그녀의 모습은 보이지 않았다. 심방팀과 함께 그녀의 집을 방문했을 때, 그녀의 배는 복수가 차서 임신한 여인처럼 배가 부르고 다리는 통통 부어 있었다. 그 후 여러 번 그 가정에 찾아가서 함께 예배를 드렸는데 그녀는 몹시 기뻐하며 마음 문을 열고 메시지를 들었다. 지난 번 심방 갔을 때는 평소보다 더 많은 대화를 주고받았다. 나보다 10살 아래이지만 세상살이에 지쳐서 그런지 훨씬 더 늙어 보였다. 나를 보면서 사람들에게 존경받고 하나님의 일을 기쁘게 감당하니 부럽다고 하면서 "비시 순돌 아세(아주 예뻐요)"라고 칭찬해 주었다. 그것이 지상에서 그녀가 의식 있는 동안 우리와 주고받았던 마지막 말이 될 줄이야! 그 후 그녀의 건강은 극도로 악화되어 몇몇 병원을 전전하다 결국 레퍼럴 병원에서 천국으로 갔다.

그 당시, 케니 선교사는 한국에 갔기에 M. I. 센터의 전도사들과 모든 성도들을 한자리에 모아, 내가 마야 데비의 장례식을 직접 인도하게 되었다. 평소에 그녀의 인간관계가 좋아서인지 생각보다 많은 지인들과 이웃들이 와서 여러 모습으로 도와주었다. 믿지 않는 많은 힌두인들, 무슬림 친구들이 참석했는데, 살아 있어도 죽은 자들과 죽어서도 살아 있는 자들의 삶을 비교하면서 이 땅에서 우리가 어떤 삶을 사느냐가 우리의 영원한 삶을 결정한다는 도전적인 메시지를 전했을 때 그들은 심각한 눈빛으로 경청했다. 장례식을 통하여 믿지 않는 이들에게 복음을 전할 수 있는 기회를 주신 하나님께 감사드린다.

이곳 인도 나갈랜드에서는 삶과 죽음이 너무나 밀착되어 있다. 자포자기한 사람들이 술과 담배, 이상한 잎 열매(입에 넣으면 빨갛게 물드는 환각성 이파리)들을 늘 입에 물고 사는 그들은 가난 때문에 아파도 제 때에 병원에 가지 못하고, 심각한 영양실조로, 자다가 죽는 사람들도 많다.

마야 데비의 맏딸인 르누는 열일곱 살인데 아주 예쁘고 총명하게 생겼다. 병치레를 자주하던 어머니의 병간호를 위해 초등학교 4학년까지만 공부하고 집에서 가사를 돌보아 왔다. 그녀는 힌디어, 네팔어, 나가미즈 모두를 유창하게 구사하고 주일학교 보조교사로서 아이들을 가르치는데 탁월한 재능이 있다. 게다가 친 아버지가 돌아가신데 이어 어머니마저 돌아가셔서 어머니의 주검 앞에서 하염없이 울고 있는 르누의 모습을 보았을 때 그녀가 짊어지고 가야 할 짐이 너무 큰 것 같아 마음이 아팠다.

어머니 장례식 후, 그녀가 자신의 집에서 사흘간 예배를 드려달라고 부탁해서 M. I. 식구들과 함께 가서 매일 찬양과 기도, 말씀으로 남아있는 식구들을 위로했다. 밤이면 이웃 사람들과 청년들도 함께 와서 기도회에 참석했다. 그러나 그녀의 아버지는 여전히 술을 끊지 못하였고, 믿음이 없는 탓에 마음이 불안해했다. 그 지역에는 유독 술꾼들이 많아서 강한 의지가 없으면 술을 끊기 어렵다. 술을 마시자고 찾아오는 친구들이 많은 데다 수십 년간 술에 찌들어 있어 하루도 술을 마시지 않으면 견딜 수 없어 했다.

우리가 예배드리는 가운데도 아버지는 혼자 방 안에 가 있어서 예배를 마치고 그를 찾아가 대화를 나누었다. 성령께서 그의 마음을 열어주셔서 자기가 혹시 잘못한 것이 있다면 용서해달라고 슬피 울며 고백했다. 자녀들을 어떻게 키울까를 고심하는 그의 모습이 측은했다. 늘 고함을 지르지만 그의 마음 속 깊은 곳에는 어린아이와 같은 연약한 부분이 있었고, 아내 없이 자녀들을 어떻게 키워가야 하는지에 대한 두려움이 도사리고 있었다. 다행히 매달 연금이 나오기에 먹고 사는 데 문제는 없었고, 자녀들의 교육도 술만 마시지 않으면 꾸려갈 수 있는 형편이었다. 그를 위해 기도하는 가운데 그 마음속에 강하게 자리 잡은 불안의 영을 느낄 수 있었다. 자녀들에게 마음을 아프게 하는 말들을 자주 하지만 그것은 자신이 이기지 못하는 두려움의 또 다른 모습이었다.

그러나 그의 마음속에 오래도록 뿌리 내린 불신앙의 강한 요새는 하루아침에 무너지지 않았다. 다음 날, 르누가 낮 12시가 되도록 깨어나지 않고 아무리 흔들어 깨워도 묵묵부답이라는 연락이 와서 몇몇 멤버들과 함께 서둘러 그녀의 집으로 달려갔다. 그녀는 의식을 잃은 채 아무런 반응이 없었다. 지난 밤 꿈에 르누가 죽은 어머니와 대화하는 것을 들었다고 동생이 말해 주었다. 사태가 심각한 만큼 어떻게 해야 할까를 놓고 기도하는 중 속히 M. I. 센터 채플 홀로 데려오라는 마음을 주셔서 그녀를 성전에 데려왔다. 모두가 합심하여 기도하고 마사지를 했지만 그녀는 꼼짝도 하지 않고 응답이 없었다.

수년 전 한국에서 어떤 치유 집회 때 한 목사님이 발가락 끝을 만지면 굉장히 아프면서 혈액순환이 잘된다고 하신 말씀이 떠올라 그녀의 발가락을 꼬집듯 만졌더니 그제서야 소리 지르면서 아프다고 울었다. 어머니의 죽음 후에 그 딸마저 충격을 받고 죽으면 어쩌나 하는 염려마저 들었지만 하나님께서 긍휼하신 사랑으로 그녀를 다시 일으켜 주셨다. 교회에 오기를 완강히 거부했던 그녀의 아버지였지만 딸이 의식을 잃자 순한 양같이 따라와 딸의 머리를 만지면서 울었다. 친아버지는 아니지만 "너는 내 딸이야!"를 몇 번씩이나 되뇌면서 아이처럼 우는 그의 낮아진 모습에서 우리는 그의 변화 가능성을 엿볼 수 있었다.

그러나 나중에 아버지가 돌변하여 르누에게 "남동생을 데리고 집을 나가라! 나는 작은 딸을 데리고 가서 재혼할 거다"라고 목소리를 높이면서, 이웃 사람들에게 "저 딸이 집안의 모든 돈을 가지고 도망쳤다"는 등 입에 담지 못할 얘기들을 마구 퍼부었다.

르누는 그 충격에 다시 쓰러졌다. M. I.에 있으면 밝고 명랑하며, 청소일도 곧잘 돕는 그녀이지만 집에만 갔다하면 쓰러져서 의식을 잃었다. 이런 일이 몇 번이나 반복되자, 나는 고심 끝에 스텝들과 의논해서 지난 번 남자 호스텔을 철거하면서 남은 대나무와 양철 지붕을 사용해 기술센터 부지에 그 가족이 살 나무집을 지어주었다.

아내가 죽은 후 르누의 아버지는 외로움에 더욱 술을 의지했고, 화가 나면 자녀들에게 소리를 지르며 쌀이나 집안의 물건을 던져버리기도 했다. 그는 한동안 아파서 신음하며 자기 아내의 이름을 부르는 건지 "아마, 아마…"라고 부르면서 손을 휘저었다. 어느 날 밤 우리가 심방을 갔을 때, 그는 어린 아이처럼 울면서 지금까지 자기가 잘못 살아온 것을 용서해 달라고 했다. 자신이 가야 할 시간을 직감했기 때문일까? 그는 온전히 회개하는 시간을 가졌다. 며칠 후 몸이 몹시 아파 병원 응급실로 데려갔는데 가쁜 숨을 몰아쉬었다. 그가 죽기 전 마지막 병문안을 갔을 때 그의 심장에 손을 얹고 기도했다. 비록 맥박은 느리게 뛰고 있었지만 여전히 따뜻한 심장을 느낄 수 있었다.

며칠 후, 그는 너무나 놀랍게도 아내가 죽었던 같은 병원, 같은 병실, 같은 침대에서 세상을 떠났다. 2011년 11월 23일, 그는 두 딸과 한 아들을 남기고 아내의 뒤를 따라갔다. 마침 한국에서 온 박승동 목사팀이 장례식에 참석하여 함께 유가족을 위로하고, 자녀들의 교육과 생계를 위해 매달 후원을 해주시기로 했다.

하나님의 은혜로 그 자녀들은 부모를 잃은 슬픔을 딛고 지금은 밝게 자라고 있다. 소녀 가장이 된 르누가 생활을 꾸려가고 있는데 학교에 다니는 남동생 라자(Raja)는 사춘기라 아무래도 M. I. 에서 형들과 같이 있는 게 좋을 것 같아 센터로 데려와 이곳에서 생활하며 학교에 다니고 있다.

르누를 위해 기도할 때 그 딸을 말씀과 기도로 잘 양육하면 앞으로 주의 일에 크게 쓰임 받을 일꾼이 될 것임을 성령께서 조명해주셨다. "주님 나를 구하셨으니, 주님 나를 부르셨으니, 내 모든 정성 내 모든 목숨 주를 위해 바치리다"라는 찬양을 주셨다. 그녀가 영적으로 더 성숙해질 때 부모가 없는 외로움을 이겨나갈 수 있을 것이다. 하나님이 맡기신 새로운 한 영혼, 르누의 가정을 위해 많은 기도가 요청된다.

1) 앞으로 자녀들이 믿음으로 성장하고 학업을 잘 마치며 영적으로도 잘 훈련받아 하나님 나라의 귀한 일꾼으로 쓰임 받을 수 있도록.
2) 가족 모두가 건강하며 늘 사랑으로 하나 될 수 있도록.
하나님은 한 영혼도 실족되지 않고 모든 사람이 구원을 받으며 진리를 아는데 이르기를 원하신다. 우리의 기도와 사랑의 보살핌이 어려움에 처한 가정을 회복하는 도구가 될 수 있기를.

"하나님은 우리 중 많은 사람들이 누구도 감사를 표하지 않고 심지어 우리가 하는 것을 주목하지 않는 눈에 띄지 않는 곳에서 그 분을 섬기도록 부르신다. 그러나 하나님은 우리가 다른 사람들이 짐 지는 것을 도와주기 위해 우리가 하는 모든 것을 주목하신다. 그 분은 우리의 노고에 상주시며 우리의 몸부림을 보시고 우리가 지는 짐을 아시며, 우리의 신실함을 주의해 보신다. 하나님은 우리의 여정에서 우리를 돌보시고 그가 다시 오실 때 그 모든 것을 가치 있게 만들 것이다. 우리의 영원한 연금은 보장되어 있다. 하나님은 '우리의 사랑의 노고와 수고'를 잊지 않으실 것이다." (〈오늘의 양식〉 8월 15일자 내용 중에서)

# 15

# 주님이 사랑하시는 여자

몸무게 38Kg. 왜소한 몸집에 벙어리요 귀머거리로 살아온 그녀가 성전의 한 쪽 구석에 앉아 구슬 같은 눈물을 흘리며 기도하는 모습을 볼 때마다 가슴이 찡해 오면서 '아, 저 모습 때문에 하나님이 그녀를 사랑하시나보다'라는 생각을 하게 되었다.

나란의 어머니가 살아온 삶은 인간적인 눈으로 보면 누구보다 불행하고 기구했다. 그녀의 남편은 한때 높은 고관의 집에서 비서처럼 지냈기에 나름대로는 돈과 명예라는 것을 누리면서 세상적으로 말하는 모든 나쁜 짓을 다하고 산 셈이었다. 그 후 누군가의 전도로 주님을 영접한 후, 공교롭게도 나무에서 떨어져 허리를 다치고 앉은뱅이로 죽을 때까지 고생하며 살았다. 그가 자신에 대한 회의감으로 소리를 지를 때마다 그녀는 말없이 그의 투정을 받아주어야 했고, 때로는 집에서 쫓겨나기도 했다.

그 후 남편은 교회에 와서 자신의 모든 죄들을 회개했고, 성도들 앞에서 어떻게 하나님을 만났는지를 간증했다. 그리고 얼마 후에 몸이 아파 고생하다 주님의 품에 안기게 되었다. 그가 죽기 며칠 전, 교회의 스텝들이 병문안 갔을 때 자기 아내와 아들 나란을 우리 교회에 부탁한다는 유언을 남겼다. 우리는 그의 장례식을 정성껏 치러주었고, 나중에 그의 아내와 아들이 힘들어졌을 때 M. I. 기술센터 땅에 신학생들이 합심하여 그들이 살 집을 지어주었다. 그리고 아들과 어머니의 생계를 위하여 교회 복도를 청소하는 일을 맡겼다.

나란의 어머니는 워낙 허약한 체질이라 자주 이곳저곳 아픔을 호소했다. 한국에서 가져온 약들을 주었지만 늘 열이 나고 밥맛이 없으며 배가 아프다고 해서 잘 아는 의사에게 문의했더니 즉시 병원에 입원시키라고 했다. 너무나 놀라운 것은 검사 결과 에이즈(AIDS, HIV 감염)라는 뜻밖의 진단이 나왔다. 왜 그녀에게 그런 불행한 일이 겹치는 것일까. 남편이 살아서 저지른 죄의 대가를 그녀가 지불해야 하다니…. 그녀를 위해 기도할 때마다 그 영혼이 너무나 불쌍해서 누구보다 이런 저런 옷가지도 챙겨주고, 말은 통하지 않았지만 사랑으로 대해 주었더니 힘들 때면 꼭 찾아와서 도움을 요청했다.

하나님이 그녀를 불쌍히 여기셨던지 아들 나란이 놀랍게 변화되기 시작했다. 2년 전 우리가 금식하며 기도로 준비한 가스펠 캠프 때 성령을 선물로 받고, 우리 교회에 와서 세례를 받았다. 예전에 그는 아버지가 죽기 전, 돈이 없어 병원에도 가보지 못하는 모습이 너무 안타까워 주도(州都)인 코히마에 가서 일해 아버지를 꼭 한번이라도 병원에 모시는 것이 소원이었다. 그러나 그가 돈을 벌어 오기도 전에 그의 아버지는 먼저 천국에 가셨다. 그의 슬픔이 얼마나 컸던지, 그가 목 놓아 우는 모습은 차마 보기 힘들었다.

그런 나란이 어느 날 나를 찾아와, 자기가 일하는 곳의 주인과 같은 교회에 다녀야 하기에 세례 증서를 달라고 했다. 그를 위해 간절히 기도해주고, 세례 증서를 돌려주었다. 그의 아버지는 아들의 장래를 우리에게 부탁하셨지만….

그런데 얼마 지나지 않아 나란이 다시 M. I. 센터로 찾아왔다. 이제는 어머니가 아프신데 그의 누나나 형도 모실 입장이 아니어서 자신이 모셔야 한다는 것이다. 힘들 때면 다시 찾아와 도움을 요청하는 것이 조금 얄밉기도 했지만 주의 사랑으로 받아주고 제자학교에서 공부하게 했다. 그는 4학년까지밖에 학교를 다니지 않아 영어는 잘하지 못했지만 힌디어와 나가미즈를 아주 잘 말했다. 조금씩 그의 입술이 열리기 시작하더니 영어로 의사소통이 가능하게 되었다. 우리는 그의 어머니의 말을 손짓발짓해도 잘 알아듣지 못하지만 오래 같이 살아서인지 오직 나란만이 자기 어머니의 말을 잘 통역할 수 있었다.

얼마 전에는 한국 단기선교팀이 와서 부흥회를 인도하셨는데 한 목사님이 그를 위해 기도하던 중 앞으로 세계적으로 유명한 콩 목사와 같이 쓰실 거라는 예언 기도를 해주셨다. 그에게서 방언기도가 터지더니 기도시간에 누구보다 기도를 잘 했다. 그 후에도 다른 주의 종들이 한결같이 그에게 많은 영적인 은사들이 있고, 치유와 설교에 강할 거라는 소망의 메시지들을 주시곤 했다. 비록 말은 통하지 않지만 어머니의 눈물어린 기도를 하나님이 들으신 것 같다.

공평하신 하나님! 아무런 소망이 없는 것 같은 그녀에게 하나님께서 귀한 아들을 주셔서 그 아들을 통해 영광 받으시려는 계획이 있으시니 얼마나 감사한가. 나란은 영어 성경을 전혀 못 읽다가 어느 날부터는 영어 성경도 읽고, 영어로 다른 사람들을 위해 기도해 주기도 했다. 어느 날, 힌두 호스텔에 초청을 받아가서 간증과 기도를 했는데 놀라운 성령의 역사가 일어났다. 기도할 줄 모르던 학생들이 가슴을 치고 울면서 통회자복하는 부흥의 역사가 일어난 것이다. 뿐만 아니라 영안이 열려서 때로는 예수님을 보기도 하고, 예언의 메시지를 전할 때도 있었다. 하나님의 주권적인 역사요, 하나님이 성령을 물 붓듯 부어주시지 아니하면 일어날 수 없는 초자연적인 일이 아닌가!

지금은 제자학교에서 공부하며 학생들의 복사와 여러 가지 일들을 돕고 있는 나란! 십대 찬양팀을 구성하여 가끔씩 초청받는 곳에 가서 특송하기도 한다. 우리는 나란의 형 집으로 거처를 옮긴 그의 어머니를 자주 찾아가 위로하고 기도해 주었다. 나란의 어머니는 모처럼 박수치고 함께 찬양하며 애써 웃었다. 주님이 사랑하시는 여자, 우리가 찾아 갔을 때 혼자 무릎 꿇고 좁은 방에서 기도하던 그녀는 그 후 약도 음식도 먹지 못하고 고생하다가 2013년 5월 17일, 하나님의 부르심을 받고 천국으로 갔다.

"나의 영원하신 기업 생명보다 귀하다. 나의 갈길 다가도록 나와 동행하소서. 주께로 가까이 주께로 가오니 나의 갈길 다가도록 나와 동행하소서." 그녀가 죽던 날, 마지막 심방을 가서 그녀를 위해 기도할 때 하나님께서 이 찬양을 주셨기에 그녀는 지금 주님 품안에서 잘 안식하고 있다는 것을 확신할 수 있다. 비록 아픔과 천대, 말할 수 없고 들을 수 없는 벙어리로 수십 년을 살아왔지만 하늘을 향한 그녀의 천국 언어는 열려 있었기에 하나님이 그녀를 사랑하시고 이제 눈물도, 고통도 없는 천국으로 데려가신 것이다.

모든 성도들이 가서 그녀의 장례식을 치러주고 돌아온 며칠 후, 그동안 연락이 끊어졌던 나란의 여동생 미나(Mina)를 수소문 끝에 찾게 되었다. 나란의 어머니가 임종을 앞두고서 어린 딸의 얼굴만이라도 한번 보고 싶어 계속 찾았었는데, 데려간 여자가 보내주지 않아 어머니는 마지막까지 딸의 모습을 못보고 가신 것이다. 어머니가 돌아가신 후에야 돌아오게 된 미나는 그동안 가족들이 어렵게 사느라 잘 돌보지 못해 남의 집에 얹혀 살면서 이런저런 궂은일을 하며 어린 나이에 많은 고생을 해왔다. 처음엔 가족들이 자기를 내팽개치고 버렸다고 생각해서 가족들에 대한 미움이 가득 찼다. 가난과 질병, 생활고로 허덕이던 가족들이 더 잘 돌보아주겠다는 여자의 말을 믿고 맡겼는데, 처음엔 잘 돌보아주다가 재혼하면서 그녀에게 술을 팔게 하고, 여러 가지 어려운 일도 시켜서 힘들었노라고 울먹였다.

미나는 다른 학생들처럼 공부가 하고 싶어 친구 어머니의 도움을 받아 코히마의 학교에 간 적도 있는데 계속 후원이 되지 않아 재정적인 어려움으로 공부를 계속하지 못하고 그만 두게 되었다 한다. 나가미즈와 네팔어를 잘 구사하는 당찬 열세 살 미나를 볼 때 너무나 불쌍해서 M. I.에 머물면서 제자학교에서 공부하게 했다.

　한창 구김 없이 자라나야 할 어린 딸이 몇 년 전 아버지의 장례식에만 참석했다가 이제 어머니가 죽고 나서야 가족들을 만나게 되었으니 참 안타까운 일이다. 얼마 전 미나는 나에게 '어머니'라고 불러도 되느냐고 물었다. 순간 가슴이 찡해 왔다.

　나란은 어머니가 살아생전에 비록 귀머거리요 벙어리여서 불편했지만 자기를 누구보다 사랑해 주었고, 시험 때면 늘 어머니가 머리에 손을 얹고 기도해 주셨다고 한다. 비록 가진 것이 없어 아무 것도 줄 수 없었지만 주일날 M. I.에 올 때면 늘 사탕 하나씩을 손에 쥐어 주었다면서 어머니에 대한 진한 그리움 때문에 울었다. 그 어머니의 사랑만큼은 못하더라도 이제 우리의 영적 아들과 딸이 된 나란과 미나를 잘 돌보고 키워서 하나님 나라의 귀한 일꾼들로 만들어야 할 과제를 그들의 어머니가 우리에게 남기고 가신 것 같다.

# 16

# 다시 돌아온 영적 아들

어느 날, 뜻밖의 전화가 걸려왔다. 오랜만에 들으니 그의 목소리가 낯익은 것 같으면서도 쉽게 분별이 안 되었다. 그는 다름 아닌 '갈렙(Caleb)'이었다. 한 기도원에서 40일 금식기도 중인데, 아무래도 나에게 연락을 하지 않으면 안 될 것 같아서 전화했다고 했다.

갈렙은 2007년에 만났던 형제인데, 집은 나갈랜드의 코히마에 있다. 2007년 1월의 어라이즈 미션 캠프와 7월의 샤인 미션 캠프에 함께 참석했었다. 그는 한국의 전은실 집사와 그의 아들 학재가 코히마 신학대학에 와서 공부하며 언어와 환경적인 적응의 어려움으로 힘들어 할 때, 매주 찾아가서 장을 봐주기도 하고 필요한 것이 있을 때마다 도와주곤 했던 자상한 친구다. 기타 치며 찬양도 잘하고, 한 때는 교회 청년부의 회장을 맡기도 했다. 그의 사촌누나가 심한 피부병에 걸려 수종이 심하고 거의 죽을 상황에 놓였을 때는 3일간 온전히 금식하며 중보기도를 한 사랑이 많은 형제였다. 또 사업 수단이 좋고 사람들에게 잘 어필해서 내 남동생과 함께 얼마간 사업의 파트너로서 같이 사업을 하기도 했다. '어머니 날'에는 지금껏 내가 한 번도 받아보지 못한 큰 카드를 나에게 선물하면서 자신의 영적 어머니로 모시겠다고 부탁하기까지 했다.

그런 믿음이 가는 형제가 어느 날부터인가 다시 술을 마시기 시작했다. 결혼을 약속한 자매와 서로 의견 충돌로 다툰 후 헤어졌는데, 얼마 안 있어 그 자매가 다른 남자와 결혼하고 말았다. 게다가 사업을 하면서 갑자기 돈을 벌자 욕심이 생겨 더 큰 가게를 얻으려고 은행 융자를 얻었는데, 매달 그 이자와 원금을 갚아야 하는 압박감도 있었다. 예전에 마약과 술 중독으로 재활센터에 가서 머문 적도 있었지만, M. I. 캠프를 통하여 변화 받고 과거의 모든 나쁜 습관을 끊었는데 환경적인 어려움이 오자 다시 옛 습관으로 돌아가 버린 것이다. 기관지 천식이 있는데도 술을 끊지 못하여, 그의 집을 찾아갔을 땐 얼굴이 온통 부어 있었다.

나는 갈렙의 영혼과 삶이 너무 불쌍해서 계속 중보기도도 하고, 코히마에 갈 일이 있으면 꼭 '냄새나고 불결한 쓰레기 하차장' 같은 좁은 길을 코를 막으면서 걸어 그의 집에 가서 기도해주고, 속히 디마푸르의 M. I. 센터로 오라고 권면했다. 그는 한결같이 다음 주에 가겠다고 약속했지만 번번이 약속을 어기고 오지 않았다. 네다섯 번 그의 집을 방문하기도 하고, 한번은 일부러 시간을 내어 코히마까지 두 시간이 넘게 택시를 타고 그의 집을 찾아가기도 했다. 하나님이 그의 영혼을 얼마나 사랑하시는지, 내가 포기하고 싶어도 성령께서는 포기하지 않고 계속 그를 위해 중보기도하게 하셨다.

그런데 몇 년의 세월이 지난 후, 바로 그 갈렙에게서 스스로 전화가 걸려온 것이다. 마침 한국에서 온 중보 기도팀이 있어 그들과 함께 그가 기도 중인 기도원으로 찾아갔다. 그가 어느 숙소에 머물고 있는지 잘 몰라 한 자매에게 묻고 있는데 마침 갈렙이 방에서 나오는 모습이 보여 얼마나 반가웠던지! 한국의 중보 기도팀 가운데 성령의 음성을 잘 들으시는 분이 있었는데, 하나님이 신명기 8:18의 말씀을 주셨다. "네 하나님 여호와를 기억하라 그가 네게 재물 얻을 능을 주셨음이라 이같이 하심은 네 열조에게 맹세하신 언약을 오늘과 같이 이루려 하심이니라"

그가 하나님을 놓치지 않고 믿음만 잘 지킨다면 하나님은 그에게 물질적인 축복을 주시겠다고 주의 종들을 통해 약속하셨다. 예전에 학생들이 건축 기금을 마련하기 위해 M. I. 센터에서 만든 간증 책이나 달력을 팔 때, 다른 학생들은 한두 개 파는 것이 고작이라면 갈렙은 30부씩 거뜬하게 팔아 올 정도로 M. I. 사역에 열정이 있었다. 또한 그는 남다르게 주의 종들을 돕고 섬기는 마음이 있었는데, 그 선한 모습 때문에 비록 그가 방황하고 한때는 알코올 중독에 빠져 좌절된 삶을 살았다 할지라도 하나님은 그를 포기하지 않으시고 그의 길을 인도하셔서 다시 영적으로 새롭게 거듭나는 계기를 주셨음에 감사드린다. 앞으로 하나님께서 갈렙에게 사업적인 수완과 큰 물권을 주셔서 재정적으로 어려운 목회자들과 사역자들을 돕는데 써주시기를 소망한다.

금식을 마친 날, 갈렙은 바나나와 다른 선물꾸러미를 들고 찾아와 울먹이는 목소리로 자신이 저지른 모든 잘못들을 용서해 달라고 회개했다. 탕자가 돌아왔을 때 기뻐 뛰며 달려갔던 아버지처럼, 오늘 이 감격적인 순간이 오기까지 그를 위해 흘렸던 눈물과 중보의 간구가 결코 헛되지 않았음을 볼 때 나도 감사의 눈물이 나왔다. 회개의 눈물을 흘리며 지난날의 잘못을 용서해 달라고 요청하는 갈렙에게 "앞으로 무엇을 하고 싶으냐?"고 묻자, 그는 자기처럼 삶의 어두운 덫에 갇혀 있는 자들을 위해 상담 센터를 하고 싶다는 소원을 얘기했다. 그가 "이제는 주님만을 위해 살겠습니다"라는 고백을 할 때, 하나님이 새 길을 열어주시고 삶의 분명한 목표를 주셨다. 하나님이 그 아들을 붙들고 계심이 강하게 느껴졌다. 어쩌면 하나님은 그의 실수와 좌절되었던 모든 나쁜 삶까지도 새롭게 바꾸어서 그를 사용하실 계획을 가지고 계셨는지도 모른다.

그의 도움을 받았던 한국의 전은실 집사는 갈렙에게 안타까운 마음이 들어서인지 그를 한국에 초청하여 남편 회사에 취직시키고 싶다는 제안을 한 적이 있다. 그 당시에는 갈렙이 알코올 중독에서 헤어나지 못하고 방황하고 있어서 한국에 갈 수 없었지만, 그가 모든 나쁜 습관을 끊고 하나님이 기뻐하시는 아들로 거듭나기만 하면 그 주변에 돕고자 하는 많은 손길들이 모아질 것으로 기대된다.

새롭게 변화되어 돌아온 영적 아들 갈렙. 앞으로도 그의 삶이 주님께 온전히 영광 돌리는 그런 날들로 채워지길 소망한다. 그의 소원처럼 모든 수입의 십일조만이 아니라 또 다른 십일조를 어려운 주의 종들이나 신학생들을 돕는데 쓰고 싶다는 그 소박한 마음의 꿈이 꼭 이루어지기를 기도한다.

# 17

# 감격의 졸업식

"그런즉 아볼로는 무엇이며 바울은 무엇이뇨 저희는 주께서 각각 주신 대로 너희로 하여금 믿게 한 사역자들이니라 나는 심었고 아볼로는 물을 주었으되 오직 하나님은 자라나게 하셨나니"(고전 3:5-6)

인도에서는 '졸업식(Graduation Ceremony)'이라는 말 대신 '시작 연습(Commencement Exercise)'이라는 말을 자주 쓴다. 졸업은 끝이 아니라 새로운 시작을 의미하기 때문이다. 우리 인생에서 맞이하는 특별한 날들 중의 하나가 졸업식이 될 수 있다. 어렵고 힘든 학업의 과정을 거쳐서 한 단계에서 다음 단계로 나아가기 전에 우리는 어떤 매듭을 묶어주는데 그것이 한 학위과정의 성취를 인정해주는 졸업식이 아닐까.

2013년 2월 15일, MIGSM(M. I. 선교대학원)에서는 두 번째 졸업식을 맞았다. 작년 이맘때와 올해 맞이하는 우리 신학교의 졸업식은 나와 우리 모두에게 뜻 깊고 감격에 찬 날이었다. 작년에 일곱 명, 올해 여덟 명으로 모두 열다섯 명의 사역자를 배출하는 조촐한 졸업식이었지만 생각보다 많은 가족들이 와서 채플 홀이 모자랄 정도로 자리가 찼다. 먼 시골에서도 담임목사 이하 교회 리더들이 새벽부터 참석해서 자리를 빛내주었다.

 이번 졸업생들은 이곳 인도에 와서 힘써 키운 사역의 첫 열매들이자 나의 모든 힘과 정성을 다해 훈련시킨 영적 자녀들이고, 그 누구보다 각별한 애정과 사랑을 쏟아 부은 제자들이어서 감회가 더욱 새롭다. 내가 그들을 처음 만났을 때 그들은 신학공부를 하기 위해 M. I. 센터에 온 것은 아니었다. 그들 중에는 알코올 중독자도 있고, 집안 환경이 어려워 도중에 학업을 포기한 자들이 대부분이었다. 삶의 뚜렷한 목표 없이 방황하고 있던 젊은이들로, 2007년 인도에 단기선교 와서 가졌던 1월의 어라이즈 미션캠프와 그 해 7-8월 1달간 있었던 샤인 미션 캠프를 통해 은혜 받고 변화된 형제자매와 그 후 2008년부터 1년간 실시한 'M. I. 선교사 및 제자 훈련학교'에서 함께 공동체 생활을 하면서 동고동락해온 믿음의 아들딸들이다. 그들 중엔 6년간 이곳에서 훈련받은 자들도 있다. 특히 미얀마에서 온 형제자매들은 처음 만났을 땐 영어를 하지 못해서 손짓발짓하며 겨우 의사소통했었는데, 4-5년간의 피나는 훈련을 통해 이제는 인도 신학연맹(IIM)에서 실시하는 세네트(Senate) 시험의 모든 어려운 관문을 영어로 다 통과하고 설교까지 하게 되었으니 하나님의 놀라운 역사라고 하지 않을 수 없다.

 그나마 형편이 좀 괜찮은 한 학생을 제외하곤 모두가 학비를 낼 수 없는 사정이라 주님의 이름으로 섬길 수밖에 없었다. 어려운 가운데 매달 생필품을 배급해야 했지만 그들도 센터가 세워지기 전엔 나무집에서 지내는 등 많은 고생을 했다. 매일 밤낮으로 하나님께 부르짖으며 후원자를 연결해 달라고 기도하던 때가 엊그제 같은데 하나님은 자신이 택한 자녀들과 종들을 친히 먹이고 입히며 교육시켜서 이제 사역을 감당할 수 있는 일꾼들로 자라나게 하셨다. 그들의 인생 속에 징검다리처럼 우리가 쓰임 받게 된 것에 감사한다.

하나님은 비록 연약하고 부족하지만 그들 마음 밑바닥에 있는 한 가지 소원, 즉 하나님을 위해 살겠다는 그 고백 한 마디에 모든 것을 공급해 주셨다. 그들이 처음 이곳에 왔을 때 내가 물은 질문은 세 가지, 즉 '왜 이곳에 왔느냐? 앞으로 무엇을 하고 싶은가? 어떤 사람이 되기 원하는가?'였다. 그들이 망설임 없이 "하나님 말씀을 배우기 위해 왔습니다. 하나님과 사람들을 섬기기 원합니다. 목회자나 선교사 아니면 교사가 되기를 원합니다"라고 말하면 하나님이 보내신 자들이라 생각하고 그들의 외적 조건들(학벌, 경제적 수준, 가정환경, 외모 및 국적 등)은 보지 않고 그냥 받아주었다. 물론 큰 후원자들 없이 매달 30명의 학생들을 먹이고 입히며 공부시키는 것이 쉽지는 않았다. 어떤 이들은 그곳이 고아원이냐고 묻기도 했다. 그들을 양육하면서 가장 어려웠던 점은 어려서부터 너무 못 먹고 고생을 많이 해서 모두 영양이 부실하고 잘 아파서 자주 병원으로 데려가야 했다는 사실이다. 결핵이나 장티푸스, 말라리아에 걸리기도 하고, 장염이나 위염으로 고생하는 학생들 및 몸에 돌이 있어 수술해야 하는 학생도 있었다.

특별히 이들 가운데 라헬(Rachel)은 정말 하나님이 사랑하고 붙드시는 자매이다. 어려서 어머니가 돌아가시고, 아버지는 감옥에 종신형으로 수감되었다는 얘기를 듣고 친척 집에서 많은 구박을 받으며 자라났다. 비록 어린 나이였지만 궂은일을 도맡아 하고 중풍으로 쓰러진 할머니도 모셔야 했다. 부모님의 얼굴도 잘 기억하지 못한 채 고아처럼 자라났기에 갖은 설움도 많았는지 기도 시간에는 늘 한 맺힌 사람처럼 목 놓아 울곤 했다. 그래서인지 병치레도 잦았고, 친구들이 조금만 자존심 상하는 얘기를 하면 쉽게 상처를 받아 모두들 가까이 접근하기를 꺼려했다. 그러나 사역에 대한 관심과 애정은 커서 사랑으로 보살펴주기만 하면 마음 문을 열고 우리의 말을 잘 들었다.

어느 날, 그녀는 5일 작정 금식을 한다고 선포했다. 모든 학생들이 다 우리만 의지하고 있으면 재정이 너무 힘드니까 자신은 하나님께 후원자를 연결해 달라고 기도하겠다는 것이다. 그 생각이 기특해서 우리도 함께 중보기도를 해주었다. 하나님께서 그녀의 탄원을 들으셨는지 5일 금식 후 어느 날 미국에서 전화가 왔다. 라헬과 함께 살던 사촌 언니가 미국에서 의사가 되었는데 예전에 그녀의 어머니가 늘 라헬 얘기를 해서 확인 차 전화가 온 것이다. 라헬의 딱한 사정을 듣고 비록 그녀는 신앙이 없는 미얀마 사람이었지만 라헬의 학비를 후원해 주었다.

라헬은 찬양팀에 속해 율동 찬양을 잘 했고, 전도에도 열정을 보이며, 한번 자리에 앉으면 지구력 있게 몇 시간씩 꼼짝 않고 기도하곤 했다. 그런데 그녀가 결핵에 걸려 한동안 다른 친구들과 격리되어 있어야 하는 사건이 생겼다. 그녀가 상처받지 않게 얘기하는 것은 쉽지 않았다. 때로는 현기증이 심하고 온 몸에 힘이 없어 영양제 주사를 맞아야 했고, 하혈이 심해서 몇 번씩 병원 응급실에 실려 가는 일도 있었다. 그녀가 눈을 뜨면 내가 병실에서 그녀의 손을 잡아주곤 했기에 우리 사이엔 알게 모르게 끈끈한 정이 자리 잡기 시작했다.

그런 그녀가 어느 날, 인도 신학연맹(IIM)에서 실시하는 세네트 시험에서 한 과목이 탈락했다. 원래 열등감이 강하던 그녀는 다른 친구들은 안 떨어졌는데 자신만 떨어진 것에 대해 너무나 자학한 나머지 죽어버리겠다고 자살 소동을 일으켰다. 최근 몇 년 사이 몸이 많이 약해져 다른 친구들처럼 공부에 몰두하지 못하고 또 복용하는 약이 너무 독해서 집중력이나 암기력이 많이 떨어졌다. 그래서 그녀는 자신을 용납하지 못하고 방문을 걸어 잠근 채 아무도 들어오지 못하게 소란을 피웠다.

그녀를 위해 정말 많은 중보와 눈물을 쏟아야 했다. 언젠가 한국에서 오신 한 목사님은 하나님이 그녀를 내 믿음의 딸로 붙여 놓으셨다는 얘기를 한 적이 있다. 때로는 야단을 치고 싶은 순간에도 그녀는 온실 안의 화초나 깨어지기 쉬운 도자기처럼 조심해서 다루어야 했기에 내 자신이 화를 내지 않으려고 조심했다. 하나님이 그런 우리의 마음을 받으셨는지 그녀는 서서히 건강을 회복했고, 약도 끊게 되었다. 그 후 라헬은 다시 M. I. 센터로 돌아왔고, 하나님의 은혜 가운데 좋은 의사의 도움으로 수술해서 자궁에 있는 혹과 돌들도 제거하게 되었다. 큰 돌이 열세 개나 나왔으니 그동안 얼마나 아팠을까…. 미국에 있는 후원자가 후원을 끊을 무렵 하나님께서는 한국의 또 다른 후원자를 연결해 주셨다.

더욱 놀라운 축복은 정치범으로 종신형을 받고 그동안 감옥에 갇혀 있었던 그녀의 아버지가 오해가 풀려 출옥하게 되었다는 사실이다. 20년간 감옥에서 살아왔던 아버지가 딸이 살아 있다는 얘기를 듣고 미얀마에서 산을 넘고 넘어 딸을 만나러 온 상봉 장면은 영화에서나 봄직한 감동의 드라마였다.

그렇게 늘 슬픔에 젖어 있던 딸에게 하나님은 조금씩 지혜를 열어주셔서 다시 세네트 시험에 응시한 결과 한 과목은 모든 학생들 중에서 최고 점수를 받았다. 정말 많은 힘든 고비들을 겪었던 그녀가 이제 모든 시험을 패스해서 영광의 졸업식 가운을 입고 앉았으니 얼마나 감격스러운지, 오늘 같은 날 서로 껴안고 감사의 눈물을 흘리지 않을 수 없었다.

다니엘(Daniel) 형제도 쉽지 않은 졸업을 했다. 부모님이 이혼하셔서 할머니, 할아버지 밑에서 자랐는데 늘 조부모님을 친부모처럼 아버지, 어머니라고 불렀다. 그도 2007년 어라이즈 미션 캠프에서 변화받고, M. I. 센터에서 훈련받는 동안 순종하며 많은 시간을 함께 지냈다. 생각이 깊고, 우리가 센터를 건축하는 일에도 헌신적으로 참여했으며 페인트칠도 곧잘 했다. 성경 말씀도 잘 암송하고 왠지 사랑이 가는 형제였다. 하지만 과거에 술을 많이 마셨던 탓에, 가끔 고향에 다녀오거나 옛 친구들을 만나면 술의 유혹을 이기지 못하고 또 술을 마셨고, 세 번이나 정학당했다.

인간적으로 보면 다시 받아줄 이유가 없지만 하나님께서는 중보자들을 통해서 앞으로 하나님이 크게 쓸 주의 종이니 그를 잘 양육하라고 하셨다. 세 번이나 푸체로 고향 마을에 가서 기도해 주고 데려와 훈련시켰는데, 잘 하는가 싶어 안심하고 있으면 또 다른 문제를 일으켜 정말 포기하고 싶은 마음이 들었다. 그러나 오래 참으시는 주님은 용서를 통한 회복을 원하시기에 계속 중보로 기도하고 말씀으로 양육했더니 차츰 변화되어 갔다. 한번은 자기와 같은 청년들을 변화시키고자 스스로 후원자를 얻어 청년 캠프를 계획하고 10명의 찬양팀 및 케니 선교사와 나를 주강사로 자기 모교회에 초청하는 열정을 보이기도 했다.

그들을 보면서 배우는 한 가지 교훈은 하나님은 자신이 택한 자녀와 종을 절대로 버리시지 않는다는 사실과 그 사람이 아무리 허물이 많아도 하나님 보시기에 마음에 드는 한두 가지만 있으면 다듬어서 쓰신다는 것이다.

일일이 한 사람 한 사람을 다 소개할 순 없지만 그들은 하나님이 지명하여 부른 자들이며 좌충우돌 혹은 우여곡절을 겪기도 했지만 심는 이와 물주는 이들을 통하여 그들을 돌보게 하시고, 그분의 방법으로 자라게 하시는 것을 바라볼 때 하나님께 영광 돌리지 않을 수 없다. 그들 때문에 힘든 적도 많았지만 전도와 예배, 심방, 공동체 생활, 매일 경건의 시간과 기도, 또 신학 과정의 모든 과목들을 다 이수하기까지 함께 하시고 도우신 하나님과 후원자들에게 다시 한 번 감사드린다.

그들의 미래 사역을 위해 기도할 때 나도 모르게 눈물이 났다. 지금까지 이들의 삶과 학업을 이끌어 오신 하나님께서 앞으로 펼쳐질 새로운 사역과 배움의 길에서도 늘 그들과 동행하여 주시기를 기도한다.

# 18

# 감동적인 어머니날

한국에서는 5월 8일이 어버이날이지만, 이곳에서는 5월 12일이 어머니 주일이다. 해마다 어머니날을 맞을 때 감동이 밀려온다. 나는 육신의 자녀는 낳은 적 없지만 인도 나갈랜드에 와서 많은 영적 자녀들을 얻었다. 마더 테레사처럼 인도의 고아들과 버려진 아이들을 돌보고 교육시키느라고 나름대로 애써온 것을 하나님은 아시지만 또 눈에 보이는 영적 자녀들이 그간의 고마움을 표할 때면 이제까지의 모든 피곤함과 힘들었던 순간들은 눈처럼 녹아내리는 것을 경험한다. 이 날이 되면 학생들과 심지어 어린이들 및 스텝들까지 내게 '엄마(Mom)'라고 부르면서 정성껏 쓴 카드와 함께 준비한 여러 가지 선물들을 안겨준다. 돈도 없는 그들이지만 옷을 선물하는 딸들도 있고, 어떻게 내 치수를 알았는지 신발을 사다 주는 아이들도 있다. 1년에 한번이지만 이런 사랑의 표현들을 통하여 내가 위로와 격려를 더 받는 게 아닐까. 그러면서 정말 내가 이들을 친자녀 이 상으로 잘 먹이고 필요한 것들을 채워주었는지 한 번 더 자신을 돌아보게 된다.

낳은 정과 기른 정이 다른 것은 사실이지만 하나님께서 나의 마음에 이들을 향한 사랑의 마음을 부어 주시지 아니하였다면 5년간 이들과 함께 동고동락하지 못했을지도 모른다. 때로는 속상한 일도 있고, 실망스런 일도 있었다. 아무리 얘기해도 잘 듣지 않고 삶의 변화들이 나타나지 않는 것 같아 허탈한 때도 있었다. 그러나 대가를 바라지 않고 내가 줄 수 있는 만큼, 아니 그 이상을 요구한다 해도 계속해서 줄 수밖에 없지 않은가?

나름대로는 그들에게 친부모처럼 대한다고 노력했지만 어떤 경우엔 그들의 부모는 따로 있고, 나는 역시 '돌봐주는 사람'에 불과하다는 느낌을 받아 낙심하기도 했다. 그러나 어떤 여류 시인이 말했듯이 '이미 준 사랑은 다 잊어버리고 못다 준 사랑만을 기억하여라'는 말이 큰 힘이 되었다. 선을 행하다가 낙심하지 말아야 때가 될 때 거두는 축복이 있는 것처럼, 그들에 대한 지나친 기대를 버리고 묵묵히 사랑을 보여줄 때 이런 어머니날의 기쁨이 있는 것이다. 마음은 있지만 아무것도 선물할 것이 없는 학생들 중엔 내게 다가와 기도해주거나 어깨를 주물러주는 이들도 있었다.

"고난 중에 낳은 자녀가 후일에 네 귀에 말하기를 이곳이 우리에게 좁으니 넓혀서 우리로 거처하게 하라 하리니 그 때에 네 심중에 이르기를 누가 나를 위하여 이 무리를 낳았는고 나는 자녀를 잃고 외로와졌으며 사로잡혔으며 유리하였거늘 이 무리를 누가 양육하였는고 나는 홀로 되었거늘 이 무리는 어디서 생겼는고

하리라" (사 49:20-21)

　나라와 언어가 다르며 살아온 모든 문화와 습관이 다르다 할지라도 그리스도 예수의 사랑 안에서 영적으로 맺어진 우리들은 피를 나눈 혈육 못지않게 끈끈한 정이 있음을 이 먼 나라에 와서야 알게 되었다. 서로를 사랑하는 마음, 아끼고 배려해주는 마음들이 있을 때 하나님의 많은 영적인 자녀들이 티없이 자라고, 우리 모두 하나님을 기쁘시게 하는 자녀들이 될 수 있을 것이다. 나를 '엄마'라고 불러주는 아이들이 있음에 나는 참 행복하다.

# 19

# 팀 사역자들

하나님의 사역을 하는데 있어 가장 중요한 세 가지는 영권, 인권, 물권이라고 한다. 어떤 이들은 영통, 인통, 물통이라고도 하는데 우리가 하나님과 영적으로 잘 교통하고, 사람들과의 관계가 원만하며, 재정적으로도 형통할 때 우리가 하는 선교의 일들은 훨씬 쉬워지고 더 많은 열매를 맺을 수 있다. 사역을 해오면서 이 세 가지 요소들이 너무나 중요하고 필수불가결하다는 것을 실감한다. 지금까지 M. I. 인도의 사역을 빛내온 사역자들, 함께 팀워크를 이루어 사역하는 동역자들을 이 지면을 빌어 소개하고자 한다.

케니 목사는 남편이기 이전에 그 누구보다 귀한 동역자로 함께 이 사역을 섬기고 있다. 케니 목사와 나는 공동 담임 목회자로서 매주 번갈아가면서 설교하고, 금요 치유집회도 격주로 인도한다. 한국에서는 내가 담임목사였지만 이곳에서는 언어적인 장벽도 있고 남편도 안수 받은 목사여서 함께 사역을 공유하는 편이다. 케니 선교사는 신학교의 총장으로, 나는 학장으로 실무를 담당하고 있으며, 기술센터와 제자학교는 주로 내가 맡고 있다.

우리 교회에는 네 명의 전도사가 있다. 데이빗 데헤(David Dehe) 전도사는 2008년에 만나 지금까지 5년간 함께 사역을 해오고 있는데, 우리 M. I. 선교대학원에서 석사과정(M. Div.)을 마치고 지금은 신학석사(Th. M.) 과정을 공부하면서 여러 부분의 사역을 돕고 있다. 그는 매사에 순종적이고 맥가이버처럼 다재다능해서 늘 우리의 신실한 손발이 되어왔다. 기타를 잘 치고 찬양에 기름 부으심이 있어 찬양 인도자로, 제자학교 강사로, 운전을 가장 잘하기 때문에 때로는 운전기사로 수고하고, 케니 목사와 더불어 건축 일을 감독하기도 한다. 궂은일도 마다하지 않고 주어지는 일마다 최선을 다해온 충성된 종을 붙여주셔서 감사하다. 데이빗 전도사는 컴퓨터나 기계들도 잘 알아서 고치기 때문에 프린터나 기타 여러 가지 부속에 고장이 나면 그를 곧잘 부른다. 한국 학생들이 필요로 하는 물건들을 사기 위해 자주 시내에 따라가고, 먼 곳에 갈 때에도 우리와 자주 동행한다. 다만 건강이 좋지 않아 가끔 호흡 장애가 올 때가 있는데 지금은 전보다 많이 좋아졌고, 앞으로도 하나님께서 그의 몸을 회복시켜 주시리라 믿는다. 데이빗 전도사는 우리 사역에 각별한 애정을 갖고 온 힘을 다해 섬겨왔기에 자랑스럽고 든든하게 여기는 사역자다. 하나님께서 이런 그의 헌신을 축복하셔서 M. I. 선교대학원에서 공부하던 미리암(Miriam) 자매와 2년 전에 결혼했다. 아내는 훨씬 어리지만 같이 찬양팀에서 활동하고 지금은 신학교 학사과정(B. Th.) 졸업 후 도서관의 사서로 일하고 있다.

조나단(Jonathan) 전도사는 2010년에 이곳에 와서 이제 석사과정을 거의 끝내고 장년부 사역을 돕고 있다. 그도 결혼하여 세 아들과 두 딸이 있고, 마니푸르에서 왔지만 나갈랜드에 산 지 오래되어 나가미즈 말을 잘한다. 처음 이곳에 왔을 때는 후원자가 없어서 대나무 만드는 공장에서 막노동을 하고 있었다. 물론 그 전엔 주네보토라는 곳에서 부교역자로 3년간 사역했지만 공부를 더 하고 싶어 사표를 내고 믿음으로 디마푸르에 왔다. 한 교수의 소개로 그를 만나 사정 얘기를 듣고 마음이 아파서 그의 집에 심방을 갔더니 흙집의 한 방에서 여섯 식구가 살고 있었다. 그래서 M. I. 기술센터로 사용하던 독채 건물의 큰 방과 작은 방 2개를 주고 M. I. 옆으로 이사하게 한 뒤 신학대학원 석사과정에 다니도록 했다. 나중에 우리 신학교를 방문하신 강경희 목사가 감동을 받고 매달 학비를 후원하게 되었다. 그는 누구보다 우렁차고 좋은 목소리를 가졌는데 주일에 나의 영어 설교를 나가미즈로 통역해준다.

네팔에서 공부하러 온 크리슈나(Krishnah) 전도사는 기도와 상담에 은사가 있고, 영안이 열려서 기도 중 메시지를 자주 받고 하나님의 뜻이 무엇인지 사람들에게 알려준다. 응답을 받은 많은 사람들이 심방해 달라고 자주 요청하는 편이다. 유머러스한 면이 있고, 물질로 심는 부분에 있어서 누구보다 솔선수범한다. 한번은 나이지리아의 클라라 전도사가 섬기는 고아원에 먹을 양식이 없어 도와달라는 편지가 왔다. 함께 기도하는 것이 좋을 것 같아 수업이 끝나갈 무렵 그 편지를 학생들에게 읽어주었다. 감동이 되었던지 그는 집에 가서 아내와 상의하여 마지막 반찬값을 털어

나이지리아의 고아들을 돕는데 써달라고 500루피(한화 12,500원)를 가져왔다. 자신의 집에는 쌀이라도 있으니 더 어려운 사람을 돕자고 한 그의 제안을 아내도 흔쾌히 받아들였다. 그의 긍휼히 여기는 마음이 너무 갸륵해서 하나님께 간절히 그 가정을 위해 축복기도 했더니 바로 그 날 하나님이 응답하셨다. 우리 시누이가 매달 1,000루피씩(한화 25,000원)을 크리슈나 전도사 가정에 후원하겠다는 전화가 온 것이다. 할렐루야! 조금 심었는데 하나님은 두 배로 늘여서 매달 채워주시니 심은 것보다 더 넘치도록 거두게 하시는 하나님을 찬양하지 않을 수 없다. 그는 교회의 사례비 없이 하나님이 주시는 공급만으로 살아가는 믿음 사역을 하고 있는데 매달 기적처럼 기도 응답이나 문제 해결이 된 사람들이 주는 감사 예물 및 후원자들이 가끔씩 주는 후원금으로 생활하고 있다. 학비도 제대로 못 내는데 우리에게 너무 부담을 주고 싶지 않다고 하는 그의 마음 씀씀이가 고맙다. 때로 어린아이 같은 미소를 지을 때면 하나님이 참 사랑하시는 종이라는 생각이 든다. 그는 선교사들을 돕는 기드온 300명 용사에 빠짐없이 참석하고 있다. 돈이 생기면 아예 일 년치 선교 헌금을 한꺼번에 미리 내어 버린다. 크리슈나 전도사는 현재 MIGSM 신학교에서 학사과정을 공부하면서 홈셀 그룹 리더와 남선교회 회장으로도 섬기고 있다.

　인도 마니푸르에서 온 바쿨란(Bakulan) 전도사는 성품이 온유하고 겸손하다. 시골 교회의 부교역자로 있으면서도 배움에 대한 열정을 포기하지 않고 공부를 더 계속할 수 있기를 기도해왔다. 네 자녀를 두고 있지만 사역비 1,500루피로는 도저히 생활과 교육을 할 수 없어 틈나는 대로 아내와 함께 농사를 지었다. M. I.

제자학교의 올리브 자매를 통해서 알게 되어 첫 면담을 했을 때, 기도 중 성령께서 '누가(Luke)'란 이름을 주셨다. 의사 누가처럼 섬세한 부분도 있으며, 졸업 후 교육 목회를 하고 싶어 하는 소원이 있다. 아직 후원자가 없기 때문에 우리 신학교에서 무료로 공부하면서 이모저모로 사역을 돕고 있다. 남학생 사감으로서 생활 지도를 하고, 구역예배나 심방 때 같이 동석한다. 하나님은 유능한 일꾼도 쓰시지만 아브라함의 종처럼 우직하고 변함없이 순종하는 충성된 종을 쓰신다. 오직 학업에 전념하는 그에게 속히 후원자가 연결될 수 있기를 소망한다.

위에 언급한 네 명의 전도사들 외에 이 사역을 함께 돕는 스텝들이 있다. 웨크로(Wekhro) 집사는 큰 시누이 남편의 남동생으로 내가 2005년 단기선교를 왔을 때 만났다. 신학공부를 하고 싶어 기도하던 중 양문교회의 박두순, 조연옥 목사가 후원해 주셔서 M. I.에서 가까운 신학교에서 학사, 석사과정을 공부했다. M. I.가 마련해준 미션 홈에 처음엔 같이 살면서 틈나는 대로 우리의 사역을 도와왔다. 어떻게 보면 M. I. 멤버 1호라고도 할 수 있는데 많은 어려움을 잘 이겨왔다. 지금은 M. I. 선교대학원의 교무과 일을 감당하며 제자학교에서도 가르치고 있다. 남전도회의 재정을 맡고 있으며, 안수 집사 회장이기도 하다. 살림꾼인 아내와 더불어 돼지와 채소를 집에서 키우며, 8명의 식구들이 힘들게 생활하고 있다. 우리가 주는 얼마 되지 않는 사례비로는 가정을 꾸리기가 어렵지만 우리에게 부담을 주지 않고 자립하려고 애쓴다. 처음 만났을 때 5천원을 주면서 운전면허증을 따게 했는데, 이제는 급한 일이 있을 때는 곧잘 차량 봉사로도 돕는다.

신학대학원 석사과정을 공부하면서 교회의 서기로 섬기는 존(John) 집사는 M. I.에서 잔뼈가 굵었다고 해도 과언이 아니다. 2006년 여름 첫 캠프 때 참석하여 변화 받고 그 후 실시한 M. I.의 모든 캠프에 참석하여 누구보다 M. I. 인도의 역사를 잘 알고 있다. 우리가 처음 만났을 때만 해도 그는 아내와 함께 술집을 하고 있었다. 그러나 하나님이 그를 택하시고 부르셔서 술을 온전히 끊고 술집을 그만두겠다고 해서 한국의 후원자를 연결해 신학공부를 하게 되었다. 그 당시에는 우리가 신학교를 시작하지 않았기에 다른 신학교에서 학사과정을 마치고 지금은 M. I. 선교 신학대학원에서 석사과정을 공부하고 있다. 하루가 다르게 변화되어 가는 그의 모습을 볼 때 하나님이 행하시는 일이 참으로 놀랍다. 그에겐 학적인 재능이 보여서 앞으로 신학교 교수로 키우려고 한다. 그는 결혼 후 8년이 지나도록 아직 자녀가 없는데 우리처럼 하나님의 일에 더 전념하라고 하시는 것 같다. 존 집사가 가진 좋은 점은 처음에도 그러했듯이 우리가 하는 말이면 무엇이든 이유를 묻지 않고 잘 순종한다는 점이다. M. I. 첫 캠프를 마치고 한국으로 돌아가야 했을 때 누구에게 센터를 맡기고 가야 할 것인가를 놓고 고민했다. 그 때 이들 부부에게 센터의 나무집에 와 살면서 아내는 훈련생들의 식사를 맡고, 존 형제는 공부하면서 같이 있는 형제들을 돌보는 것이 어떻겠냐고 제안했더니 두말없이 순종하여 오늘에 이르게 되었다. 처음 이곳에 왔을 때는 성경도 잘 찾지 못했던 그가, 7년간의 신학공부와 사역 훈련을 통해 이제는 설교도 잘하고 주일학교 학생들을 차로 픽업하며, 또 컴퓨터를 배워 주일 예배 주보와 파워포인트 및 여러 가지 문서들을 처리하는 것을 볼 때 아들처럼 자랑스럽다.

또 다른 동역자로서 케니 선교사의 둘째 여동생 아크레(Akhrieii)와 그녀의 남편 빌레튜오(Vilietuo)가 사역을 많이 도와왔다. 내가 처음 단기선교 왔을 때 그녀는 시댁인 코히마에 살고 있었고, 올 때마다 임신을 해 있어 자녀의 순산을 위해 기도했는데 이제는 연년생인 네 딸들이 다 학교에 다닐 정도로 많이 컸다. 수년 전 그녀를 위해 기도하던 중 앞으로 디마푸르 M. I. 센터에 가서 사역을 돕게 될 것이라는 예언이 나왔다. 너무나 놀랍게도 얼마 후 그녀의 남편이 갑자기 디마푸르로 전근을 하게 되어 M. I. 가까운 곳에 이사 오게 되었다. 시누이는 케니 선교사와 우리에 대한 애정이 각별해 늘 우리를 위해 신경써주고 재정 집사로서 교회의 살림을 맡고 있다. 직장을 다니면서 자동차 정비공장도 하는 그녀의 남편은 전기를 잘 고치고, 건축에도 일가견이 있어 전기에 관련된 일을 자주 돕는다. 갑자기 차를 빌릴 일이 있으면 흔쾌히 차도 빌려주어서 사역에 큰 도움이 된다. 그들이 가까이 있음으로 해서 서로 의논하고 협력할 수 있어서 마음이 든든하다.

현재 사무실의 비서로 있는 글로리아(Gloria) 자매도 매우 헌신적이어서 감사하다. 그녀는 가까운 신학교의 학사과정을 마친 후 학업을 계속하고 싶어 학교를 물색하던 중 누군가의 소개로 M. I.에 오게 되었다. 신학공부를 장학금으로 공부하는 대신 사역을 돕겠다고 해서 주일학교와 도서관의 사서 일을 맡겼는데 충성된 마음으로 잘 감당했다. 현재 M. I. 선교신학원의 신학석사(TH. M.) 과정을 공부하고 있으며, 특히 가르치는 달란트가 있어 앞으로 교수로 키우려고 한다. 그녀는 제자학교에서 '제자훈련'과 '구약 성경 기초'도 가르치고 있다. 리더십도 있어서 여학생 사감으로서 활동하며, 사무실에서 대부분의 시간을 나와 함께 보내기 때문에 나의 필요를 누구보다 잘 알아서 처리해준다.

미얀마에서 온 메리(Mary) 자매는 석사과정 졸업반인데 그녀는 이름처럼 섬김이 몸에 배였다. 몸이 좀 약한 편이라 한동안은 아파서 힘든 시간도 보냈지만 지금은 많이 건강해져서 학생식당 매니저와 양재를 가르치는 일, 옷 수선하는 일을 돕고 있다. 이곳에 오기 전에 6개월간 재봉을 배웠기에 커튼이나 방석을 잘 만든다. 메리는 중보 기도의 은사가 있고, 본인이 아파 보았기에 다른 아픈 사람들을 잘 이해하고 병원에 잘 데려간다. 누가 보든 보지 않든 땀을 흘리며 주방에서 봉사하고, 채소들을 키우는 그녀를 볼 때마다 그 아름다운 섬김에 감동이 온다.

이들 외에도 우리의 사역을 돕거나 함께 하는 사람들이 많이 있다. 일일이 이름을 다 열거할 수는 없지만 식당에서 한국 음식을 정성껏 만드는 요리사 니나(Nina) 자매는 올해 신학공부를 시작했다. 두 가지 일을 병행하느라 힘들지만 그런 내색을 별로 안 하고 공부하면서도 틈틈이 주방 일을 돕고 있다. 다른 요리사 아촐레(Atshole) 자매와 제자학교에서 공부하며 설거지를 돕는 안젤라(Angela) 자매, 신학교 식당에서 봉사하며 공부하는 수산나(Susanna)와 블레싱(Blessing) 자매도 있다. 또 우리 집에서 딸처럼 지내며 모든 살림을 맡아 하는 아텔레(Atele) 자매는 알뜰하고 지혜로우며 센스가 있어서 내가 무엇을 원하는지를 미리 알고 챙겨준다. 니나와 더불어 그녀는 김치나 김밥, 된장찌개 등 한국 음식을 잘 만들어서 한국 학생들이 좋아한다. 게다가 내가 사역에 바빠 미처 케니 선교사를 잘 챙기지 못하고 빨래나 여러 가지 집안일을 다 감당하지 못하는 부분을 아텔레가 알아서 잘 처리해주기 때문에 마음 편히 사역에 전념할 수 있다. 정말 고마운 자매다.

처음 이곳에 올 때는 학생들이나 사역자들 대부분이 경제적인 어려움 때문에 공부를 할 수 없고 직장도 없어 어디를 가야 하나 고민하면서 오는 경우가 많았다. 그러나 선교 훈련을 받으면서 그들 가운데 잠재된 여러 가지 달란트들을 발견하고 개발함으로써 사역을 할 수 있는 일꾼들로 성장하게 되었다. '누구든지 밥값은 하게 마련이다'는 말이 있다. 신학생들 가운데 음악에 소질 있는 자들은 기타나 드럼 및 피아노 반주로 섬기고, 컴퓨터를 하거나 복사할 줄 아는 자들은 헬퍼로, 어머니들은 청소로 각 분야에서 일하고 있기에 사역이 잘 돌아가고 있다. 매달 그들의 생활을 돌보고 책임지는 것이 쉽지는 않지만 우리는 영성 공동체의 한 가족으로서 팀 사역을 하면서 서로의 형편을 이해하며 돕고 있다.

중학교 졸업식 때 담임선생님은 헤어지는 우리들에게 마지막 훈시로 '필요로 하는 사람'이 되라고 강조하셨다. 그 말씀이 오래도록 가슴에 박혀 이들에게도 무언중에 그것을 심어주고 있는 자신을 발견한다. 어디에서나 필요로 하는 사람, 특히 하나님의 복음 사역에 귀히 쓰일 일꾼들을 길러내는 우리 사역에서는 세상적으로는 별 볼일 없어 보이는 사람들도, 주를 믿고 섬기겠다고 헌신하기만 하면 하나님이 이들을 놀랍게 다듬고 교육시키셔서 하나님의 사람으로 만들어 가시는 것을 볼 수 있다.

"너희도 성령 안에서 하나님의 거하실 처소가 되기 위하여 예수 안에서 함께 지어져 가느니라" (엡 2:22)

# 20

# 중고차 스코르피오를 사다

처음 인도에 와서 하나님의 응답으로 샀던 은회색 볼레로 차는 우리의 사역에 매우 요긴하게 쓰였다. 우리는 그 차를 타고 나갈랜드의 여러 지역으로 복음을 전하러 다녔다. 때로는 13시간씩 굽이굽이 돌아가는 산길과 시골 오지를 갈 때 그 차는 충직한 하인처럼 복음의 신발이 되어 주었다.

그러나 약 2년간 그 중고 볼레로를 사용하던 중 M. I. 센터 건축을 하게 되었다. 처음엔 한국의 몇몇 후원자들이 건축 헌금을 해주어 공사를 시작했지만, 마무리 단계에 들어서서는 후원이 끊겨 점점 재정이 마르기 시작했다. 그렇다고 공사를 중단할 수도 없어 학생들이 벽돌과 시멘트를 나르며 몸으로 건축에 동참하였고, 우리도 할 수 있는 모든 힘을 동원해 건축을 도왔다.

어느 날, 기도 중 성령께서 "네가 가지고 있는 것 중에서 무엇이 가장 소중하냐?"라고 물으셨다. 가만히 생각해보니 전 재산이라고도 할 수 있는 우리에게 가장 소중한 것은 바로 '볼레로' 차였다. 아브라함이 아들 이삭을 바치는 심정으로 우리의 손발이라고 할 수 있는 볼레로 차를 건축 완성을 위해 팔았다. 다행히 한국의 열방교회에서 다마스 같은 작은 중고차를 사주셔서 물건을 사거나 주일학교 학생들을 픽업할 때는 그 작은 차를 사용할 수 있었다.

우리가 아끼던 볼레로를 팔아 건축 헌금에 보태고 나니 밴만이 유일한 교통수단이 되었다. 그래서 우리는 하나님께 새로운 볼레로 차를 달라고 기도하기 시작했다. 1년 반 후에 한국의 강경희 목사가 이곳에 단기선교 오셨다가 감동을 받고 목돈을 헌금하시고, 다른 여러 분들과 전 성도들이 정성껏 옥합을 깨뜨려 그렇게도 원했던 새 볼레로 차를 사게 되었다. 그리고 1년 정도 정말 유용하게 그 차를 잘 썼던 것 같다. 새 차라 고장으로 속 썩이는 일도 없었고, 뜨거운 여름엔 에어컨도 들어와서 시내에 갈 땐 잠시 더위를 식히기도 했다.

그런데 너무 어이없게도 차고에 넣어 두었던 볼레로를 어느 날 밤 누군가가 훔쳐갔다. 정말 상상치도 못한 충격적인 일이었다. 나중에 안 사실이지만 당시 도둑들이 볼레로 차를 훔쳐간 사례가 우리 말고 다른 곳에서도 10건이나 될 정도로 많이 일어났다지만 그것이 우리에게 닥칠 줄이야! 경찰서에 신고하고 보험처리도 했지만 잃어버린 볼레로는 돌아오지 않았다. 한국 같으면 하루 만에 보험처리가 될 것을 이곳에서는 행정적인 일처리가 너무 느려서 1년 반이 넘도록 보험금이 나오지 않았다. 심지어 콜카타까지 사람을 보내어 일이 왜 그리 더디 진행되는지 문의해

보았지만 대답은 한결같이 '기다려라'는 것이었다.

　우리의 불편함은 이만저만이 아니었다. 어느 날 새벽 일찍 케니 목사가 코히마의 한 교회에 말씀을 전하러 가야 하는데, 마침 그 날이 주일이라 작은 밴은 주일학교 학생들 픽업 때문에 차를 가지고 갈 형편이 못되어 케니 목사가 타고 갈 차가 없었다. 케니 목사는 한 마디 불평 없이 '오토 릭샤를 타고 갔다가 기차역에서 합승 택시를 타고 가면 된다'면서 손에 짐꾸러미와 가방을 들고 떠났다. 그런 그의 뒷모습을 보니 왠지 안쓰러웠다. 신학교 총장이라면서 오토 릭샤를 타고 가야 하다니…. 계속되는 남학생 기숙사 건축과 화장실, 샤워실 공사 및 학비를 내지 못하는 신학생들 때문에 신학교 운영도 어려워 차를 살 엄두를 못 내고 있었다.

　선교사 이전에 주님의 제자가 되기 위해 갖추어야 할 여러 가지 조건들 가운데 '모든 것'을 버리는 훈련이 있다. 어쩌면 우리도 이 차 사건을 통하여 이스라엘 백성들이 광야를 통과하며 겪었던 겸손 훈련 및 오직 하나님의 공급만으로 사는 훈련을 위해 이 인내의 시간들을 지나가고 있는지도 모른다. 우리는 기도 때마다 차와 건축 문제를 놓고 합심하여 기도했다.

　하나님이 우리의 연합된 기도를 들으시고 드디어 보험회사에서 보험금 3락(한화 약 750만원)을 주겠다는 연락이 왔다. 하지만 그 돈으로는 새 차를 살 수도 없는 형편이어서 하나님이 우리에게 적합한 차량을 그 분의 방법으로 공급해 주시기를 기도하였다. 우리의 형편으로는 중고차가 좋을 것 같아 스코르피오(Scorpio) 차를 알아보기로 했다.

　하루는 한국 학생들을 학교에 데려다주러 가다가 우연히 길가에 전시된 중고차를 목격하게 되었다. 이곳엔 중고차 시장이 없는데 그 날 따라 전시된 차들이 있어서 가다말고 잠시 멈추어 차를 구경했다. 크고 작은 차들이 서 있었지만 유독 붉은빛이 도는 자주색깔의 스코르피오 차가 눈에 들어왔다. 연식이 2005년 12월로 오래 되었지만 엔진이나 다른 상태는 양호하다고 세일즈맨이 말해주었다. 차 가격도 우리의 예산과 비슷한 3락 5만 루피를 요구했다. 가격을 조금만 흥정하면 보험금 타는 돈으로 차를 살 수 있을 것 같았다.

하지만 우리 멤버들 가운데서도 차를 사는 문제를 놓고 의견이 분분했다. 어떤 이들은 은행 대출을 받아서라도 새 차를 사자고 했고, 다른 이들은 승용차를 사거나 밴 스타일의 차를 사자고도 했다. 어쨌든 부활절까지 좀 더 기도하며 기다려야겠다는 마음이 들어 우리의 모든 생각들을 내려놓고 성(聖)금요일과 부활절 및 세례식에 초점을 맞추고 예배를 준비했다.

부활절 새벽, 케니 선교사는 80개 교회의 목회자들이 모이는 디마푸르 타운 교회에 가서 설교를 해야 했고, 이곳에서는 주일학교 학생들 픽업과 세례식을 위해 강으로 가야 하는데 타고 갈 다른 차량이 필요했다. 이젠 상황적으로 차가 꼭 필요한 시점이 왔다. 게다가 세례 받는 사람들 중의 한 분은 집이 멀어서 차로 픽업해줄 때까지 기다리고 있어서 다른 이들이 세례 받으려고 와서 기다리고 있는 동안에도 나타나지 않았다. 급히 차를 보내 집까지 가서 그녀를 데려와야 할 상황에 놓이게 되었다. 안수 집사에게 지나가는 말로 내일은 무슨 수를 써서라도 차를 알아봐야겠다고 말했다. 주님이 죽음과 죄의 모든 권세를 끊고 부활하신 승리의 날을 지내면서 이제는 우리도 믿음으로 발을 떼어야 할 때가 왔다는 것을 직감하면서.

어떨 땐 하나님께서 우리의 모든 조급함을 내려놓고 기다리라고 하실 때가 있는가 하면 때로는 아무 것도 없는 상황 가운데서도 믿음으로 선포하고 담대하게 행동으로 옮길 것을 명하실 때가 있다. 오랜 시간을 기다려왔고, 이제는 보험회사에서도 보험료를 주겠다는 연락이 왔으니 믿음으로 반응해야 할 때가 아닌가. 은혜 가운데 부활절을 보내고 차량 상태를 잘 아는 몇몇 분들과 케니 선교사가 중고차를 파는 곳으로 갔다. 수중엔 1만 루피밖에 없었지만 믿음으로 길을 나섰다.

같이 간 한국의 Y목사가 차의 상태가 어떤지 시험 운전을 하다가 돌아오는 길에 번화한 길에서 마침 길에 서 있던 오토 릭샤를 약간 박았다. 차의 상태가 좋고 소음도 거의 없다고 기뻐하며 오시다 약간의 접촉 사고가 났는데 부딪힌 오토는 옆이 좀 찌그러들어 안에 흠집이 났고, 차체 옆면도 제법 움푹 파였다. 이 무슨 일인가! 한국과 운전대가 다른 데다 처음 이곳에서 운전하시느라 좀 긴장되셨던 것 같다. 같이 간 스텝과 우리가 미안한 표정을 짓고 있는 것을 바라보던 오토 운전수는 의외로 돈을 요구하지 않았고, 다만 자신을 위해 기도만 해달라고 해서 모두가 간절한 마음으로 그 형제의 앞날과 축복된 삶을 위해 기도해 주었다. 전적인 하나님의 은혜가 아닌가. 욕심이 많은 나쁜 사람을 만났더라면 많은 돈을 물어주어야 했을 텐데….

하나님이 일하시는 것이 느껴졌다. 그렇게 경미한 접촉사고를 겪고 나서야 바로 그 차를 사기로 모두의 마음이 모아졌다. 연식이 그다지 오래 되지 않고 성능이 더 좋다는 다른 스코르피오는 이미 팔려 버려서 다른 선택의 여지가 없었다. 차 값을 흥정한 결과 2락 95,000루피에 팔겠다고 바이어가 최종 가격을 말했다. 예산보다는 5천 루피를 번 셈이다. 작년에 미션 홈에서 기도하며 모은 차량 헌금으로 계약을 하고, 다음날 잔금을 치르기로 했다.

갑자기 사나운 바람이 몰아치듯 하룻밤 사이에 우리는 이곳저곳에서 돈을 모으기 시작했다. 하나님께서 너무나 놀랍게 일하시기 시작했다. 기대하거나 미리 돈을 보내기로 한 곳에서는 갑자기 일이 생겨 돈이 안 오고, 전혀 기대하지 않았던 곳으로부터 의외로 쉽게 물질이 왔다. 사람을 의지하지 말고 초자연적인 방법으로 일하시는 하나님을 믿고 더욱더 의지하라고 하시는 인도하심이 아닐까. 하나님께서 진행해 가시는 일의 방법과 시간표는 우리의 생각을 초월했다. 여러 뜻 있는 분들의 손길을 거쳐 짧은 시간에 거의 모든 돈이 채워졌다. 그 가운데에는 교회 성도들의 정성어린 헌금과 많은 기도 중보자들의 기도가 있었고, 우리를 신뢰하고 갑자기 돈을 빌려주는 분들의 귀한 동참도 깔려 있었다. 전적인 하나님의 공급하심으로 우리는 마치 처음 차를 사는 사람의 설렘과 같이 부푼 마음으로 중고차 스코르피오 잔금을 지불했다. 그러나 일찍 나올 줄 알았던 보험금이 지체되면서 나오지 않는 바람에 차를 산 후 급히 빌린 돈을 갚느라 힘들었다.

우리 M. I. 센터의 모든 멤버들이 둘러서서 새로 산 차에 손을 얹고 안전운행과 빌린 나머지 돈을 속히 갚을 수 있도록 간절히 기도했다. 이 차를 통해 하나님이 영광 받으시고 스코르피오가 신실한 복음의 파트너로서 사역의 손발이 되어주기를! 불가능해

보였던 이 일이 가능해질 수 있도록 십시일반으로 도운 모든 손길들을 하나님이 축복하시기를 소망한다.

모든 영광 하나님께 올려 드린다.

제 4부

# 하나님이 주신 꿈, 선교여행 및 집회

### 디마푸르행 야간 버스

아직 해가 지기 전 오후 4시
실롱서 디마푸르로 낯모르는 사람들과
큰 버스 뒷문의 트렁크가 닫히지도 않을 정도로
잔뜩 실은 짐들과 함께 저녁 버스가 떠나고 있네.
세상의 또 다른 끝 쪽에서 살아가는
언어와 얼굴이 전혀 다른 사람들 속에서
난생 처음으로 혼자 긴긴 야간 여행을 내딛네.
실롱에서 만난 티 없이 순수하고 정직했던
힌두인 친구들 뒤로 하고 새로운 곳을 향해 나아가면서
주가 주신 담대함에 자신도 놀라네.

해가 눈 깜짝 할 사이에 숨어버리고 땅거미가 몰려오면서
스쳐 지나가는 양철지붕, 나뭇잎을 엮어 만든 지붕들이
자꾸 자꾸 밀려가고, 갑자기 지구의 또 다른 한 축을 향해
깜깜해진 밤을 밀치면서 버스는 달려가네.
주가 내게 은밀히 보여줄 게 있어
이 먼 곳, 굽이굽이 선회하는 긴 길들 가운데로
불러 내셨네. 아는 지인들 모두 보내 버리고
그 분만이 나의 인도자요 보호자이심을 가르쳐 주시려고
이 낯선 곳까지 데려오셔서
현지 적응 훈련을 시켜주고 계시네.

자다 말고 기도하며 스쳐 지나가는 불빛 따라
늦은 밤에도 상점 문을 닫지 않고
마지막 손님을 기다리는 간이식당들
어느덧 버스는 열세 시간을 달려
목적지인 디마푸르로 디마푸르로 자꾸만 가까워 오는데…

# 1

# 첫 번째 인도 단기선교를 다녀와서

      2003년 1월 5일-2월 7일에 걸쳐 1달 조금 넘은 기간 다녀온 인도 단기선교 여행은 내 생애에서 가장 감격적인 여행으로 기억될 것이다. 그간 15개 나라를 다니면서 나름대로 많은 것을 느끼고 배우며 큰 도전도 받았지만, 이 선교여행이 가장 뜻 깊었던 것은 내가 처음으로 인도 땅을 밟았다는 사실이었다. 주님이 매순간 우리를 선한 길로 인도하시고 함께 하심을 너무나 생생히 보았으며, 하나님 그 분께서 하시는 놀라운 일들을 친히 목도하였기 때문이다. 짧은 지면을 통하여 보고 들은 모든 것을 다 증거할 수는 없지만 특히 감동적이었던 일들과 함께 나누었으면 하는 부분들을 클로즈업하여 방문한 지역별로 소감을 나누고자 한다.

1 | 디마푸르(Dimapur)


2003년 1월 5일 오후 8시 인천공항을 출발해서 나와 케니 선교사, 우낭자 목사, 이경옥 전도사, 장정숙 집사 등 5명이 대한항공으로 약 4시간 반 만인 밤 20시 27분, 태국 방콕 공항에 도착했다. 다음날 인도항공(Air India)으로 갈아타고 콜카타(Kolkata) 공항에 6일 오후 8시 30분 도착했다. 그곳의 의자에서 새우잠을 자고, 7일 오전 10시 45분 콜카타를 떠나 아크레(Akhrie-ii) 자매의 가족들이 마중 나오기로 되어있는 나갈랜드의 디마푸르(Dimapur)에는 정오가 좀 넘은 12시 55분에 도착했다.

거의 이틀이 걸려 도착한 나갈랜드의 첫 관문 디마푸르. 공항에 내리자마자 꽃다발을 들고 나온 가족들의 따뜻한 환영을 받았다. 한국에서 6개월간 함께 우리 집에 지내며 학원에서 영어를 가르쳤던 니노(Nino)도 나와 있어 그리 먼 곳에 와 있다는 느낌은 들지 않았다. 나갈랜드는 인도의 북동부에 자리 잡은 자치주와 같은 곳으로 인도 현지인들과는 다른 종교(거의 대부분이 크리스천)와 문화, 우리와 비슷한 얼굴 생김새를 가진 몽골 계통의 사람들을 볼 수 있었다. 공항에 내리자마자 총을 든 인도 군인들이 여러 명 서 있는 것을 보고 그들의 삼엄한 경계에 잠시 긴장되었지만, 안내자가 나갈랜드는 인도의 지배를 받고 있기에 그들이 평상시처럼 보초서 있는 것이어서 놀랄 필요는 없다고 말했다.

디마푸르는 상업의 요충지이며, 나갈랜드에서는 가장 많은 차들과 비교적 높은 2, 3층 현대식 건물들이 유일하게 눈에 띄는 곳이다. 한창 개발되고 있는 도시며 공항에서 가장 가깝고 철도, 버스 등 운송 수단들도 밀집되어 있다. 여러 가지 생활용품들과 외국의 수입상품들이 들어오는 곳이어서 인도 현지인들뿐만 아니라 미얀마, 중국, 방글라데시, 네팔 등 아시아의 여러 나라 사람들을 볼 수 있으며, 다양한 종교들(힌두교, 불교, 기독교, 이슬람교 등)이 섞여 있어 선교 전략지역으로 아주 좋은 곳이다.

1월 15일 착케샹 슈가 밀 침례교회(Chakhesang Sugar Mill Baptist Church)에서 오후 3시 케니 선교사가 말씀을 증거하고, 우리 선교팀들은 특송으로 하나님께 영광 돌렸다. 다음 날 아침 케빈(Kevin) 목사의 소개로 디마푸르 공항에서 그다지 멀리 떨어지지 않은 곳에 있는 M. I. 센터가 들어설 수 있는 땅을 보러 갔다. 그 땅을 보는 순간, 나도 모르게 "이 산지를 내게 주소서"라는 고백이 내 입에서 흘러나왔다. 오랜 세월 동안 선교센터를 위해 기도해 왔는데 드디어 하나님께서 예비해주신 장소가 우리 눈에 들어온 것이다. 하나님이 허락하시면 이곳에 M. I. 센터와 기술훈련학교(Vocational Training School)를 세워 인도와 인근 아시아 여러 나라에서 오는 영적 지도자들을 훈련해서 선교사로 파송하고자 하는 비전을 주셨다. 바로 건물을 세울 수 있는 마른 땅에는 나무들이 올망졸망 심어져 있었고, 길 건너편에는 논이 있었다. 나갈랜드에는 크리스천이 90% 이상 되지만 이름뿐인 크리스천이 많고, 말씀과 기도의 체계적인 훈련이 절실히 필요해서 현지인 목회자들도 재교육을 받아야 한다고 그는 설명했다.

디마푸르에 머무는 동안 뜻밖의 귀한 분들을 많이 만났다. 크리스천 초, 중, 고등학교인 '작은별 학교(Little Star School)'의 파이라 프라카쉬(Paira Prakash) 교장 선생과 그의 아내 니니 세코세

(Nini Sekhose), 최초의 나갈랜드 일간지인 〈나갈랜드 포스트(Nagaland Post)〉의 편집장인 리처드(Richard) 부부, 자원센터(Resource Center)의 코페 박사(Dr. Coppe) 부부, 게스트 하우스의 돌리(Dolly) 부부 및 안가미 크리스천 부흥교회(Angami Christian Revival Church)와 로고스(Logos) 신학교 총장인 엔 파피노(N. Paphino) 목사를 만나게 되었다.

특히 니니는 이번 여행 기간 동안 우리에게 큰 도움을 주었는데, 남편과 함께 20년간 신실하게 미션스쿨을 운영하는 행정책임자이자 안가미 부흥교회의 여전도사이기도 했다. '작은별 학교'는 전교생이 아침과 저녁마다 기도회와 채플을 드리며 하나님을 경외하는 삶을 배우고 있는 것이 퍽 인상적이었고, 나갈랜드의 소망을 보는 듯했다. 하나님의 말씀과 호스텔 생활을 통한 공동체 적응 훈련 및 각자의 재능들을 개발할 수 있는 프로그램들도 있어서 많은 학생들이 이 학교를 선호하는데, 모든 수업은 영어로 진행하고 있다. 그 학교에서 사흘간 머무르며 저녁 채플 시간과 신입생 환영회 및 아침 조회 때 말씀을 전하고 간증할 수 있는 좋은 기회를 가졌고, 학교 기숙사와 사무실 및 교실들을 둘러볼 수 있는 시간들도 보냈다. 주님을 사랑하고 주님을 자랑하며 담대하게 찬양하는 1천여 명의 어린 영혼들이 장차 이 나라를 책임질 영적, 사회적 지도자들이 될 것을 생각하니 이 나라에 소망이 있음을 엿볼 수 있었다.

니니의 소개로 1월 22일과 1월 25일에 안가미 크리스천 부흥교회의 주일 예배와 여성 예배에서 말씀을 전하고 기도회를 인도했다. 참석한 여성들을 위해 기도하던 중 성령의 강한 임재와 불같은 역사가 나타났다. 예배에 참석한 모든 이들이 큰 은혜와 영적, 정신적, 육체적 치유를 맛보며 감사와 찬양으로 "제호바 체, 제호바 체, 제호바 체(여호와를 찬양하라: Jehovah Tshe)"를 외쳤다. 그들의 가슴에 손을 얹고 기도하는 순간부터 많은 이들이 울면서 성령의 위로와 만지심을 경험하기 시작했다. 잘 걷지 못하던 여자들이 걷고, 머리의 아픈 통증들이 떠나갔으며, 잘 보지 못하고 듣지 못하며 몸이 마비되었던 자들이 보고, 듣고, 걸으며, 몸이 회복되는 사도행전의 역사가 나타났다. 하나님을 사모하는 간절한 마음으로 먼 곳에서 맨발로 걸어온 자매들, 여러 가지 압박과 마음의 상처들로 고통스러워하는 이 땅의 여성들을 치유하기를 원하시는 하나님은 내게 지식의 말씀을 열어주셔서 이들의 형편과 영적 상태들을 진단하게 하시고 주님의 긍휼과 사랑으로 격려하고 위로해 주셨다.

케니 선교사의 사촌인 코페 박사와 그의 아내 아델라 박사(Dr. Adela)를 만난 것도 하나님의 특별하신 인도였다. 코페 박사는 비교적 젊은 나이인데도 필리핀에서 상담학을 공부하여 이 지역 최초의 박사학위를 받은 목사이다. 아내와 더불어 신학교 교수로 지내다가 사임하고, 주일학교 공과 교재와 상담 및 청년사역에 관한 책을 영어로 만들어내는 '자원센터'를 세웠다. 교회생활에 적응하지 못하고 마약과 여러 가지 문제들로 탈선하고 있는 젊은 이들의 장래를 위해 처음엔 책상 하나와 의자 몇 개로 소박하게 시작했지만 기도와 쉼 없는 연구로 5년 만에 사역을 크게 발전시키셨다. 지금은 주일학교 교재들이 단계별로 10권 이상 영어로 출판되어 나갈랜드와 인도 전역에서 주일학교 공과로 쓰이고 있다. 디마푸르 착케상 침례교회(Dimapur Chakhesang Baptist Church)의 담임목사로도 초빙 받아 목회도 한 적 있으며, 최근에는 '무지개 학교(Rainbow School)'를 세워 부부가 어린이 유치원도 운영하고 있다. 이 작은 주에 귀한 많은 인재들이 있다는 것이 얼마나 다행인가.

우리 일행은 코페 박사의 소개로 돌리(Dolly) 부부가 운영하는 게스트 하우스에 가서 이틀 밤을 묵었다. 돌리 부부는 주님을 믿은 지 얼마 되지 않았지만 남편이 부자여서 하나님의 축복으로 받은 많은 물질들을 선교사와 목회자들을 위한 미션하우스 및 세미나를 열 수 있는 라이프 스프링 코너(Life Spring Coner) 캠프장을 세워 운영하고 있었다.

2 | 코히마(Kohima)

디마푸르에서 2~3시간 자동차로 굽어진 산길을 더 들어가면 산허리에 다닥다닥 붙은 집들이 병풍처럼 둘러선 코히마(Kohima) 시내가 한눈에 들어온다. 나갈랜드 주(州)의 주도인 코히마에는 2차 세계대전 중 일본군의 공격에 숨져간 영국 및 나가 군인들과 희생자들을 기리는 전쟁기념비가 있고, 80년의 전통을 자랑하는 코히마 신학대학(Kohima Bible College)도 있다.

코히마 신학대학에서는 1월 29일과 31일에 한국의 김명섭, 김재승 목사가 설교와 간증, 교회 성장 세미나를 인도하셨고, 나는 통역으로 도우며 간증을 하기도 했다. 그 전에 교수로 있었던 아크레(Akhrie-ii) 전도사와 한국의 장신대학원에서 공부하고 돌아와 교회를 개척한 비조투 케후(Vizotuo Kiewhuo) 교수의 안내로 학교에 관한 많은 것들을 알게 되었다. 초대학장은 돌아가셨지만 아내와 남동생이 전체적인 행정을 맡고 있고, 교수들도 선교 현지의 경험 있는 자들로서 사명감에 불타 헌신적으로 가르치고 있었다.

이곳에는 집안의 핍박을 피해온 힌두교, 이슬람교 배경의 신학생들과 인근 국가인 미얀마, 네팔, 중국에서 온 유학생들이 많이 있었다. 금요일 밤에는 모든 학생들과 교수들이 모여 함께 철야하며 세계 선교와 신학교 및 자신들의 학업과 영적 성장 및 가정을 위해 밤새도록 기도하는 뜨거운 열정들을 보였다. 도서관의 책들이 부족한 것을 보고 한국에서 온 두 목사님은 귀국하면 책들과 복사기를 기증하려는 계획을 갖게 되었다.

우리 일행은 코히마에서 가장 좋다는 자푸(Japfii) 호텔에 머물렀는데 난방 시설이 전혀 되어 있지 않아 겨울밤에 추위에 떨며 몸을 움츠리고 자야 했다. 나중에 우리 선교팀이 한국으로 떠난 후에 나 혼자 코히마에 남게 되었을 때는 케니 선교사의 여동생 시댁에 머물며 가족들과 교제하고 기도하는 시간들을 가졌다. 시누이의 시아버지인 케 바오 목사는 전직 시장으로서 하나님의 은혜를 체험한 뒤 신학을 공부하고 여러 곳에 교회를 세우셨다. 하나님이 많은 물질적 축복을 주셔서 사업체도 여러 개 운영하면서 많은 선교사들과 목회자들을 후원하고 있었다. 날마다 아침에 자녀들을 모아놓고 정기적으로 가정예배를 드리는데, 말씀을 같이 읽고 묵상하며 그 날 하루의 인도하심을 위해 온 가족이 함께 기도하는 아름다운 모습을 보여 주었다.

1월 26일 오전 10시에는 니코 목사의 초청으로 도시 교회(City Church) 영어 예배에서 마태복음 9:35-38 말씀을 전하고, 그 교회의 중요한 역할을 감당하는 크레조 안가미(Khriezohu Angami) 댁에서 점심을 같이 하며 가족들과 함께 기도했다. 오후 3시에는 전에 한국에 다녀가신 적 있는 찌부(Dr. Tseibu) 목사가 사역하는 마운틴 뷰 대학(Mountain View College)에 가서 말씀을 전하고, 사모와 학감 선생과 기도하며 교제하는 좋은 시간을 가졌다. 예배 후 개인적으로 학생들과 상담하며 그들을 격려했다.

3 | 푸체로(Pfutsero)

나갈랜드의 주도(州都)인 코히마에서 가파른 길을 2시간 정도 가다보면 한국의 한계령 비슷한 곳을 지나가게 된다. 그곳에서 케니 선교사의 고향인 푸체로까지 가는 길은 매우 험하고 힘들었지만 가볼 만한 가치가 있는 곳이었다. 길가에는 파인애플을 팔고 있는 노점가게들이 있었고, 장작더미를 이고 옹기종기 걸어가는 아이들 모습이 눈에 들어왔다. 공부하고 있어야 할 아이들이 물동이를 이고 가거나 무겁도록 땔감을 머리에 얹고 가는 모습이 안쓰러워 보여 한국에서 가져간 볼펜과 사탕들을 주자 천진한 웃음을 담아 감사의 인사를 전했다.

이윽고 우리 앞에 계단식 경작을 하고 있는 논들과 길가에 있는 선인장들, 햇빛에 반사된 야자수들과 청명한 하늘이 맞닿아

이루는 절경이 나타났다. 조금 더 굽어진 미로식 길을 달려갔을 때 마침내 케니 선교사의 고향인 푸체로 타운에 도착했다. 모두들 때 묻지 않은 순박함과 작은 것이라도 함께 나누려는 친절함, 또 마음속 깊은 곳에서 우러나오는 사랑과 환대로 정성껏 우리를 섬겨주었다. 푸체로 타운 침례교회(Pfutsero Town Baptist Church) 아카(Akha) 목사는 이곳에서는 유일한 양옥 건물인 새로 지은 사택을 사용하시기도 전에 우리 일행에게 며칠간 묵도록 허락해 주셨고, 여선교회에서는 세 끼 식사를 맛있게 대접했다. 남선교회에서는 차량으로 봉사해 주어서 함께 간 우리 일행은 그들의 세심한 배려와 도움에 몹시 감동을 받았다.

푸체로는 고산지대여서 인도라곤 하지만 가장 추운 곳으로 알려져 있다. 해발이 한라산보다도 높다. 이곳에서는 전기가 잘 나가서 예배 도중에 자주 정전되고, 밤에도 촛불을 켜야 하는 불편함이 있었다. 밤에는 추워서 때론 파카를 입고 새우잠을 잘 때도 있었지만 장작을 지펴 밥을 해주는 많은 이들의 정성에 우리의 마음은 따뜻해졌다. 나는 케니 선교사의 집에 머물며 멀리서 온 시댁 가족들의 따뜻한 환대를 받으며 그리스도의 사랑 안에서 연합된 자들이 누리는 놀라운 사랑의 끈끈함을 체험할 수 있었다. 약 3천 명이 모이는 푸체로 타운 침례교회에서 남편과 함께 오전과 오후, 두 차례에 걸쳐 말씀을 전할 수 있는 특권을 가졌다. 교회는 우리를 대대적으로 환영하며 자신들이 쓰는 숄을 우리 모두에게 선물로 주었다.

1월 9일 오전에는 두란노 고등학교(Tyrannus High School)를 방문하여 케니 선교사의 사촌누나 메도(Medo) 이사장의 눈물어린 간증을 들었다. 어두움 속에서 촛불을 켜고 찬양하며 기도하는 학생들의 빛나는 눈빛을 마주치면서 그들을 격려하는 말씀을 나누었다. 케니 선교사의 영적 어머니인 메도 이사장은 목사인 남편이 일찍 죽은 후 대나무를 엮어 짜서 파는 등 생활고에 시달리며 힘겹게 살면서도 네 명의 자녀들을 신앙으로 잘 키우고 남편의 유언에 따라 두란노 학교를 세우게 되었다. 그녀는 1990년에 무일푼으로 학교를 시작했지만 오직 강한 믿음과 기도의 무릎으로 나아갔을 때 하나님의 도우심으로 꾸준히 학교가 발전해 23년째인 지금은 800여명의 학생들이 모이는 큰 사립 초중고등학교가 되었다. 케니 선교사는 초대 교장이 되어 한국에 오기 전까지 3년간 손수 돌을 날라 가며 학교 건물들을 세웠다 한다. 재정의 어려움으로 아직 학교 강당이 없고, 학교 식당도 너무 좁아 특별한 행사가 있는 날이면 많은 불편함들이 있다. 모든 스텝들과 학생들은 하루 빨리 이곳에 채플 홀이 세워져서 비가 오는 날에도 영어 예배를 함께 드릴 수 있는 날이 오기를 수년간 기도해오고 있다.

다음날엔 푸체로에서 가장 높은 곳에 있는 글로리 피크(Glory Peak)와 침례신학대학(Baptist Bible College), 착케샹 침례교단 협회(CBCC) 선교센터 및 푸체로 타운 마을교회를 방문했다. 91개 교회가 함께 모여 이룬 CBCC 선교센터는 오래된 역사에도 불구하고 컴퓨터가 한 대도 없어 함께 방문한 김명섭 목사와 김재승 목사의 두 교회에서 1,000달러를 헌금하여 교단 선교부에 컴퓨터를 기증하였다. 모두가 감사하는 모습을 잊을 수 없다.

푸체로 타운이 한눈에 들어오는 가장 높은 곳에 있는 글로리 피크, 일명 영광의 봉우리는 케니 선교사가 청년 때 자주 와서 야영했던 곳이다. 크리스마스이브 때면 학생 및 청년들이 횃불을 들고 높은 산정에 올라와 밤을 새며 찬양하고 기도하던 곳이란 얘기를 많이 들었는데 막상 와보니 하나님의 맑고 거룩한 영이 마을 전체를 감싸고 있는 영적 기운을 느낄 수 있었다. 이곳에 기도원과 청년센터(Youth Center)가 세워지면 많은 젊은이들이 와서 기도하며 하나님의 말씀을 받을 수 있으리라 기대된다. 나갈랜드에 와보니 하나님께서 나갈랜드를 한국처럼 선교의 제사장 국가로 택하셨다는 것을 깨달을 수 있었다.

1월 11일에는 푸체로 마을교회에서 케니 선교사와 내가 말씀을 전하는 시간을 가졌고, 1월 24일엔 타운 교회와 마을교회 여성들의 요청으로 기도회에서 설교했는데 리체 목사가 통역했다. 예배 후 기도회 모임 때 놀라운 성령의 역사로 많은 분들이 치유 받았다. 성령께서 나의 손과 입술을 강권적으로 사용하셔서 그들을 위해 기도해줄 때마다 심령을 감찰할 수 있는 영분별의 영을 주셨고, 모두가 자신의 문제들과 하나님이 기뻐하시는 뜻을 발견해 기뻐 찬양하고 춤추며 감사했다. 오전 10시 30분부터 시작된 기도회는 오후 6시 30분이 되어서야 끝났다.

돌아오는 길에 5년간 칩거생활을 하면서 사람들과 만나지 않고 살아온 한 미친 여인을 심방하게 되었는데, 그녀는 과거에 정신이 몽롱한 상태에서 자기 아들을 목욕탕에서 질식사시킨 것에 대한 죄책감 속에 살아가고 있었다. 처음엔 두려워하며 우리 일행들을 피하려 하였으나 기도 중 성령께서 그 여인을 껴안아 주라고 해서 순종했더니 그녀의 마음 문이 열려 자신의 죄를 회개하기 시작했다. 하나님의 용서와 긍휼로 인하여 그녀는 죄의 무게에 짓눌렸던 괴로운 삶에서 해방되어 한결 밝아진 모습으로 일어나 감사 찬양을 드렸다. 나중에 하나님의 은혜로 그 여인이 계속 호전되어 간다는 기쁜 소식을 듣게 되었다.

한국의 ACTS(아세아연합신학대학교)에서 박사학위를 받으신 체로(Chiero) 목사가 학장으로 계신 침례신학대학(Baptist Theological College)에서는 1월 30일 오후 2-4시와 7-9시, 다음날인 31일 오전 9~11시까지 이틀에 걸쳐 김명섭, 김재승 목사가 세미나를 인도하고 말씀을 전하셨고, 나는 통역으로 도왔다. 나가 인들의 할아버지와 그 이전의 선조 세대들은 '머리 사냥꾼들(Head Hunters)'이라고 불릴 정도로 야만인들이었으나 미국 선교사들이 복음을 전했을 때 크게 변화되었다. 지금은 1950년대, 60년대, 70년대 세 차례의 부흥을 거쳐 나갈랜드 전체가 90% 복음화되는 놀라운 기적을 이루었으니 영혼을 변화시키는 복음의 능력이 얼마나 위대한지 이곳에 와보고 피부로 실감할 수 있었다.

4 | 콜카타(Kolkata)

인도 인구는 13억 명이 넘으며, 그들이 개신교 8%, 힌두교 80%, 모슬렘 10%, 지역종교 1%, 시크교 1.5%, 불교 0.5%를 믿고 있는 힌두교 국가이다. 인도를 알려면 콜카타(Kolkata)를 가보라는 말이 있다. 콜카타가 자랑하는 세 인물이 있다면 인도의 시성(詩聖) 타고르, 고아들의 어머니 마더 테레사 수녀 및 인도 최초의 선교사 윌리암 케리를 들 수 있다.

나갈랜드를 가기 위해 콜카타를 경유했고, 1월 16-19일에는 콜카타의 네타지 체육관에서 열리는 선교대회에 참석차 그곳을 들렀다. 그리고 오는 길에 3일간 콜카타에서 한국인 선교사들이 사역하는 초등학교와 전도클럽 등 현장을 둘러볼 수 있는 좋은 기회가 있어 다시 콜카타에 가게 되었다.

차들의 경적소리와 먼지, 그리고 가난하고 굶주린 이들이 생계를 이어가기 위해 몸부림치는 곳이 바로 롤랑 조페 감독의 영화 〈시티 오브 조이(The City of Joy)〉의 무대가 된 콜카타이다. 빈민촌의 어린꼬마들이 달려와 '도와 달라'고 외쳤고, 거리에 드러누워 자고 있는 걸인들과 소떼들을 볼 때 너무 혼란스러워 마음 붙이기가 쉽지 않았다. 특히 마더 테레사 수녀원 앞에서 보았던 한 꼬마소녀는 영리한 눈을 빛내며 '기브 미 머니(Give me money, 내게 돈을 주세요)'라고 외치면서 계속 따라왔다. 얼마의 돈을 쥐어 주며 다시는 구걸하지 말고 하나님께 기도하여 도움을 요청하라고 했더니 고개를 끄덕였다. 배움의 기회를 잃고 거리에서 배회하는 아이가 어찌 이 소녀뿐이랴! 기회가 된다면 선교사님들께 연락해서 어떤 지속적인 배움의 길이라도 열어주고 싶어 나의 명함을 주며 한국에 편지하라고 했더니 좋아라하며 내 손을 꼭 잡았다. 콜카타의 소음과 친해지려면 얼마의 시간이 걸려야 할까. 하루 빨리 성령의 바람이 불어와 세차게 이곳을 강타하고 하나님을 모르는 이들의 눈과 귀가 열려 하나님과 예수님, 성령님을 알고 만나는 감격의 순간이 속히 오기를 간절히 기도했다.

M. I. 단기선교팀이 남편인 케니 선교사와 함께 콜카타에서 한

국으로 돌아간 뒤에도, 나는 콜카타에 남았다. 뒤에 오는 목회자 팀의 통역을 도운 후 다음 날 나갈랜드의 디마푸르로 돌아가는 일정이었다.

호텔에서 새벽 4시쯤 깨어 말씀을 읽는데 주님이 이사야 43:2 말씀을 주셨다. "네가 물 가운데로 지날 때에 내가 함께 할 것이라 강을 건널 때에 물이 너를 침몰치 못할 것이며 네가 불 가운데로 행할 때에 타지도 아니할 것이요 불꽃이 너를 사르지도 못하리니"

아침 5시쯤 호텔을 떠나 공항으로 가는 택시를 탔는데 도중에 운전기사가 타이어에 이상이 있다면서 내리라고 했다. 차를 좀 고치면 될 줄 알았는데, 운전기사는 더 이상 갈 수 없다면서 무책임하게 다른 차를 타라고 했다. 아직 날이 새지 않은 새벽이라 지나가는 차도 잘 없었고, 간혹 지나가는 차에는 이미 손님이 타고 있어 손을 흔들어도 차들은 멈추지 않고 쌩쌩 달려가기만 했다.

그러나 성령께서는 마음에 평강을 주시면서 아침에 주신 말씀을 떠올려 주셨다. 계속 말씀을 묵상하며 차를 기다리던 중 위급할 때는 천사를 부려야 한다는 생각이 나서 "천군천사는 즉시 와서 나를 도울지어다"라고 명했을 때, 갑자기 하얀 자가용 차 한 대가 와서 멈추어 섰다. 공항까지 태워 줄 수 있겠느냐고 묻자 운전기사는 집이 공항 부근이니 태워 주겠다고 했다. 비록 그는 가톨릭 신자였지만 자신을 크리스천이라고 소개하고 다음에 콜카타에 도착하면 친절하게도 자기 집에 머무르라고 했다. 하나님이 천군천사를 동원하여 도와주셔서 시간에 늦지 않게 공항에 도착할 수 있었다. 우리를 홀로 버려두지 않으시는 여호와 이레 하나님의 사랑에 감사! 감사!

콜카타 집회를 마쳐갈 즈음, 인도 첸나이(Chennai)에서 사역하다 잠시 우리를 보기 위해 온 마리아(Maria) 선교사를 만나게 되었다. 덥고 가난하며 소외된 곳인 첸나이에 와서 홀로 1년 4개월간 현지인들을 대상으로 기도와 상담, 말씀 양육으로 돕고 있는 마리아 선교사와 함께 기도하고 교제 나누는 귀한 시간을 가졌다. 지금까지 후원자 없이 사역하느라 무척 힘드셨을 텐데도 오직 하나님만 믿고 의지하는 마음으로 담대하게 사역하는 그 모습에 감동되어 어떤 형태로든 돕고 싶은 마음이 생겼다.

나갈랜드에서의 사역을 마치고 돌아오던 날, 비행기가 연착되어 니니 집에 가서 잠시 기도하고 있는 동안 내가 타고 갈 비행기가 떠나버렸다는 연락을 받았다. 다행히 티켓을 다음날로 연장해 주었는데, 마침 나갈랜드 게스트 하우스에 사는 로버트(Robert)를 만나 함께 콜카타에 오게 되었다. 그를 만난 것이 나에겐 큰 축복이었다. 그의 아내가 게스트 하우스의 높은 직책에 있어 운전기사와 함께 차를 제공해 주어서 내가 가고 싶은 곳을 자유롭게 방문할 수 있는 특권을 가졌다. 그 댁에서 며칠간 머무르면서 콜카타에서 사역하는 조준래 선교사와 연락되어 그가 사역하는 초등학교인 아가페 미션 스쿨(Agape Mission School)과 전도현장을 둘러볼 수 있는 좋은 기회를 가졌다.

시내의 메인 도로를 조금만 벗어나도 교육 받지 못하고 공터에서 놀고 있는 수많은 어린 영혼들을 만날 수 있다. 그런 가운데 50명씩, 100명씩 몰려와 연필도, 노트도 없지만 배운 성경 말씀을 암송하는 맑은 눈망울을 가진 아이들이 가난 속에서도 밝은 모습으로 성장하고 있었다. 세워져야 할 학교들도 많고, 갖추어져야 할 부분들도 너무 많아 어디서부터 어디까지 손을 대어야 할지 알 수 없지만 하나님은 이 큰 대륙, 문맹과 굶주림과 질병들로 신음하고 있는 이 척박한 땅을 너무 사랑하시고, 또 주께 나아오는 모든 자들을 능히 구원하실 수 있는 능력 있는 만왕의 왕이시기에 우리는 소망을 품고 복음 들고 산을 넘을 수 있는 것이다.

첫 단기 인도 선교여행을 통하여 하나님이 늘 우리와 동행하시고, 우리의 모든 필요를 먼저 알고 채우시며, 위급할 땐 천군천사를 보내어 위경에서 건지시고, 그 분의 뜻과 방법으로 졸지도 주무시지도 않고 일하고 계심을 다시 한 번 깨닫게 되었다. 또 중보기도의 힘이 얼마나 큰 것인지를 체험하는 계기가 되었다. '누군가 널 위해 기도하네'의 찬양처럼 성령과 교회, 믿음의 벗들, 중보 기도자들 및 M. I. 회원들의 지속적인 기도와 후원에 덧입어 귀한 선교여행을 마치게 되었음을 가슴 깊이 감사드린다.

# 2

# 어라이즈 미션 캠프를 마치고

"일어나라 빛을 발하라 이는 네 빛이 이르렀고 여호와의 영광이 네 위에 임하였음이니라" (사 60:1)

'어라이즈(Arise, 일어나라)'라는 단어는 우리가 잘 알고 있는 친숙한 말이지만 성령께서 그 단어의 의미를 내게 세밀하게 가르쳐 주셨을 때에야 그 단어가 인도 나갈랜드 선교에 있어서 기폭제가 될 수 있는 중요한 의미를 함축하고 있음을 깨닫게 되었다.

나갈랜드를 나보다 일찍 다녀왔던 마리아 선교사는 선교 보고를 하면서 인도 사람들, 특히 나가 인들은 영적 잠을 자고 있어 이곳에 왔을 때 코고는 소리를 들었다고 상징적으로 얘기한 적이 있다. 그런데 이곳을 현지 답사하면서 나도 이들이 영적으로 게으르며, 수동적이고, 조금은 무사안일주의라는 것을 발견하게 되었다.

물론 모든 크리스천들이 다 그렇다는 것은 아니다. 나갈랜드에는 자생적으로 '부흥교회'가 일어나 예배가 뜨겁고, 우리나라 오순절 교회처럼 성령의 놀라운 역사들이 일어나고 있는 고무적인 현상이 있는가 하면, 에베소 교회처럼 첫사랑을 잃어버리거나 라오디게아 교회처럼 미지근하여 덥지도 차지도 아니한 이름뿐인 크리스천들이 많은 안타까운 현실도 있다. 그래서인지 많은 젊은이들이 주일날 교회를 의무적으로 다니고 형식적인 신앙생활을 하면서 근본적인 삶의 변화없이 여러 가지 중독에 빠져 있다.

2006년 여름에 열린 '인텐시브 성경 캠프' 때 9명의 청년들이 7박 8일 만에 모두 술을 끊고 새로운 삶을 살고 있다는 소문이 퍼지자, 2007년 2월에 열린 어라이즈 미션 캠프(ARISE Mission Camp) 때는 나갈랜드 전역에서 젊은이들 150여 명이 몰려 왔다. 심지어 먼 펙 지역에서 어머니가 직접 아들을 데려오는 경우도 있었고, 코히마, 푸체로, 페른 등에서 삶의 변화를 꿈꾸는 많은 청년들이 참석하게 되었다.

캠프를 준비하며 기도할 때 내가 푸체로의 글로리 피크(영광의 봉우리)에서 받은 나갈랜드 선교의 비전인 '어라이즈(ARISE)'를 캠프 주제로 하라는 성령의 감동이 왔다. 그래서 나는 다섯 가지 주제로 말씀을 준비했다.

   1) A - 영적 각성(Awakening)
   2) R - 회개를 통한 부흥(Revival through Repentance)
   3) I - 하나님과의 친밀함(Intimacy with God)
   4) S - 하나님과 백성들에 대한 섬김(Service for God and Men)
   5) E - 계몽과 격려(Enlightenment and Encouragement)

첫 번째 캠프 이후 M. I. 센터의 나무집에서 공동체 생활을 해 온 몇몇 형제들과 단기선교 온 한국인들과 함께 캠프를 실시할 장소를 만들었다. 텐트를 빌려와서 바닥엔 짚을 깔고 대나무 말뚝을 박아 임시 캠프장을 만드는데 자주 바람이 불어 기둥을 세우면 넘어지고 또 세우면 무너지고…. 이러기를 여러 번 반복하여 마침내 휘황찬란한 서커스장에서나 볼 법한 천막 채플 홀이 만들어졌다.

2007년 2월 16-20일에 걸쳐 4박 5일간 열린 어라이즈 미션 캠프에는 놀라운 성령의 역사가 있었다. 알코올과 마약, 담배 및 여러 가지 환각제의 중독에 빠져 어둠의 늪을 헤어나지 못하고 살아가던 많은 청년들에게 말씀을 통해 삶의 비전이 심겨졌다. 성령의 강한 기름 부으심이 있는 푸체로 타운 교회의 찬양팀이 다이내믹한 찬양을 인도하였을 때, 그들의 마음 문이 활짝 열려 많은 변화가 일어났다. 특히 합심 기도나 결단의 시간엔 성령의 강한 터치로 방언도 터지고, 무릎 꿇고 두 손 든 채 우는 형제들도 있고, 자매들은 쓰러져 뒹굴며 통회자복하는 회개가 일어나 캠프장 안은 온통 울음바다가 되기도 했다. 한국에 다녀간 적 있는 동양신학교의 학장 케효 박사와 로고스 신학교의 총장이자 안가미 부흥교회의 담임목사 파피뇨, 자원센터의 코페 박사 등 나갈랜드에서 유명하고 영향력 있는 강사들이 와서 도전적이고 영감 있는 말씀을 전해 주어서 캠프가 더욱 빛났다.

캠프 이틀째 날 비가 많이 와서, 캠프 기간 중 참가자들의 숙소로 바닥에 깔아둔 짚이 모두 젖어 잠을 잘 수 없는 해프닝이 일어났다. 나는 "하나님! 이 많은 자들을 어떻게 재워야 합니까?" 하고 부르짖으며 기도했다. 그러나 여호와 이레의 하나님은 우리의 상상을 초월한 방법으로 일하셨다. 캠프 참석자 중 한 선교사가 자기 집에 10명을 데려가 재우겠다고 하자, 가까운 곳에 있는 사람들이 서로 그렇게 하겠다며 자원해서 캠프는 젖은 텐트 안에서 하고, 잠은 여러 곳으로 분산해서 잘 수 있어 복잡하게 고민했던 문제가 한결 쉬워졌다. 너무 감사한 일은 몇몇 어머니들이 자진해서 불을 피워가며 캠프 기간 내내 식사를 준비해 주었다는 사실이다. 그 기간에 한국의 중보 기도팀이 와서 기도로 협력했고, 뜻있는 분들이 이들을 먹일 쌀과 채소들을 기증했으며, 닭을 가져오는 분들도 있었다.

4박 5일 동안 계속 꿈같은 영적 축제가 이어졌다. 어둠의 사슬에 매여 영적 포로가 되었던 많은 청년들이 새로운 삶을 살기로 결단했고, 그 중엔 주의 종이 되겠다고 서원하는 자들도 생겼다. 어라이즈 미션 캠프 후 많은 이들이 신학교에 가게 되었다. 우리 M. I.에도 그 때 캠프에 참석했던 형제들 중에 웨크로, 존, 다니엘, 갈렙 형제가 지금까지 남아 사역과 신학 훈련을 받고 일꾼들로 자리를 지키고 있다. 새벽이슬 같은 주의 청년들이 일어나 나갈랜드를 영적으로 깨우고, 하나님을 아는 지식이 자라감으로써 이름뿐이었던 그리스도인에서 생명력 있는 그리스도인들로 변화되기를 소망한다.

나갈랜드여, 깨어나라!
나갈랜드여, 일어나라!
나갈랜드여, 복음의 빛을 비추라!

# 3

# 샤인 미션 캠프를 마치고

"이같이 너희 빛을 사람 앞에 비취게 하여 저희로 너희 착한 행실을 보고 하늘에 계신 너희 아버지께 영광을 돌리게 하라"(마태 5:16)

하나님의 은혜와 인도하심 가운데 M. I. 샤인 미션 캠프(Shine Mission Camp)가 2007년 7월 20일부터 8월 20일까지 한 달간 인도 나갈랜드 디마푸르 M. I. 센터에서 열렸다. 아직 선교센터가 세워지진 않았지만 센터 부지에 있는 나무집과 부엌을 개조해서 소박하나마 채플 홀을 만들고, 세 번째 캠프를 열게 되었다.

처음엔 알코올 중독에서 변화된 형제 10명을 데리고 7박 8일간 집중 성경 캠프를 가졌고, 2007년 1월엔 어라이즈 미션 캠프로 4박 5일간 150여 명과 함께 그들의 영적 잠을 깨우는 영적 각성과 부흥집회를 가진 바 있다. 캠프에 참석한 형제자매들 가운데 신학교에 들어간 자들도 여러 명 있다.

M. I. 샤인 미션 캠프에서는 지난 번 캠프를 통해 은혜 받고 좀 더 헌신된 형제자매 30명을 선발해 한 달 동안 아침 6시부터 밤 9시까지 집중적인 훈련을 실시했다. 예수 그리스도 안에서 '영적인 성숙과 자유'에 초점을 맞추어 제자 훈련, 영어 성경 공부, 영성훈련, 리더십 및 선교사 훈련에 주력했다.

이번 캠프엔 미얀마에서 4명, 오릿사에서 2명을 초청했다. 미얀마에서 나갈랜드까지 오는데 3주가 걸렸고(중간에 많은 위험도 있었지만 장애물들을 극복하고 혼신의 힘으로 왔음), 오릿사에서는 3일 동안 기차와 버스를 갈아타고 먼 길을 왔다. 선교의 제사장 국가와 선교의 전략적인 요충지로서 나갈랜드가 갖는 중요성과 의의는 더 크다고 할 수 있다.

이번 캠프를 위해 준비하는 동안 약간의 염려도 있었다. 다른 강사도 없는 상태에서 한 달 동안 40℃가 넘는 무더위 속에서 어떻게 혼자 사역을 감당할 수 있을까? 케니 선교사도 한국의 사역 때문에 가지 못했고, 함께 갔던 L집사는 캠프가 시작될 때 귀국했기에 하나님만 전적으로 의지하고 캠프를 시작해야 했다. 그러나 시간 시간마다 부어주시는 성령의 능력과 놀라운 방법으로 동역자들과 매일의 재정적인 필요를 채워주시는 하나님의 끊임없는 공급으로 인해 모든 의심과 두려움은 사라지고 더 큰 믿음을 키우게 되었다. 그들을 위한 기도 동역자들의 끊임없는 중보와, 식사와 여러 가지 모습으로 수고해준 숨은 봉사자들의 땀과 희생이 있었기에 이 모든 일들이 가능해졌다고 본다.

한때는 인생의 좌절감과 상실감, 나쁜 환경의 여러 가지 유혹 때문에 어두운 죄악의 길을 걸었던 청년들이지만 말씀과 기도,

성령의 능력으로 놀랍게 변화되었다. 하나님이 주신 그들만의 달란트들과 선교의 비전들이 불일 듯 일어나는 것을 보면서 다시 한 번 하나님께 깊은 감사를 드렸다. 숨이 막힐 듯한 폭염 속에 온몸에 땀띠가 나고, 냉장고가 없어서 시원한 물 한 컵도 마실 수 없는 갈증에 시달리며 모든 열악한 환경들을 이겨내야 했다. 아침저녁으로 정전이 잦아 책도 제대로 볼 수 없는 불편함들 때문에 한국을 그리워했던 밤들도 집회 가운데 부어주신 성령의 단비에 모두 잊어버리고 우리의 가난했던 마음들은 살쪄갔다. 때를 따라 소낙비를 내려주셔서 찌는 듯한 더위를 이길 수 있었음도 그 분의 전적인 은혜요 보살핌이었다.

매일마다 아침 6-7시에 〈오늘의 일용할 양식(Our Daily Bread)〉으로 말씀을 묵상하고 중요한 성경구절을 암송케 했더니 캠프를 마칠 때쯤 성경 암송대회 땐 50-60구절을 영어로 거뜬히 외우는 형제자매들도 생겨 우리를 기쁘고 놀라게 했다. 아침 7-8시에는 여러 가지 기도 제목을 내어놓고 구체적으로 합심 기도하는 시간과 개인적인 기도의 시간을 가졌으며, 저녁 7-9시엔 간증과 치유 집회 기도를 통하여 성령의 놀라운 역사를 체험했다.

특히 실롱에 계셨던 최용택 목사가 센터를 방문해 2주간 전도 특강과 전도 실습을 해주셔서 캠프 참석자들이 전도에 대한 열정과 도전을 갖게 되었다. 때로는 치유 집회를 통해 힌두인들도 와서 병 고침을 받고 저녁 기도회에 참석하는 등 매일 새롭게 일하시는 성령님을 만나고 기도 가운데 방언과 예언의 은사가 임하는 오순절 마가의 다락방 같은 부흥도 체험했다. 30명의 형제자매들이 옛 습관을 끊고 그리스도 안에서 하나님의 자녀들이 갖는 권세와 특권들을 누리게 된 것은 이번 캠프에 부어주신 하나님의 특별한 기름 부으심과 은혜가 아닐 수 없다.

하나님의 관심은 이번에 변화된 그들을 통해 아직도 영육 간에 방황하고 소망없이 살아가는 많은 영혼들을 구원하고 건지는 것임을 깨닫게 되었다. 한 영혼도 실족하지 않고 티없이 흠없이 보전되기를 원하시는 그 분의 마음이 우리 젊은이들에게도 전달되어 어떤 형제는 다른 영혼들을 위해 금식하기도 하고, 무릎 꿇고 울면서 간절히 기도하는 모습도 감격 가운데 지켜볼 수 있었다. 그 시간엔 비록 사진을 찍을 순 없었지만 마음의 필름에 담아두었다. 앞으로도 그들을 위해 기도할 때 계속 그 모습들을 떠올리려고 한다.

1달간의 집중 캠프를 통해 헌신된 젊은 일꾼들을 지속적으로 훈련하고 양육하기 위해서는 그들을 위한 후원과 선교센터를 통한 계속적인 제자훈련이 필요함을 절실히 느끼게 되었다. 한때는 세상의 유혹과 환경의 여러 가지 어려움 때문에 학업을 포기하고 어둠의 길을 걸어왔을지라도 이제 그리스도 안에서 자신의 정체성과 사명을 새롭게 발견하고, 새로운 삶을 시작하려는 이들에게 지속적인 기도와 돌봄 및 지원이 필요하다. 비록 그들이 전에는 알코올 중독, 담배, 마약 그리고 판(Pan, 마약 같은 환각제 이파리)을 씹는 나쁜 습관의 노예였으나, 이제는 그리스도의 종으로, 직업을 가진 전문인 선교사든 전임 선교사이든 하나님의 나라와 이웃을 위해 살겠다고 결단하는 모습 속에서 하나님은 이미 새롭고 놀라운 일을 우리 안에 시작하셨음을 볼 수 있었다. 진리의 밝은 빛 가운데로 나아오고 있는 새벽이슬 같은 청년들이 주의 일에 더욱 헌신할 때 1만 명의 선교사를 보내겠다고 서원한 나갈랜드는 세계 속에 전무후무한 선교의 역사를 일으킬 줄로 믿는다.

나갈랜드는 90% 이상이 크리스천이긴 하지만 주일 오전 대예배 이외에는 다른 양육 프로그램이 없어서 많은 영혼들이 말씀에 갈급해 있고, 앞날에 대한 비전이 없기 때문에 많은 시간을 헛되이 보내고 있다. 그러나 닐 앤더슨(Neil T. Anderson)의 〈영적 요새를 끊고 영적으로 성숙하기(Breaking Through to Spiritual Maturity)〉를 공부하면서 그들을 묶고 있던 개인적이고 영적인 요새들을 깨뜨리는 법과 그리스도 안에서의 영적 성장과 자유하는 삶을 나누었을 때 그들 눈빛이 빛나는 것을 보았다. 아시아의 숨겨진 보물로서 나갈랜드가 갖는 중요성을 다시 한 번 점검하게 되었다.

연약하고 부족한 종을 붙드시고 건강을 주시며 매시간 성령으로 가르쳐 주시고 사용해 주시는 하나님의 섬세한 손길에 때로는 눈시울이 뜨거워지는 감사를 올려 드리곤 했다. 하나님을 더욱 의지하면 할수록 하나님은 기적을 베푸셨고, 힘들 때마다 기도와 찬양으로 어려운 상황들을 이기게 해주셨다. 하나님께서 남편보다 앞서 나 혼자 먼저 이곳에 보내신 이유는 전적으로 하나님만 신뢰하는 것을 배우기 위함이었다. 어린아이 같은 겸손함으로 나아갔을 때, 기대 이상으로 하나님은 그의 예비된 사자들을 보내주셔서 특별 강의와 능력 있는 말씀으로 캠프를 빛내주심으로써 여호와 이레의 하나님을 경험하게 했다. 나갈랜드의 유명하고 영향력 있는 목사님들과도 연합하여 사역하게 됨으로써 지역사회에도 좋은 인상을 끼치게 되었다.

광야에서 이스라엘 백성들을 먹이고 입히신 것처럼 하나님은 우리 모두를 영육 간에 축복해 주셨다. 아침마다 나갈랜드 형제들은 차 한 잔과 빵 하나로 식사를 한다. 물론 점심, 저녁엔 엄청난 양의 밥을 먹지만 너나 할 것 없이 몸이 마른 그들을 볼 때마다 마음이 몹시 아팠지만 하나님께서는 전혀 생각지 않았던 현지인들을 통해 일곱 번이나 고기도 먹게 하셨다.

캠프를 진행하는 가운데 중보기도의 위력과 치유하시는 하나님의 전능하신 손길도 여러 번 체험하게 되었다. 캠프에 참석한 갈렙 형제의 사촌누나인 니쯔요 자매는 4개월째 얼굴에 심한 피부병으로 고생하며 6개월간 누워 있어 온몸엔 욕창이 나서 잘 돌아눕지도 못했다. 그의 요청으로 그녀의 집에 처음 심방 갔을 때 차마 그 얼굴을 볼 수 없을 정도로 진물이 나서 과연 앞으로 살 수 있을까 의문이 들 정도였다. 그러나 기도 가운데 하나님은 기적의 하나님, 능력의 하나님이라 말씀하셨고 혈루병을 고쳐주신 그 분께서 그 자매를 고쳐주시겠다는 약속을 찬양과 함께 주셨다. 아침저녁 기도시간마다 니쯔요 자매를 위해 중보기도하고, 한국에서 가져간 몇 가지 약도 주었다. 그녀의 남편도 처음엔 포기해서 병간호도 제대로 하지 않고 바깥에서만 맴돌았는데, 캠프가 끝날 때쯤엔 그녀의 얼굴에서 새살이 돋기 시작했고, 나중에 코히마 병원에 입원해서 몸을 회복해가자 기뻐서 열심히 간호했다. 전에는 아무런 음식도 못 먹었던 그녀가 차츰 어떤 음식이든지 다 잘 먹고, 남편도 신이 나서 병간호하는 모습을 볼 때 하나님께 감사와 영광을 돌렸다.

어느 날은 피터 형제의 두 살 된 딸이 창문에서 떨어져 의식을 잃었는데 그곳엔 의사도 없어서 죽어가고 있다는 연락이 왔다.

모두가 합심하여 기도한 뒤 다시 전화했더니 마침 인근 지역의 의사를 찾아 응급 처치한 결과 정상으로 돌아왔다는 소식을 듣고 안도의 숨을 내쉬기도 했다.

지난 번 캠프에 참석했던 알후(Alhou) 형제는 병원에서 4일간 혼수상태에 빠졌지만 하나님의 은혜 가운데 다시 의식을 되찾고 집에서 요양하고 있었다. 그런데 이번 캠프 소식을 듣고 그는 내가 묵고 있던 집에 찾아와 꼭 캠프에 참석하고 싶다고 했다. 간이 너무나 손상되어 병원에서는 앞으로 2달밖에 살 수 없을 거란 진단이 내렸지만 그의 소원이 하도 간절해서 캠프에 오게 했는데, 많은 은혜를 받고 앞으로 자신처럼 어둠 속에 있는 자들에게 살아계신 하나님을 증거하고 싶다고 했다.

그러나 캠프가 끝나갈 무렵, 남동생 집에 갔었던 알후 형제가 의식을 잃고 혼수상태에 빠졌다는 소식을 들었다. 캠프 참석자들 모두가 한 끼 금식하기로 하고 합심하여 기도했다. 기도 후 몇몇 형제들과 함께 심방을 갔더니 우리가 기도했던 바로 그 시간에 알후 형제가 깨어났다는 것이다. 그러나 잠시 기억력을 상실해서 방으로 데려와 다시 간절히 그를 위해 기도했더니 나를 알아보며 기억력을 회복했다.

할렐루야! 그는 아내와 온 집안 식구들이 병원에 데려가려고 왔었지만 하나님께서 그를 만져주셔서 병원에 가지 않고 집에서 쉬며 성경을 부지런히 읽었다. 그러나 캠프가 끝나고 몇 달 후 고향 집으로 간 그는 먼저 주님의 부르심을 받고 하늘나라로 갔다. 짧지만 M. I.에서 우리가 함께 보낸 그의 마지막 시간들이 참 소중하게 느껴졌다. 부르짖을 때마다 하나님은 우리의 기도에 응답하시고 우리가 알지 못했던 크고 비밀한 일을 보이셨다. 나갈랜드 형제들에게 기도의 응답과 능력을 체험하게 하시려고 하나님은 너무나 많은 기적들을 베푸셨는지도 모른다.

캠프 기간 동안 또 하나의 놀라운 열매가 있었다면 캠프에 참석한 형제들을 통하여 2개의 방과 부엌을 직접 짓게 된 것이다. 건축팀장을 맡았던 르웨 형제는 높은 나무 위에 올라가서 나무를 잘라내고 대나무를 엮어 벽과 문을 만들어 형제들이 머무를 호스텔 2개를 완성했다. 그는 땀을 비오듯 흘리며 때로는 대나무에 다리가 베어 병원에 가서 5-6바늘을 꿰매는 아픔을 겪었지만 중단하지 않고 팀원들과 함께 2개의 방을 멋지게 만들어 놓았다.

이번엔 M. I. 간판도 달고, 형제들이 눈부신 파란색으로 문을 페인트칠해서 마치 천국에 이르는 문처럼 대문이 빛나게 되었다. 하나님께서 이들의 정성과 땀, 눈물의 기도를 보셨으니 머지않아 센터도 세워주실 것이다. 먼 후일엔 이곳이 아름다운 기념관이 되지 않을까?

하나님은 그 분이 택한 백성들이 그의 집, 그 분의 포도원으로 돌아오는 것을 보기 원하신다. 그 목적을 위해서 하나님은 지금 이 시간에도 그 일에 부름 받은 자의 마음에 거룩한 부담을 주시고, 동기도 부여하시며, 기도하는 자들의 마음을 감동시키셔서 추수꾼들과 함께 그 일을 이루어 나가기를 원하신다.

그러므로 우리는 이 나라와 세계 선교를 위해서 영적인 지도자의 역할을 감당할 젊은이들을 영적, 지적, 사회적, 정서적으로 잘 양육할 필요가 있다. 이들의 숨은 재능과 달란트들을 키워주고 예수 그리스도의 온전한 인격과 태도를 가르치며 성령의 열매와 은사들을 개발시켜줄 동역자들이 그 어느 때보다 필요하다. 또한 이들이 하나님의 전신갑주를 덧입고 영적인 전쟁에서 승리할 수 있도록 격려하고, 인간을 낚는 어부가 될 수 있게 고기 잡는 법을 가르쳐줄 자들도 요청된다.

샤인 미션 캠프에 참석한 모두가 손을 높이 들고 눈물을 흘리며 이렇게 결단했다. "내가 누구를 보내며 누가 우리를 위하여 갈꼬 그 때에 내가 가로되 내가 여기 있나이다 나를 보내소서" (사 6:8)

하나님의 부르심에 사도, 선지자, 전도자, 목사, 혹은 교사로서 주의 사랑과 복음을 들고 먼 오지까지라도 나아가려고 반응한 이들에게 새 삶의 길들이 열려지기를 기도한다. 그들이 하나님의 귀한 일꾼들로서 쓰임 받을 수 있도록 계속 기도의 중보가 쌓여지기를 소망한다.

# 4
# 가스펠 캠프를 마치고

"가라사대 내가 은혜 베풀 때에 너를 듣고 구원의 날에 너를 도왔다 하셨으니 보라 지금은 은혜 받을 만한 때요 보라 지금은 구원의 날이로다" (고후 6:2)

## 1 | 캠프 준비과정

"하나님은 모든 사람이 구원을 받으며 진리를 아는데 이르시기를 원하신다" (딤전 2:4)

하나님은 한 영혼 영혼을 얼마나 소중하게 여기고 사랑하시는지…. 가스펠 캠프(Gospel Camp)를 진행하면서 그 분의 사랑과 인내를 다시 한 번 깨닫게 되었다.

M. I. 선교대학원과 교회에서 실천신학의 일환으로 신학생들

과 사역자들을 팀별로 나누었다. 각자 관심과 달란트가 있는 분야에서 일할 때 더 많은 역량을 발휘할 수 있고, 지치지 않고 일할 수 있기에 어린이 사역팀, 십대, 청년 및 어른(장년)들 팀으로 나누어 팀 리더와 부 리더 및 팀 멤버들을 자원하는 대로 분류하였다.

매주 토요일 전도는 주로 힌두인들과 무슬림 가정의 자녀들 및 부모들을 상대로 4년간 꾸준히 해왔는데 처음엔 호기심으로 자녀들의 율동하는 모습을 지켜보던 어머니들도 차츰 차츰 참여하고 관심을 보이기 시작했다. 때에 따라서는 전도팀(신학생들)에게 차를 대접하기도 하고, 앉는 자리와 펠로우십 장소를 제공하며, 식구들 중 아픈 자들이 있으면 찾아와서 기도해달라고 부탁하기도 했다.

그들의 마음 문이 열릴 수 있도록 성령께서 일하고 계셨다. 또 M. I. 센터를 건축할 때 비할에서 온 노동자들이 일했는데 모두 무슬림들이고 M. I. 가까운 곳 무슬림 촌에 살고 있어서, 매주 걸어서 전도팀이 그 지역에 가 복음을 전했다. 디마푸르에는 인도의 여러 주에서 생계를 위해 온 이주자들(힌두인들, 무슬림들)이 많아서 그야말로 전도의 황금어장이라고 할 수 있다. 우리가 사는 지역이 바로 그런 막노동자들이 모여 사는 모델 빌리지이기에 크리스천 인구가 90% 이상이라고 하는 나갈랜드의 다른 도시와 비교하면 상업도시인 이곳은 복음 증거의 특별한 사명이 있다고 할 수 있다.

이곳의 현지어인 나가미즈를 아직은 유창하게 잘 할 수 없어 그들과 깊은 대화는 나누지 못하지만 만날 때마다 서로 웃으며 간단한 인사말로 친분을 쌓아왔기에 특별한 행사가 있을 때마다 초청하면 온 가족이 다 몰려오는 것도 상당히 고무적인 현상이다.

어느 날 홈셀 그룹과 장년팀을 맡고 있는 요나단 전도사가 '가스펠 캠프'를 슈가 밀 침례교회 옆 야외에서 하자는 제안을 했다. 성(聖)금요일, 부활절을 앞두고 그들을 초청하기 위해 미리 집회하는 것도 좋은 방법일 것 같아 즉시 준비위원을 구성하고 짧은 시간이지만 여러 모로 준비를 하게 되었다.

먼저 이번 캠프를 앞두고 모두가 하루 오전 금식하며 합심 기도회와 눈물의 선지자인 예레미야의 애통한 심정으로 그들을 중보하기 위해 예레미야서를 읽었다. 성령의 감동하심을 따라 M. I.의 노블, 수자타 부부는 물도 마시지 않고 3일간 온전 금식을 하며 집회를 위해 하나님의 도우심을 구했다. 신학생들은 틈나는 대로 집회 장소에 가서 땅고르기 작업을 하고, 인근 지역의 사람들을 초청하느라 계속 심방하면서 지경을 넓혀갔다.

2 | 캠프 진행

2011년 4월 20-21일 이틀간에 걸쳐 오후 5시에 집회를 계획했지만 일을 마치고 늦게 집에 오는 사람들 때문에 집회는 6시나 되어서야 시작되었다. 강사는 케니 선교사와 샴 교수, 그리고 치유 특별 기도회는 나와 기도 및 치유팀이 맡게 되었다. 이번에 신학교를 졸업한 웨크로, 존 집사가 M. I.의 풀타임 사역자로 일하게 되어 캠프가 더 순조롭게 진행될 수 있었다. 초청장을 받고 온 사람들은 안내하는 자원봉사자들을 따라 제법 질서 있게 자리에 앉아 다른 사람들을 인내심 있게 기다렸다.

성령께서 이번 집회를 위해 하루 3시간 계속 기도하라는 감동을 주셔서 나는 새벽기도 외에 1-4시까지 집중적으로 기도하며 집회 위에 부어주실 하나님의 은혜를 구해왔는데 생각보다 더 많은 영혼들을 보내주셔서 그 분이 계획하신 집회라는 것을 확신할 수 있었다. 준비하는 과정에서는 강한 바람이 불어 텐트가 날아가는 일도 있었지만 집회 당일에는 좋은 날씨를 주셨다. 아침에는 갑자기 비가 와서 젖은 땅에 사람들이 어떻게 앉을까 고민하기도 했지만 인근 교회 친구 목사의 도움으로 전기와 의자들을 빌려 와 별다른 어려움 없이 캠프 장소를 준비할 수 있었다. 집회 날 밤에는 바람도, 비도 멎어 하나님이 함께 하시는 임재를 경험할 수 있었다.

찬양팀이 힌디어 찬양을 율동과 함께 준비하느라 많은 수고를 했다. 드럼 및 악기들을 나누느라 힘쓴 호세아, 엘리사 형제, 멀리 있는 사람들을 픽업하는 운송팀, 오는 사람들을 반갑게 안내하는 어셔팀, 간식을 배분하는 리프레시팀 등 3년간 양육해온 학생들이 이제는 어엿한 사역자들이 되어 부산하게 이리저리 뛰고 움직이는 모습들이 활기찼다.

다이내믹한 찬양팀의 힌디어 찬양과 율동에 이어 힌두인이었던 샨티 집사가 흥분된 목소리로 M. I.에 와서 손, 발이 치유 받고 온 가족이 세례 받은 후 아들도 신학공부를 하게 된 간증을 했다. 가난을 면치 못해 매일 바나나 하나를 먹고 대나무공장에 가서 일해야 했던 그녀의 아들 이삭 형제도 자신이 힌두교에서 개종하게 된 결정적인 계기를 설명했다. 지금은 부모님들이 M. I. 교회의 집사로 임명받고 열심히 충성 봉사할 뿐만 아니라 샨티는 직원으로 청소를 맡아서 일하고 있으니 얼마나 놀라운 변화인가!

오랫동안 보지 못했던 얼굴들이 눈에 들어왔다. 매일 타물(잎 담배 같은 것)을 만들어 파는 어머니와 딸도, 술에 찌들어 늘 아파하면서도 곧잘 홈셀 그룹팀을 초청하는 라자의 어머니도, 3년 전 교회에 한 번 나오고는 어머니 병간호 때문에 교회에 나오지 않았던 파블로 형제도…. 예전에는 술과 담배, 나쁜 습관들로 어둠의 길을 걸었던 이들이 지금은 영혼들을 구원하고자 하는 열정으로 밥도 굶은 채 사람들을 데려오느라 먼 길까지 달려가는 모습에 진한 감동이 몰려왔다. 축제 분위기에 함께 찬양하며 복음을 나눌 수 있는 기회와 특권을 주신 하나님께 감사드린다.

첫날엔 M. I.의 샴 교수가 힌두교에서 변화된 자신의 삶을 간증하며 오직 하나님 한 분 외에는 전능하신 참신이 없다는 것을 강력히 증거했다. 은혜를 받았던 사람들 가운데 한 채석장 주인은 집회장소 맞은 편, 돌을 깨어 모래를 만드는 채석장 사업이 더욱 번창하도록 특별 기도를 부탁했다. 그는 다음 M. I. 건축 때 작은 돌 한 차를 기증하겠다고 약속했다.

설교에 이어 기도 및 치유팀과 함께 아픈 환자들을 위해 집중적으로 기도하는 시간을 가졌다. 모두가 굶주린 심정으로 무릎을 꿇고 두 손을 높이 든 채 하나님께서 치유해 주시기를 간절히 기도했다. 각색병든 수많은 환자들을 고치신 주님의 만지심이 한 사람 한 사람에게 임하는 모습을 지켜 볼 수 있었다. 특별히 무슬림, 힌두인들은 하나님이 고쳐주시면 기독교로 개종하겠다는 조건부 신앙을 제안하기도 한다. 자기들이 믿는 신보다 더 강력한 신이 있다면 보여 달라는 식이다. 그러나 그들이 마음 문을 열고 주님을 의지했을 때 성령이 더 강하게 역사하시는 것을 목도할 수 있었다.

다음날에는 여기저기서 소문을 듣고 더 많은 사람들이 집회에 참석했다. 힌두인이었던 수자타 부인은 병이 들어 모든 약을 써보아도 소용이 없었지만 주님께 고쳐달라고 기도한 후 깨끗이 고침 받았으며, 그 후 신학교에 간 뒤 40일간 물도 마시지 않고 온전 금식을 하여 많은 이적과 기적을 체험했다고 간증했다. 그리고 둘째아들이 병들어 죽게 되었을 때 그동안 자신이 주의 일에 온전히 헌신치 못하고 사업으로 돈을 벌며 잘못된 길에 들어선 것을 간절히 회개하자, 그 다음날로 하나님께서 아들을 깨끗이 고쳐주셨다고 증거했다.

케니 선교사는 주님 안에서만 인생의 참된 해답과 길이 있다는 것을 역설했고, 이어 치유 집회에서는 고침을 받으러 온 거의 모든 사람들이 기도할 때 성령의 권능으로 쓰러졌다. 그들에겐 처음 있는 놀랍고 신비한 일이 아닐 수 없었다.

이미 집회가 시작되었지만 성령께서 믿지 않는 이삭의 형을 데려오라는 마음을 강하게 주셔서 랜턴을 들고 어두운 밤길을 걸어 그의 집을 찾아갔다. 다른 사역자들을 이미 한 차례 보냈지만 오지 않겠다고 완강히 거부하던 그였지만 이전에 한번 만난 외국인이 그것도 늦은 밤에 자기 집까지 찾아와 캠프에 초대하자 마치 VIP가 된 듯 좋아하며 저녁밥을 짓던 부인과 때마침 찾아온 몇몇 형제들과 함께 집회에 참석했다. 하나님이 나다나엘처럼 그

안에 간사한 것이 없음을 아시고 특별히 부르신 것이다. 그의 어머니 샨티와 동생 이삭이 그의 가정을 위하여 금식하며 기도해온 것을 하나님은 기억하셨다. 우리가 어떤 영혼이든 사랑하는 마음으로 다가갈 때 자석에 끌리듯 성령의 사랑에 녹아지는 것을 그날 밤 집회를 통해 다시 한 번 깨달을 수 있었다. 몸이 아픈 아기를 위해 기도해 주는데 너무 평안했던지 아기가 갑자기 오줌을 싸는 바람에 내 손이 오줌에 젖는 해프닝도 있었다.

많은 이들이 영적인 속박에서 벗어나 치유 받고 마음의 평안이 찾아왔다고 기뻐했다. 집회에 올 때의 우울하고 불안했던 모습은 어디론가 사라지고 얼굴 가득 새롭게 거듭난 자의 기쁨이 강물처럼 솟아나는 것을 보며 하나님을 찬양하지 않을 수 없었다. 집회 후 캔디와 망고 주스 및 스낵을 앞에 두고 모두들 정겨운 교제를 나누며 밤이 깊어가는 데도 아쉬운 듯 자리를 뜰 줄 몰랐다. 하나님께서 허락하신다면 다음엔 디마푸르 스타디움 같은 넓은 장소에서 더 많은 사람들을 초청하여 주님을 증거하고 싶은 마음이 간절하다.

## 3 | 캠프 후의 열매들

목요 집회 후 성(聖)금요일 오전에는 집회에 참석했던 많은 사람들이 교회에 왔다. 예배 후 성찬식을 하고, 금요일 밤에는 찬양 및 치유집회를 했는데 말도 못하고 잘 듣지도 못하는 한 자매가 기도 받은 후 방언이 터져 말하는 놀라운 역사가 일어났다. 자매는 신기한 듯 계속 유창한 방언으로 기도했고, 할렐루야를 힘 있게 외치며 주님을 찬양했다. 자매를 통하여 하나님은 그 가정을 구원하고자 하는 계획을 가지고 계셨다. 그 날 이후 모든 예배에 참석하는 그 자매를 보면서 주께서 택하신 영혼들이 있음을 알 수 있었다.

부활절에는 2층에 올라가 새벽 5시 해돋이 예배를 드린 뒤 오전 8시부터 세례식을 가졌다. M. I. 교회 7명과 다른 두 교회에서 온 24명을 합하여 모두 31명이 합동 세례를 받는 뜻 깊은 시간을 가졌다. 이 교회를 통하여 인근 지역 교회의 필요들을 돕게 하시며 차츰 영향력을 끼쳐 가게 하시는 하나님과 센터 건축에 동참해주신 모든 분들께 다시 한 번 깊은 감사를 드린다. 한국에서 영어를 배우러 온 이소예 자매와 집회 후 술을 끊은 라자의 어머니도 토요일에 세례 문답 공부를 한 후 그 딸과 함께 세례를 받았다. 말을 심하게 더듬는 비놋 형제도 매일 비전 스쿨에 와서 영어와 성경 공부를 한 후 차츰 입이 열려 성경을 읽게 되었는데, 그도 자원하는 심정으로 이번에 세례를 받게 되었다.

부활 주일에는 집회에 참석했던 분들이 교회에 와서 자리가 꽉 찼다. 그동안 반지하 기도실에서 예배를 드려왔는데 이제는 장소가 좁아지게 되었으니 속히 2층 성전 공사를 시작해야 할 때가 온 것 같다. 남자 기숙사와 식당 공사도 시급하기에 그동안 짓다가 중단된 2층 공사를 여름 장마가 시작되기 전에 다시 시작할 수 있도록 학생들과 함께 여리고를 돌며 기도를 시작했다.

지금까지 우리의 걸음을 인도하시고 신실한 중보 기도자들의 끊임없는 기도와 옥합을 깨뜨린 헌신의 헌금들을 통하여 많은 영혼들을 구원하며 귀한 사역자들을 세우게 하신 하나님께 감사와 영광을 올려 드린다. 모든 후원자들과 동역자들의 삶을 더욱 윤택하게 하시고 축복해주셔서 앞으로도 더 많은 놀라운 구원의 역사가 이루어지기를! 주께서 앞서 가서 행하시옵소서!

# 5

# 오릿사 집회에 부어진 성령의 은혜

"나는 너희에게 물로 세례를 주었거니와 그는 성령으로 너희에게 세례를 주시리라" (막 1:8)

인도에서 가장 핍박이 심한 곳으로 알려진 오릿사(Orissa). 지난 10년간 오릿사는 복음을 전하기가 가장 어려운 곳으로 알려져 왔으며, 2007년과 2008년에 연이어 심한 크리스천 박해가 일어났던 지역이다. 약 5만 명의 사람들이 추방당했으며, 6천 크리스천 가정과 300개 교회들이 공격을 당하거나 파괴당해 지금도 그 후유증으로 구제와 재활작업이 일어나고 있다.

몇 년 전 호주에서 온 의료 선교사가 공적인 모임에서 찬송을 불렀다는 이유로 아들과 함께 자동차 안에서 불태워진 사건은 아직도 우리들의 뇌리 속에 아픈 기억으로 자리 잡고 있는데, 그만큼 순교의 피가 뿌려진 곳이어서인지 요즘 많은 기적과 부흥이 일어나고 있다.

2007년 8월, M. I.에서 샤인 미션 캠프를 했을 때 오릿사에서 온 두 명의 청년들이 참석했었다. 아침에 누가(Luke) 형제가 나를 찾아와 오릿사 지역을 위해 기도해 달라고 무릎을 꿇고 울먹이며 기도 요청을 했다. 그 때 함께 오릿사의 영혼 구원과 종교의 자유를 위해 간절히 기도했었는데, 지금은 그 형제가 신학을 공부하고 있으며, 같이 왔던 아밀(Amir) 형제는 교회를 개척하여 사역을 시작했다. 몇 년 후 나도 하나님의 인도하심 가운데 오릿사에 와서 치유 집회와 세례식, 성찬식을 집도하게 되니 너무나 감격스러웠다.

우리 신학교에 강사로 왔었던 한국의 ACTS 출신(신학석사 Th. M. 졸업) 누네(Noune) 목사가 박사과정을 공부하기 위해 준비하던 중 한 오릿사 출신 형제의 요청으로 오릿사를 방문하게 되었다. 그곳에 있는 영혼들의 간절한 목마름과, 신학교육을 제대로 받지 않았지만 혼신의 힘을 다해 사역하는 요나단(Jonathan) 전도사의 충성됨을 보고, 누네 목사는 오릿사에 선교사로 오기로 결단했다. 누네 목사의 초청을 받고 나는 오릿사에 가서 집회하기로 선뜻 승낙은 했지만 그곳이 영적 불모지요 많은 핍박이 일어난 만만치 않은 곳이기에 약 2달간 특별기도로 집회를 준비했다. 밤기차를 타고 콜카타에서 오릿사로 힘들게 간 후, 옛 주도(州都)인 쿠타크(Cuttack)에 도착했다. 김승경 자매와 콜카타에서 만난 아브라함 형제, 누네 목사 및 조나단 전도사와 함께 집회를 위해 의논하고 3일간의 집회에 들어갔다.

6월 11-12일 이틀간은 저녁에 치유집회를 가졌고, 13일 주일날은 세례식과 성찬식을 했다. 생각했던 것보다 그 지역은 평온

했으며, 집회도 한국에서 부흥회를 하는 것처럼 뜨겁고 성령의 자유로운 운행을 느낄 수 있었다. 교회가 없어 기도하던 중 한 분이 자신의 집을 오픈해 시작한 개척교회는 계속 불어난 성도들을 다 수용할 수 없어 아예 남자들은 바깥마당에서 예배를 드렸다. 여성들과 아이들로 가득 찬 성전 안은 성령의 역사를 간절히 사모하는 심령들로 인하여 뜨거운 열기를 더하였다.

하나님께서 부족한 종에게 은혜를 더하셔서 치유의 말씀을 전한 후 기도할 때 많은 사람들이 고침받았다. 귀가 잘 들리지 않았던 형제, 류마티스 관절염으로 고생하던 할머니, 두통과 허리 통증과 배가 아픈 사람들, 육신적으로 병들었지만 돈이 없어 병원에도 가지 못하고 있던 이들에게 오순절 마가의 다락방에 일어났던 성령의 은혜를 부어주셔서 많은 이들이 신유의 역사를 체험했다. 이틀 동안 진행된 치유 집회와 아픈 환자들 가정의 심방을 통하여 하나님은 그 분의 능력을 나타내시고 심령이 가난한 그들에게 믿음을 더하여 주셨다.

예전에는 힌두인이요 릭샤 운전사였던 요나단 전도사는 주님을 영접한 후 힌두인들을 전도하여 교회를 개척했는데, 9년간 사례비도 없이 8명의 가족이 좁은 단칸방에 살면서 150여 명의 성도로 부흥시켰다. 너무나 열정적으로 찬양해서 옷이 흠뻑 젖고 얼굴엔 기쁨과 성령으로 충만한 주의 종을 보면서, 하나님은 지식 있는 자보다 복음의 열정과 영혼을 사랑하는 충성된 자들을 통해 일하신다는 것을 깨닫고 도전받게 되었다. 하나님 나라에 그루터기와 같은 이런 주의 종을 심어 놓으셔서 참으로 다행이다. 사모도 늘 얼굴에 미소가 떠나지 않는 것을 보면 우리의 기쁨과 평안은 환경에 있는 것이 아니라 성령의 위로와 하나님의 임재 가운데 있음을 다시 한 번 깨달았다.

12일 토요일 오전에는 여러 가정들을 심방하며 그들의 실제적인 삶의 모습들을 볼 수 있었다. 처음 방문한 힌두 가정엔 우상단지가 집 안에 있었고, 수년 전 오토바이 사고로 4년간 식물인간처럼 혼수상태로 지냈던 한 형제가 기도를 받기 위해 부축 받아 나왔다. 그러나 요즘은 많이 좋아져서 말을 알아들을 뿐만 아니라 또 조금 어눌하지만 몇 마디씩 말도 내뱉게 되었다. 얼굴도 지적으로 잘 생겼으며, 우리가 "하나님을 찬양하라(Praise the Lord)"를 따라 하라고 했을 때 믿음으로 반응했다. 그의 딸도 육손과 육발인 다지증이지만 천진스럽게 웃는 모습이 귀여웠다. 일어나 걷지 못하던 그 형제가 합심 기도 후 30분간 일어나 걷고 움직이는 놀라운 역사가 그 집에서 일어났다. 앞으로 그 형제의 치유를 통해 우상을 섬기던 그 가정이 주님을 믿고 변화될 날이 올 것을 믿는다. 그 형제가 하나님 나라의 귀한 일꾼이 되기를 간절히 기도하며 그 가정을 떠나 여러 다른 집들을 방문했다.

대부분의 집들이 방 한 칸에 부엌을 겸하여 온 가족이 옹기종기 모여 살고 있었다. 디마푸르보다 물가가 비싸서 대부분의 사람들이 가난 속에 허덕이고 있는 모습들이 안쓰러웠다. 남편이 아파 일을 못 나가면 온 가족이 밥도 제대로 못 먹고, 담석중이 있는 아내는 병원비가 없어 치료도 잘 받지 못하고 있었다. 그러나 불평 없이 찬양하고 믿음 속에 살아가는 그들의 모습을 보면서 천국이 그들의 심령 속에 임하여 있음이 얼마나 큰 축복인지…. 하나님이 친히 그 분의 손으로 이들을 먹이고 입히시기를 기도하며 우리가 그들을 어떻게 도와야 할 것인가를 다시 한 번 생각하게 되었다.

   심방을 마친 후 오후에는 쿠타크에서 유일하게 선교하고 계시는 한국인 C선교사 부부를 만나기 위해 보내주신 차로 오릿사의 주도(州都)인 부바네스와르(Bhubaneswar)에 갔다. 더운 날씨에다 핍박이 많은 지역이라 선교사들이 오기를 꺼려서 때로는 외롭게 사역하지만 하나님의 일하심으로 4년간 교회 개척과 심장 수술, Q.T. 운동과 어린이 학교 및 신학교를 돕는 등 열심히 사역하시는 모습을 보면서 한국인으로서의 큰 자부심을 느꼈다. 이런 선교사들이 있기에 하나님께서 한국을 축복하시고 선교의 지경을 넓혀 가시는 것이 아닐까.

# 6

# 구원 얻을 백성

"여호와께서 그 구원을 알게 하시며 그 의를 열방의 목전에 명백히 나타내셨도다 저가 이스라엘 집에 행하신 인자와 성실을 기억하셨으므로 땅의 모든 끝이 우리 하나님의 구원을 보았도다" (시 98:2-3)

나는 송금자 목사와 박상규 집사, 그리고 M. I.의 사역자인 데이빗 전도사, 위니 형제 등과 함께 다섯 명이 2010년 8월 9-18일에 걸쳐 약 10일간 인도의 실리구리, 말 바자르, 하시마라, 자이가온 등 부탄 국경지대와 시킴으로 단기선교를 다녀오게 되었다. MIGSM(M. I. 선교대학원) 신학생들이 여름방학 동안 샴(Shyam) 강사와 함께 아웃 리치(out-reach, 선교를 겸한 봉사활동)를 계획하고 금식과 기도, 찬양 연습을 해왔는데, 나는 송금자 목사와 박상규 집사도 나갈랜드에 네 번이나 방문했으니 한번쯤은 인도 북동부 지역과 서 뱅갈(West Bengal)을 가보는 것이 좋을 것 같아 그 단기선교팀에 합류하는 것이 어떻겠느냐고 제안했다.

송금자 목사는 기도 후 학생들과 따로 팀을 만들어 가되 내가 주도적으로 단기선교팀을 이끌라는 응답을 받으셨다. 그래서 송금자 목사와 박상규 집사는 8월 2일 출국하려던 계획을 취소하고 갑자기 국제선 비행기 티켓을 변경하여 새로운 선교 일정을 만들게 되었다.

사람이 마음으로 그 길을 계획할지라도 그 길을 인도하시는 것은 하나님! 어린아이와 같은 순수한 마음으로 성령의 인도하심에 전적으로 순종했을 때, 하나님이 길을 열어주시고 그 뜻을 펼치시며 놀라운 성령의 역사들과 귀한 만남들을 허락해 주셨다.

몇 년간 네팔과 부탄, 실리구리와 시킴 등으로 땅 밟기를 하고 집회를 인도하며 가정교회 및 사역자들과 좋은 네트워크를 만들어 왔기에, 특별한 준비 없이 갑자기 온 단기선교지만 곳곳에 예비된 좋은 사역자들로 인하여 생각보다 뜻 깊고 복된 시간들을 보냈다. 부족한 우리들을 통하여 큰 영광 받으시고 가는 곳마다 영혼들이 살아나는 기쁨을 맛보게 하신 하나님께 다시 한 번 깊은 감사를 드린다. 또한 중보 기도자들의 숨은 기도들로 말미암아 많은 열매들을 맺는 귀한 체험의 시간이 되기도 했다.

하나님의 관심은 열방의 잃어버린 영혼들에게 있기에 그 분이 구원하고 복 주시고자 하는 백성을 위하여 곳곳에 주의 신실한 종들을 세우시고 그들을 통하여 일하시며 구원과 축복을 열어 가심을 다시금 깨닫는 기회가 되었다.

1 | 실리구리(Siliguri)

　8월 9일 아침 6시 디마푸르를 출발해 실리구리까지 약 18시간 기차를 타고 첫 집회지인 은혜교회(Grace Church)에 도착했을 때는 이미 자정이 가까워온 밤이었다. 복음 들고 산을 넘는 자들의 발길은 얼마나 아름다운가. 우리가 그 아름다운 축복의 통로가 될 수 있다는 설렘을 안고 먼 길을 왔을 때 하나님은 고통당하는 많은 영혼들의 신음소리를 듣게 하셨다. 또 특별한 의미를 갖는 것은 이번 선교여행 동안 M. I. 실리구리 지부가 발족되어 하녹(Hanock) 목사가 시무하는 은혜교회에서 매주 화요일 2시에 M. I. 정기 기도회를 갖게 된 것이다.

　1년에 한두 번씩 실리구리 은혜교회에 와서 특별집회를 가져서 하녹 목사와 사모를 잘 알아왔기에 새롭게 지어진 목사님 사택에서 잔다는 것이 꿈만 같았다. 목사님 부부가 나무집에서 고생하며 살면서도 늘 밝은 얼굴로 하나님만을 의지하고 살아가는 모습을 보고 이웃집에 사는 힌두인 푸니(Funny)가 감동을 받고 자신의 사비를 털어 은혜교회와 사택을 지어주는 기적이 일어났다. 교회가 맨 시멘트 바닥이라 다음날 우리는 선교비를 절약하여 장판을 깔아주었고, 저녁 집회 때는 모두가 앉아서 기쁘고 평안하게 치유 집회를 했다.

　사모가 몸이 아파서 기도하던 중 송금자 목사를 통해, 지금 하는 일을 그만두고 전적으로 사역에 전념하라는 하나님의 음성을 듣게 되었다. 매월 송금자 목사가 후원을 해주기로 하셔서 가정의 큰 재정적 부담감이 없어지게 되었다. 또 큰 딸이 학비를 못

내어 시험을 못 치게 된 것을 M. I. 인도가 도와줌으로써 그 임박한 문제를 해결하게 하셨다. 그동안 굳어 있던 사모의 얼굴이 기쁨으로 넘쳐 생기가 돌았다.

2 | 말 바자르(Mal Bazar)

지난 번 오릿사(Orissa) 집회 때 여러 모로 돕고 큰 은혜를 받았던 아브라함 형제를 통해 말 바자르에서 사역하는 그의 사촌형 엘리야(Elijah) 목사를 소개받게 되었다. 실리구리에서 기차로 약 1시간 30분, 자리가 없어 입석을 탔기에 송금자 목사와 함께 기차에서 산 매트를 깔고 난간에서 기도하며 새로운 곳, 새로운 사람들을 향하여 갔다.

우리가 말 바자르에 도착했을 때, 공교롭게도 우리를 픽업하러 올 차가 고장 나는 바람에 릭샤(인력거)로 커뮤니티 게스트 하우스로 가는데 왠지 모를 웃음이 나왔다. 조선시대 때나 타던 인력거를 이 낯선 땅에서 타보는 것도 좋은 추억거리기에. '하나님이 지으신 모든 것이 선하매 감사함으로 받으면 버릴 것이 없다'는 말씀을 되새기며 모든 환경을 맛보시게 하는 하나님께 감사를 드렸다.

게스트 하우스에 짐을 풀고 간단한 짜파니(밀가루 전병 같은 인도인들의 음식)로 허기를 채운 다음, 목사님들이 기다리는 집회 장소로 서둘러 갔다. 전화 한 통화밖에 한 적 없는데 엘리야 목사가 어떻게 연락하셨는지 지역 교회와 다른 곳의 목사님들 30여 명이 몇 시간째 찬양하며 기다리고 계셨다.

하루 집회라 한국 교회의 성장 비결에 대해 세미나를 인도했는데, 목사님들의 요청으로 오전 11시-오후 1시, 오후 2-4시에 걸쳐 두 번 말씀을 전했다. 인도의 목회자들이 먼저 영적으로 깨어나고 성령 충만해야 수십억 인도를 변화시킬 수 있지 않는가! 성령의 터치로 목회자들이 통회자복하고 기도와 말씀, 심방과 상담, 전도 등으로 영혼들을 구원하는데 헌신하기로 결단하는 시간을 가졌다.

저녁에는 니콜라스(Nicholas) 목사가 사역하는 오순절 성결교회(Pentecostal Holiness Church)에서 마가의 다락방에서 역사하셨던 성령의 뜨거운 역사로 많은 자들이 쓰러지고 치유 받으며 기쁨의 찬양으로 하나님께 영광 돌렸다. 집회를 마치고 돌아가는 길에 엘리야 목사의 가정을 방문해 며칠 전 하나님이 귀한 선물로 주신 아들 보아스(Boaz)와 출산의 수고를 한 사모를 위해 축복기도를 했다.

## 3 | 하시마라(Hasimara)

겸손하고 온유하며 섬김의 리더십을 가진 엘리야 목사의 인도로 다음날(12일) 말 바자르에서 하시마라로 가는 기차를 타고 다음 집회지로 향하였다. 오전 11시 그린우드 힐 로지 호텔(Greenwood Hill Lodge Hotel)에서 열린 리더십 세미나에서 말씀을 전했는데, 호텔 옥상에서 목회자들이 작열하는 태양빛이 내리쬐는 무더위 속에서도 꼼짝 않고 의자에 앉아 눈을 빛내며 집중하는 모습을 볼 때, 너무나 감격스러웠다. 실리구리에서부터 따라오신 하녹 목사가 통역(작은 몸에 비해 목소리가 얼마나 크고 우렁찬지 작은 거인이라 이름 붙여 주었음)해서 마이크가 없는 상황에서도 메시지가 잘 전달되게 되었다.

전혀 이름도 들어보지 못한 낯선 곳에 와서 영적으로 하나된 믿음의 형제들, 주의 길을 걸어가는 하나님의 사역자들과 함께 교제 나눌 수 있다는 사실이 얼마나 감사한지! 오후에는 한스 목사의 천막교회에 가서 치유집회를 가졌다. 독립 복음주의교회(Independent Evangelical Church) 담임목사의 열정적인 찬양 인도로 천막을 치고 예배드리는 남녀노소 모두 흥분된 가운데 뜨겁게 찬양하며 기도하는 시간을 가졌다. 특히 인상적인 것은 어린이들이 눈물을 흘리며 간절히 기도하는 모습이었다. 송금자 목사가 그들을 위해 기도하셨을 때, 성령께서 그 어린이들이 앞으로 목사, 선교사, 사모가 될 일꾼들이 될 것이라고 하셨다.

집회를 마칠 때쯤 소낙비가 내려 천막 성전이 흠뻑 젖었다. 내가 나갈랜드 디마푸르에서 처음 사역할 때 나무집에서 텐트 성전으로, 그리고 시멘트 건물로 센터를 지을 때까지 하나님이 인도해주신 과정들을 생각하니 다시 한 번 감사드리게 되었고, 성전 없이 예배 드리는 그들의 처지가 안쓰러워서 교회가 온전하게 세워지도록 간절히 기도했다.

비가 온 관계로 금방 자리를 떠나지 못하고 기다리던 중 여러 성도들을 상담하게 되었다. 하나님의 관심은 어찌하든지 한 영혼이라도 더 주께 가까이 나아오도록, 그리고 고통당하는 영혼들이 고침을 받고 새 삶을 얻는 것임을 다시금 깨달았다.

4 | 자이가온(Jaigaon)

자이가온은 부탄 국경지대로, 문 하나만 지나면 바로 부탄을 갈 수 있는 아주 전략적인 선교지역이다. 지금은 종교의 자유가 법적으로 인정되지만, 과거에는 수도인 팀푸(Thimphu)에 가서 종교 활동하는 것이 금지되어 있었기에 불교 국가인 부탄 왕국의 모든 선교사들이 자이가온에서 현지인 사역자들을 불러 훈련시키곤 했었다.

나는 2009년 여름 김선령 전도사와 함께 잘팔구리(실리구리 부근)에서 버스로 자이가온에 한 번 갔었다. 그때 성령의 인도하심 가운데 타망(Tamang) 목사 사택에서 이틀간 머무르며 사모님과 이웃에 있는 다른 선교사 부부를 초청하여 말씀을 나눈 적이 있는데, 이 만남을 계기로 팀푸에서 교회를 개척하여 목회하는 그녀의 남편을 알게 되었다. 타망 목사는 M. I. 사역에 호감을 갖고 성도인 에바브라(Epaphras) 형제를 M. I.에 보내어 제자훈련을 받게 했다. 거의 6개월간 훈련받고 돌아간 그 형제의 소식도 궁금하고 엘리자(Elija) 사모도 만날 겸 자이가온을 한번 방문하면 좋겠다고 생각했었는데, 말 바자르에서 열린 목회자 세미나에 참석했던 피터(Peter) 목사가 마침 자이가온에 살고 계셔서 우리를 초청했다. 집회가 끝난 후 우리 일행은 하사마라에서 기차로 자이가온을 향하였다.

피터 목사는 20년간 가톨릭 사제로 있었는데 첫 인상이 무척 깔끔하고 지적으로 보였다. 기독교로 개종한 뒤 13년째, 교회 개척과 목회자들을 돕는 사역을 해오시다가 자이가온 시내에서 조금 떨어진 시골에 자신의 사택을 개조하여 교회를 개척하셨다. 얼마나 지혜롭고 창의적인 아이디어가 많으신지 안방 앞 현관을 교회로 멋있게 꾸며놓으셨다. 기둥은 여자들이 입는 예쁜 사리로 감았고, 성전 앞 커튼도 아주 정성스럽게 만들어서 성전이 아름다웠다. 어린이들이 피아노 손가락 연습하는 작은 키보드 건반을 두드리며 혼신의 힘을 다해 찬양하는 피터 목사의 모습에서 천국이 임한 기쁨을 맛보았다. 사모가 하프 같은 손 악기를 흔들며 찬양하자, 송금자 목사도 성령의 인도와 충만함 속에 성도들 앞에 나가 성령 춤을 추셨다. 모두가 성령에 취한 것 같은 축제 분위기 속에서 하나님을 마음껏 찬양한 뒤 내가 야고보서 5:13-16 말씀을 전했다.

"너희 중에 고난당하는 자가 있느냐 저는 기도할 것이요 즐거워하는 자가 있느냐 저는 찬송할찌니라 (…) 믿음의 기도는 병든 자를 구원하리니 (…) 의인의 간구는 역사하는 힘이 많으니라"

전기도 들어오지 않는 오지에서도 하나님은 신실한 그의 종을 통하여 구원의 역사를 이루고 계셨다.

5 | 시킴(Sikkim)

사도 바울이 한번 다녀온 선교 현장을 다시 방문하여 성도들을 더 견고케 한 것처럼 우리는 인도 북동부의 여러 지역들을 재순회하면서 한 번 더 그 땅을 밟게 하시는 하나님의 뜻을 깨닫게 되었다. M. I.에서 함께 사역하는 데이빗 전도사의 친구가 시킴의 남쪽 투룩(Turuk)에서 목회하고 있다고 소개해서 말리(Mali)에서 가까운 투룩의 '가나안 크리스천 펠로우십 교회(Canaan Christian Fellowship)'를 방문하게 되었다.

주일 오전과 월요일 오전엔 내가 말씀을 전하고, 주일 및 월요일 오후엔 송금자 목사가 치유집회를 인도하셨다. 2500m가 넘는 절해고도와 같은 굽이진 길을 돌아 아주 외진 산골에 있는 시골 교회에 하나님의 엄청난 축복이 기다리고 있는 줄은 미처 예상하지 못한 일이었다. 다니엘(Daniel) 목사는 영문학 석사 출신으로 13년간 고등학교의 영어교사로 있었던 나갈랜드 분이신데 시킴 여자와 결혼한 후 주도(州都)인 강토크(Gangtok)에서 사역하시다가 투룩 가나안 교회로 초청을 받아오신지 1년째…. 그러나 하나님이 주신 목회의 지혜와 축복으로 80명의 성도 중 한 명만 공무원이고 나머지는 모두 농부들인데도 많은 이들이 축복을 받아 성전에 카펫도 깔고, 드럼, 기타 등 악기들과 마이크 시스템도 갖추어 놓았다.

송금자 목사와 나는 퇴역한 한 경찰간부인 장로 댁에 머물고, 남자들은 성전에 머물렀는데 청년들이 아주 헌신되어 있어 함께 찬양과 기도로 호흡을 맞출 수 있었다. 이틀간 성령이 강하게 역사하셔서 많은 이들이 방언받고 성령의 기름 부으심 가운데 쓰러졌으며, 모두가 기쁨으로 춤추고 찬양했다.

떠나기 전에는 성도들이 감사 헌금을 해서 아슬아슬하던 우리의 차비를 채워주었고, 주는 자가 더 복되다는 말씀을 몸소 실천해 이번 단기선교팀을 최선을 다해 섬겨주었다. "여호와의 눈은 온 땅을 두루 감찰하사 전심으로 자기에게 향하는 자에게 능력을 베푸시나니" 하나님의 눈은 오늘도 그런 영혼들을 향하여 은혜의 단비를 쏟아 부으시려고 준비하고 계신다.

# 7

# 본가이가온에 뿌려진 복음의 씨앗

2011년 2월 3-6일에 걸쳐 3박 4일간 인도 아삼(Assam) 지역의 본가이가온(Bongaigaon)에서 열린 56차 '연간 성경 컨퍼런스(Annual Bible Conference)'는 내 인생에서 잊지 못할 소중한 대형 집회로 기억될 것이다. 북부 복음주의 루터교회 북 간다빌(North Gandabil)에서 55개 교회들이 연합으로 모인 이번 집회에 어린이들부터 청년들 및 어른들에 이르기까지 4,000-5,000명이 참석해 영적 축제를 함께 누렸다.

구약시대 이스라엘 백성들이 광야에 장막을 친 것처럼 교회마다 대나무와 짚으로 임시 숙소를 만들어 야영하며 짧은 기간이지만 더불어 사는 영적 공동체를 이룸으로써 지상에서의 천국을 경험케 했다. 모든 가족들과 교회 성도들이 함께 모여 밥을 해먹고, 서로 귀한 친교를 나누는 모습이 무척 인상적이었다.

전기도 들어오지 않는 시골 지역이지만 선교센터 숙소는 헌신된 네 명의 요리사와 도와주는 주의 종들로 인해 후한 인심을 맛볼 수 있었다. 한국인이 한 번도 와본 적 없는 이 먼 곳에 케니 선교사와 M. I.의 글로리아(Gloria), 아텔레(Atele) 자매와 함께 와서 이런 대형 집회의 주강사로 말씀을 전할 수 있는 기회와 특권을 주신 하나님께 깊은 감사와 찬양, 영광을 올려 드렸다. 갈급한 심령들이 눈망울을 빛내며 넓은 잔디에 앉아 말씀에 귀 기울이는 모습은 예수님이 산상보훈을 전하며 앉으셨던 그 넓은 들판을 연상케 했다. 부족하지만 우리를 여러 모습으로 연단시키고 훈련시키셔서 그 동안 우리가 모르고 있었던 지구의 또 다른 쪽, 언어와 문화도 다른 낯선 이곳에 와서 내 삶에 역사하신 하나님을 증거하고 그 은혜를 나눌 수 있음이 얼마나 감격스러운지…. 디마푸르에서 기차로 10시간 반, 뉴 본가이가온(New Bongaigaon)에서 승용차로 1시간이라는 먼 길을 달려왔지만 그간의 모든 피곤은 하나님께서 집회마다 부어주시는 은혜와 예비하신 뜻 깊은 만남들, 그리고 영적으로 새로워지고 그리스도 안에서 자라려는 열망을 가진 사람들을 바라볼 때 물러갔다.

  복음을 전하기 힘든 아삼 지역에 이처럼 많은 성도들이 모이기까지 헌신적으로 애써온 신실한 주의 종들이 있었기에 수많은 사람들이 운집한 집회지만 질서 있게 모든 프로그램들이 진행될 수 있었다. 어린아이들에서 중고등학생들, 청년들, 어른들, 노인들 모두 가족 혹은 교회별로 집을 떠나 캠프 생활하는 즐거움에 밤에는 춥고, 낮에는 더운 일교차에도 아랑곳하지 않고 축제 분위기에서 지낼 수 있었다.

  하루에 세 번 집회가 있었는데(오전 9시, 오후 1시, 저녁 7시) 나는 케니 선교사와 번갈아가며 말씀을 전하고 간증했다. 한국인을 처음 보는 그들의 호기심 어린 눈빛을 볼 때는 마치 한국의 외교관이 된 듯한 느낌도 들었다. 그들에게 한국인으로서의 좋은 첫 인상을 끼쳐야 한다는 부담감도 있었지만 한국과 디마푸르에서 기도하는 많은 중보자들의 기도 덕분에 담대하게 말씀을 전할 수 있었다.

이번 집회의 주제가 데살로니가전서 5:23의 말씀에 이어서 거룩한 삶을 강조했다. "평강의 하나님이 친히 너희를 온전히 거룩하게 하시고 또 너희의 온 영과 혼과 몸이 우리 주 예수 그리스도께서 강림하실 때에 흠 없게 보전되기를 원하노라"

케니 선교사는 거룩하고 흠 없는 삶을 살기 위해서는 영적으로 거듭나는 삶과 세상으로부터 구별되는 삶, 성화의 삶을 살 것을 강조했고 거룩함에 이르기 위해서는 야고보서 4:8의 말씀처럼 순종하는 마음, 하나님께 순복하는 하나의 마음, 믿는 마음, 영적으로 가난하고 목마른 심령이 되어야 할 것을 역설했다.

나는 신명기 8:1-5의 말씀을 중심으로 우리가 약속된 땅, 축복의 땅에 이르기 위해서는 하나님의 모든 계명을 지키고 삶 속에 함께 하신 하나님의 은혜와 인도하심을 늘 기억하며 사람이 떡으로만 사는 것이 아니라 하나님의 말씀으로 사는 것임을 강조하며 한국 교회가 부흥·성장하게 된 비결들, 새벽기도와 금요 철야, 구역 예배와 성경 공부, 선교와 구제에 힘쓴 노력이 주는 삶에 대해 주로 나누었다.

케니 선교사가 예수님을 닮아가는 삶, 주님의 성품에 대해서 말씀을 전한 뒤, 주님의 3대 사역에 대해서는 내가 전하였다. 설교 후 "주여!"를 삼창하며 한국인이 무릎 꿇고 기도하는 법을 가르쳐 주었을 때 수많은 인파들로 인해 일일이 안수할 수 없어 각자 아픈 부위에 손을 얹고 기도하게 했는데, 다음 날 어떤 분이 앞에 나와서 주의 이름을 부르고 기도를 시작했을 때 자신의 병이 나았다고 간증했다.

집회 중 '실로암 기도 타워' 기도원을 헌당했는데 무보수로 기도원의 사역을 맡은 6명의 사역자들을 위해 기도하는 시간을 가졌다. 특별 기도를 요청하는 사람들은 기도원에 오게 해서 각자가 1시간씩 준비 기도하게 한 뒤 내가 기도해 주었다.

우리는 떠나기 전에 성령의 감동하심을 따라 기도원에 오는 사람들을 위해 20권의 성경책을 기증했다. 일꾼들이 많이 부족해서 신학학사(B. Th.), 석사과정(M. Div.)을 졸업한 신학생들이 대부분 교회의 지도자들로 쓰임 받는 모습을 보며, 주의 영혼들을 추수할 일꾼들이 얼마나 필요한지를 절감할 수 있었다. 앞으로 M. I. 인도를 통하여 많은 헌신되고 유능한 종들을 훈련시켜 파송해야 할 필요성을 더욱 절감하게 되었다.

통역으로 수고한 사일렌 이즈와리(Sailen Iswary) 형제는 케를라에서 석사과정을 마치고 본가이가온 신학교에서 가르치고 있는데 그가 최고 학부 출신이었다. 한국에 와서 박사과정을 공부하는 것이 그의 꿈이었다. 한국이나 나갈랜드에서 신학을 공부하고도 뚜렷한 사역지가 없어 이곳저곳 문을 두드리고 있는 주의 종들이 있다면 눈을 들어 하나님의 일꾼들이 오기를 간절히 기다리는 이런 곳에 올 수 있기를 간절히 기도한다.

한국인들이 선교와 나누어주는 삶에 뛰어난 것을 설교한 다음

날, 주일 예배에 생각지도 못했던 많은 헌금들이 들어와 말씀을 들은 대로 실천에 옮기려는 그들의 순종하는 마음을 읽을 수 있어 기뻤다. 함께 사역에 동참해온 모든 동역자들께 다시 한 번 감사드린다.

# 8

# 네팔 및 인도 델리 단기선교

　　　　　　하나님의 인도하심과 은혜 가운데 2013년 4월 25일-5월 4일 네팔과 인도 델리 단기선교를 잘 다녀오게 되었다. 그동안 한국과 인도에서 많은 동역자들의 중보기도와 물질의 헌신이 있었기에 어려움 없이 뜻 깊고 보람된 아웃 리치(Out-Reach, 선교를 겸한 봉사활동) 사역을 잘 마칠 수 있었다. 사랑의 관심과 격려를 보내준 한 분 한 분에게 다시 한 번 감사드린다.

　네팔 카트만두에 계신 데모(Demo) 선교사로부터 네팔 목회자 세미나를 인도해 달라는 초청을 받고 기도하던 중 성령께서 '회복'이라는 두 글자를 떠올려 주셨다. 환경적으로 보면 갈 수 없는 상황이었지만, 하나님은 신앙의 핍박과 어려움 속에서도 믿음을 지켜온 네팔 목회자들을 격려하고 영적으로 회복시켜 주라고 하셔서 믿음으로 순종하고 나아갔다.

네팔 단기선교를 가기 전에 단기팀(지형욱 간사, 이정향 자매, 박기훈 형제와 나)은 다섯 가지 기도 제목을 놓고 매일 하루 3시간 이상씩 기도했고, 한국과 인도의 기도 동역자들에게도 이런 기도 요청을 했다.

   1) 영육 간의 강건함. 성령의 기름 부으심
   2) 능력 있고 감동적인 메시지 선포
   3) 네팔 목회자들의 영적 회복, 치유의 역사
   4) 부족한 재정의 채워짐
   5) 만남의 축복과 사역의 확장

나는 지금까지 네팔을 두 번 다녀왔지만 그 어느 때보다 이번에 더 많은 중보 기도를 성령께서 시키셨다. 종교의 자유가 없고 핍박과 고난 속에 갇혀 있던 네팔 신앙인들에게 다소 영적 자유가 주어졌기 때문에 네팔에 할 일이 그만큼 많아진 것을 느꼈다. 말씀에 갈급한 사람들이 모인 집회 중, 전에도 많은 치유의 기적이 일어났었기에 이번 집회에도 놀라운 성령의 역사가 일어나기를 간절히 기도했다.

처음엔 혼자 네팔 단기선교를 계획했지만 아무래도 동행이 있는 것이 좋을 것 같아 영적 아들이자 동역자인 지형욱(Joel) 간사에게 얘기했더니 흔쾌히 같이 가겠다고 했다. 네팔의 다일공동체에서 자원봉사자로 섬기고 있는 여동생도 만나고 단기선교도 경험하고 싶어 하는 이정향 자매와, 앞으로 선교사가 되고자 하는 박기훈 형제도 하나님께서 가라는 마음을 주셔서 네 명이 한 팀이 되어 가게 되었다.

그러나 생각지 않았던 일들이 우리를 기다리고 있었다. 집안의 갑작스런 재정적인 어려움과 어머니의 수술로 인하여 비행기 티켓 값을 마련할 수 없는 상황도 생기고, 몸이 여기저기 아프면서 호흡에 장애가 온 지체도 있어서 네팔에 가는 일이 그리 쉽지만은 않았다. 사탄이 갖가지로 영적 공격을 하였지만 우리는 더욱 합심하여 기도하며 악한 세력들을 물리쳤다.

하나님은 두 형제에게 3일씩 금식하라는 마음을 주셔서 믿음으로 금식했고, 금식이 끝나자 다소 마음의 평안이 왔다. 우리가 가는 슈르케트(Surkhet) 지역은 네팔의 중서부에 있는데 수도인 카트만두에서 네팔간지(Nepalganj)까지 국내선 비행기를 타고 간 뒤, 다시 4시간을 차로 가야 하는 멀고 꽤 더운 지역이라는 얘기를 들었다. 네팔 출신인 크리슈나(Krisnah) 전도사가 네팔은 국내선 사정이 좋지 않아 바람이 많이 불면 추락사고도 생기기 때문에 특별히 조심해야 한다며 우리가 무사히 다녀올 때까지는 잠도 평안히 잘 수 없다고 미리 우려를 표시했다.

네팔의 목회자들은 모두가 가난하기 때문에 사흘씩 걸어서 집회 장소에 온다고 한다. 그래서 호텔 경비나 차비까지 우리가 부담해야 해 재정적인 부담감이 컸다. 한국의 중보자들과 후원자들에게 기도해 달라고 요청했더니, 많은 위로와 격려의 말씀을 담은 메시지들을 보내주어서 마음속에 있던 답답함과 두려움들이 떠나갔다. 또 내가 인도한 새벽기도 말씀이 '염려하지 말라'(마 6:25-33)였고, '너희는 마음에 근심하지 말라 하나님을 믿으니 또 나를 믿으라'(요 14:1)로, 아무것도 염려하지 말라는 말씀이 연속 2주째 계속 나왔다. 누구보다 우리의 모든 형편과 사정을 잘 아시는 하나님이 일하고 계시기에 우리는 어떤 상황 속에서도 하나님을 신뢰하며 나아가야 했다.

우리 신학교 졸업생이자 제자학교 교사인 소피아 자매가 건강이 여의치 못해 집에서 한 달간 쉬려고 가면서 네팔 선교를 위해 500루피(한화 12,500원)를 헌금했다. 이것이 이번 우리 선교 여행의 첫 씨앗 예물이었다. 하늘에 구름 조각만 떠도 비가 올 것이라고 믿었던 엘리야처럼 우리의 모든 물질적, 영적, 환경적인 어려움들을 돌보아주실 것을 믿는 담대한 믿음이 우리에게 요구되었다. 네팔 경비는 비행기 값만 각자 약 100만원(국제선+국내선)이 들고, 체제비와 식비, 교통비까지 합치면 상당한 돈이 더 있어야 하는데, 그만큼의 물질은 없었지만 하나님은 모든 필요를 채워주시겠다고 우리에게 거듭 당부하셨다. '우리의 믿음 없는 것을 도와주소서'라고 고백하며 은혜의 보좌 앞으로 한 걸음씩 나아갔다.

떠나기 직전에 우리 인도 M. I. 교회와 각 기관 및 학생과 스텝들이 네팔 선교를 위해 귀한 옥합들을 깨뜨렸다. 지금까지는 주로 한국의 재정적인 도움을 받아왔지만 이제는 받은 은혜를 나누며 타문화 선교에 적극적으로 동참해야겠다는 인식이 싹튼 것이 기뻤다. 우리 멤버들이 선교에 더 많은 관심을 갖고 기꺼이 동참하는 모습을 볼 때 뿌듯했다.

학생들의 따뜻한 전송을 받으며 4월 25일 디마푸르를 출발, 콜카타를 거쳐 당일 밤 8시 5분 델리에 도착했다. 작년에 미국인 크리스 차드(Chris Chad) 부부와 함께 M. I.에 와서 말씀을 전했던 공무원인 나갈랜드 자매 머시(Mercy)의 소개로 그녀의 집 가까운 게스트 룸에서 편한 1박을 보냈다.

26일 오전엔 인디아 게이트(India Gate) 부근을 산책한 뒤, 오후에 비행기로 네팔의 수도인 카트만두로 가 공항에서 임시 비자를 받게 되었다. 마중 나온 소망의 집 조현경 선교사의 안내로 그녀가 운영하는 게스트 하우스로 갔다. 20년간 네팔에서 48개 교회를 개척하고, 두 고아원을 통해 450명의 고아들을 주님의 사랑으로 먹이고 입혀 오신 이해덕·조현경 선교사 부부! 신학교와 초, 중, 고등학교도 운영하는 두 분의 삶과 사역에 많은 도전을 받았다. 같이 협력하러 오신 최해웅·양인희 선교사 부부의 따뜻한 환대와 양인희 사모의 정갈한 한국 음식은 여정에 지친 우리의 피곤과 허기를 채워주었다.

27일 카트만두에서 네팔간지로 향하는 작은 국내선 비행기를 타고 가는 도중에 창 밖으로 히말라야 산을 보게 되었다. 만년설에 뒤덮인 히말라야 산은 아침 햇빛을 받아 영광의 봉우리처럼 우뚝 서 있었다. 이런 장관을 볼 때 그간의 바쁜 사역 속에서 하나님이 모처럼 이런 귀한 휴식의 시간과 평생 잊지 못할 아름답고 웅장한 산을 보여주신 것에 대해 감사하고 또 감격했다.

이번 집회에 강사로 초청받은 미국의 듀안(Duan) 목사는 아프리카에서 17년간 선교사로 사역하면서 수많은 난관을 겪었으며 다리에 대수술을 몇 번이나 하셨다. 지금은 인도 벵갈로에 온 가족이 정착하여 많은 목회자들과 리더들에게 복음이 전혀 전해지지 않은 지역들을 소개해주고, 그곳으로 선교의 시선을 돌리게 하는 사역을 하고 계신다. 우리와 같은 비전 속에 선교의 길을 걸어가는 귀한 주의 종을 만난 것이 큰 기쁨이요 축복이었다. 준비되고 헌신된 사역자들을 더 많이 그런 복음의 불모지에 보내야 할 책임과 사명이 우리에게 있음을 다시 한 번 확인하는 계기가 되었다.

네팔간지 공항에서 자동차로 약 3시간 30분 만에 집회가 열리는 슈르케트에 도착했다. 디마푸르의 한여름 날씨처럼 무더웠지만 습도는 낮았다. 가까운 호텔에서 1박 후 4월 27-30일까지 사흘간 슈르케트의 한 교회에서 교회 개척 훈련 세미나가 열렸다. 미전도 종족에 대한 연구보고와 더불어 재정 및 목회자 가정에 대한 강의, 새벽기도 및 저녁 예배가 이어졌다. 이번 목회자 세미나에 참석한 대부분의 사역자들은 슈르케트 출신들이 아니라 네팔의 여러 지역들, 심지어는 오지에서 사흘씩 걷거나 버스를 타고 온 분들이 많았다. 하나님의 말씀을 더 알고 영적으로 재충전받으며 선교의 전략들을 알기 위해 사모하며 모인 이들에게 하나님이 성령의 풍성한 은혜를 부어주셨다.

목회자 리더십 및 교회 개척 세미나의 자료를 준비했는데, 의외로 프로그램을 받으니 내가 새벽기도와 저녁 집회에 말씀을 네 번 전하기로 되어 있었고, 미국에서 온 듀안 목사, 인도의 봄베이에서 온 존슨 목사, 델리에서 온 기어 박사, 카트만두에서 온 스미스 목사 등 경험 있고 각 방면에서 두각을 나타내는 강사들이 나머지 시간에 편성되어 있었다. 찌는 듯한 무더위 속에서도 하나님의 선교를 좀 더 효과적으로 감당하기 위해 힘쓰는 강사들과 열정을 갖고 환경을 초월해 모인 목회자들이 참석한 세미나는 4월 30일 폐회 예배와 더불어 잘 마무리되었다. 나에게 소감을 간단히 말하는 시간이 주어져서 슈르케트에서 느낀 점들을 간략하게 나누며 다음에 만날 것을 기약했다. 모두가 촛불을 하나씩 들고 둥글게 서서 세상에 복음의 빛을 비추자는 서원식을 가졌다.

종강식 후 슈르케트에서 사역하시는 최바울·그레이스 선교사 부부가 우리 팀을 저녁 식사에 초대하였다. 두 분은 미국에서 20년 동안 사셨는데 하나님의 사명을 받고 일 년 전 카트만두에 와서 언어훈련을 받았다. 그래서 나이가 드셨음에도 영어와 현지어인 네팔어를 잘 구사하셨고, 평신도 선교사이지만 하나님 음성을 잘 듣고 순종하는 아름다운 크리스천의 모습을 보여주었다. 이곳으로 오시기까지 하나님이 그들을 어떻게 인도하셨는지 간증하였을 때 모두가 감동받고 도전되었다. 5월부터 사립대학에서 한글을 가르치고 앞으로 교사가 될 학생들을 제자 양육하여 세상에 영향력 있는 지도자들로 키우는 것이 그들의 비전이다.

5월 1일, 떠나기 전 INF(International Nepal Fellowship, 국제 네팔 펠로십)가 운영하는 병원에 가서 환자들을 모아놓고 잠시 교제의 시간을 가졌다. 한센병 환자 및 다리를 못 써서 휠체어에 앉은 사람들이 대부분이었고, 세미나에서 설교 통역을 받았던 존(Jonh) 목사가 책임자로 있었다. 마태복음 9:23, 야고보서 5:13-15 말씀으로 우리의 치유자 되시는 예수님의 사역을 나누며, 어떻게 우리가 믿음과 기도로 치유될 수 있는지를 전했다. 하나님의 말씀을 듣고 소망의 눈빛으로 다가오는 그들 가운데는 두 손이 없는 하나님의 지체들도 있었다. 육신은 멀쩡하지만 영혼은 병들고 영적 불구자들도 얼마나 많은가! 그러나 하나님을 믿고 찬양하는 이들의 마음속엔 이미 천국이 임한 것을 보고 기뻤다. 같이 온 박기훈 형제는 이 병원에 오니까 너무 마음이 평안해져서 집에 온 것 같고 언젠가 다시 이곳에 와서 봉사하고 싶다고 말했다.

아침식사를 마치고 차편이 여의치 않아서 낡은 시외버스에 합승해 공항까지 약 4시간 동안 덜커덩거리는 차를 타고 가야 했다. 날씨는 무더운 데 버스는 사람들을 한 명이라도 더 태우려고 가다 서고를 반복했다. 작열하는 일사광선을 받으며 가는 길은 쉽지 않았다. 나갈랜드에서 온 데모, 툰자모 선교사들이 얼마나 고생하시는지 조금이나마 느낄 수 있었다. 버스에서 내리자마자 두 선교사는 짐들만 릭샤 하나에 싣고는 빠른 걸음으로 우산을 쓰고 걷기 시작했다. 가까운 거리겠지 하고 따라갔는데 길은 멀고, 뒤도 돌아보지 않고 걸어가는 두 분을 허기진 배로 쫓아가다 보니 온 몸에 힘이 다 빠졌다. 네팔 사람들이 '얼마 안 가면 도착합니다' 라고 하고는 6시간 동안 데려가서 가파른 산을 넘나드는 경험을 미리 하셔서인지 우리들도 잘 따라올 것으로 생각하신 것일까?

비행기가 연착되어 7시가 되어서야 카트만두 공항에 도착하였다. 조현경 선교사가 차를 보내주셨는데, 우리가 탔던 버스와는 너무나 대조적으로 크고 에어컨도 나오는 12인승 미니 관광버스였다. 그동안 수고했다고 격려의 박수를 보내주신 주님께 감사! 소망의 집 게스트 하우스에서 언어 연수를 하고 계시는 선교사 부부가 우리를 다시 반겨주셨고, 양인희 사모는 두부 김치찌개를 해주셔서 모두가 맛있게 잘 먹었다.

5월 2일 목요일, 새벽기도 때 시편 46:1-5 말씀을 가지고 '도우시는 하나님'이란 제목으로 설교했다. 어린아이부터 청년에 이르기까지 약 15명이 시내 학교에 다니면서 소망의 집 게스트 하우스에 머물고 있었다. 치투완에 있는 고아원 '소망의 집' 450명

중 성적과 신앙이 가장 뛰어난 학생들만 이곳에 와서 공부할 수 있는 특권이 주어졌다. 발랄하게 찬양하는 한 어린자매가 너무나 예뻐서 새벽기도 후 꿈이 무엇이냐고 물었더니 앞으로 전도사가 되고 싶다고 했다. 이런 네팔의 꿈나무들이 있음에 이해덕·조현경 선교사의 사역이 더욱 빛나보였다.

매일 새벽 5시, 저녁 7시에 공동체 식구들이 함께 모여 예배를 드리는데 '쁘라부(주여!)'를 삼창 외치고 무릎을 꿇은 채 간절히 기도하는 이들의 기도에 큰 감동이 밀려왔다. 합심된 이런 기도가 쌓였기에 450명 소망의 집 아이들이 잘 먹고, 좋은 교육을 받을 수 있는 게 아닐까 싶었다.

우리 팀이 오기 얼마 전, 어려서부터 키워온 한글도 가장 잘 하고 사역도 열심히 돕는 기둥 같은 두 명의 형제가 건축 일을 돕다가 사고로 죽었다는 조현경 선교사의 말을 들었을 때 가슴이 아팠다. 20년간 사역의 현장에서 얼마나 힘든 많은 사건들을 겪어 오셨을까 가히 짐작이 된다.

네팔을 떠나기에 앞서 오전 7시엔 네팔 다일공동체에서 자원봉사자로 일하는 이정향 자매의 동생 이정화 자매와 함께 일일봉사를 하기 위해 '밥퍼' 현장으로 갔다. 한글 찬양과 더불어 힘있게 외치는 빈민촌의 어린영혼들 400명에게 매일 아침 무료 급식을 하기 위해 만반의 준비를 갖추는 네팔 다일공동체 스텝들의 섬김에 감동되었다. 한국에서 6년간 일했기에 한국말을 유창하게 잘 하는 현지인 부원장은 찬양 예배를 마친 후 귀가 아픈 한 아이를 자상하게 치료해 주었다. 식판에 음식을 담아 어린영혼들을 먹여 주는 자원봉사자들과 함께 우리도 앞치마를 두르고 배식을 도왔다. 이정향 자매는 무릎을 꿇고 식판을 한 명 한 명에게 '자이마시'라고 손을 모으고 인사하며 건네주었다. 한국의 최일도 목사가 섬기는 다일공동체가 세계 여러 곳에 밥퍼 사역을 전개하고 있음이 한국인으로서 자랑스러웠다. 곳곳에서 한국인 선교사들이 너무나 놀랍게 사역하고 있음에 파이팅!

식사 후 청소 및 정리하는 일을 함께 도와준 뒤 우리가 늘 화요일마다 중보 기도하는 네팔 침례신학교(Nepal Baptist Bible College, NBBC)로 향했다. 차가 갈 수 없는 곳엔 데모 목사의 오토바이 뒤에 타고 가는 색다른 경험도 하면서. NBBC는 우리 신학교와 비슷한 일면이 많아서 왠지 애정이 갔다. 사역을 시작한 것이 2006년으로 같고, 학생 수도 비슷하며, 도서관의 책도 3천여 권으로 거의 같다. 전임교수와 재정의 어려움이 있는 것도 동병상련. 수바슈(Subasuh) 학장을 만나 앞으로 방학기간이나 실천신학으로 단기선교 올 때의 교환 프로그램도 의논했다. 5층 건물을 임대로 쓰고 있는데 한국에서의 재정 후원이 해마다 10%씩 줄어들어 어려움을 겪고 있었다. 신학생들 전원이 장학금으로 공부하고 있으니 힘든 상황을 가히 짐작할 수 있다. 얼마 안 되지만 네팔에서의 마지막 돈을 조금 심었다.

오후 비행기를 타기에 앞서 최해웅·양인희 선교사와 같이 교제하고 함께 기도하는 시간을 가졌다. 부부 다 교사였지만 하나님의 부르심을 받고 네팔에 와서 사역하시는 헌신된 모습이 아름다워 보였다.

저녁 비행기를 타고 델리에 도착하였다. 이전에 머물렀던 머시의 아파트 게스트 하우스를 찾아갔는데 시스템이 바뀌어 미리 선불로 돈을 내지 않으면 예약이 안 된다는 뜻밖의 얘기를 들었다. 분명히 예약하고 갔는데…. 어쨌든 머시 자매 집에 가서 밤 늦은 저녁식사를 한 뒤 늘 중보기도하는 아비 소피(Avi Sophie) 형제와 리키 메도(Richy Medo) 목사께 전화해서 사정을 말씀드렸다. 열방기도원(All Nations Prayer House)을 하는 아비 형제가 방 하나와 사무실을 내어준다고 해서 그곳으로 가기로 했다. 밤 11시가 되었지만 흔쾌히 자신의 차를 가지고 와서 우리를 픽업해주는 친절함에 감사! 하나님은 우리가 함께 교제하고 기도하는 시간을 갖게 하기 위해 갑자기 일정을 바꾸신 것 같다.

선교 현장에서는 성령의 이끄심에 더욱 민감하게 반응해야 한다. 오기 전에도 준비 기도를 하는 가운데 이들을 만나 사역의 현장을 보고 오기를 원하신다는 감동이 왔었는데 꽉 찬 일정속에서 우리가 그 프로그램을 놓칠 뻔하자 하나님은 이 사건을 통하여 우리가 다시 아비 소피를 만나도록 상황을 몰아붙이셨다. 그 분의 계획대로 우리를 이끌어 가시는 그 섬세한 손길에 다시 한 번 감사한다.

5월 3일 금요일, 우리의 선교 일정을 은혜 가운데 무사히 마치고 돌아가기 전에 디마푸르의 M. I.에서 오전 금식이 있어 우리 일행도 오전 12시까지 금식하며, 선교 여정 내내 우리에게 놀라운 방법으로 역사하시고 모든 필요를 채워주신 하나님께 감사드리며 새롭게 감당해야 할 많은 일들을 두고 간절히 기도했다. 정오엔 아비 형제가 사역하는 열방기도원에 가서 함께 중보 기도하고 타이완에서 온 형제자매들과 교제하는 시간을 가졌다.

이번 선교 여행을 통하여 다시 한 번 깨달은 것은 곳곳마다 충성되고 헌신된 유능한 일꾼들을 찾고 있다는 사실이다. 좋은 환경이 아니라 열악한 환경들 속에서도 불평 없이 순종할 수 있는 사역자들이 필요하다. 신학교를 졸업하는 많은 사역자들이 사례비나 가족, 교육의 혜택, 편안함 등 자신의 기대감에 맞추어 선교지를 찾고 있다 보니, 정작 선교사들을 꼭 보내어야 할 곳엔 일꾼들이 부족하다. '나를 들어 바다에 던지라'고 한 요나의 고백이 새삼스럽게 다가온다. 앞으로 M. I. 선교 신학대학원과 제자학교를 통해 영적, 인격적, 말씀, 언어, 타문화 적응력, 섬김, 봉사에 뛰어난 많은 헌신된 사역자들을 배출하여 이들을 선교 현장에 투입시켜야겠다는 사명을 재확인하면서 돌아오게 되었다.

  이번 선교 여정 동안 우리를 눈동자처럼 지켜주신 하나님께 감사와 영광을 돌린다. 정말 주님의 마음에 합한 사역자들이 되기를 원한다. 모두를 잘 훈련시켜 필요한 곳에 보내소서! 그들을 사용해 주옵소서!

# 9

# 한국인 단기선교팀

| 한국 유학생들

왜 한국의 많은 유학생들이 차츰 인도 쪽으로 모이는 것일까? 예전엔 대부분의 유학생들이 영어 공부하러 미국이나 영국, 호주나 뉴질랜드 혹은 필리핀으로 갔었는데 요즘은 많은 학생들이 점점 인도 쪽을 향하고 있다.

지난번 거주 등록 신청을 하러 경찰서에 갔을 때 나갈랜드에만도 40명의 한국인들이 와 있다는 얘기를 들었다. 디마푸르 M. I. 센터에도 현재 나를 포함하여 8명의 한국인이 있다. 온 목적은 조금씩 다르지만 대동소이한 점은 선교나 신학 혹은 영어를 배우겠다는 것이다. 이들 가운데는 65세인 농부와 60세인 남자 목사도 있었고, 중학생과 대학생들이 대부분이다.

2003년 내가 처음 나갈랜드 땅을 밟았을 때는 RAP(Restricted

Area Permit, 제한지역 허가)라는 특별 허가증이 필요했다. 외국인은 한번에 10일만 머물 수 있었고 재연장하면 한 달까지 머물 수 있었다. 그러나 개인 혼자 올 경우엔 델리까지 가서 서류를 만들어야 하기 때문에 거의 1개월 이상이 걸렸다. 4명 이상이면 한꺼번에 허가를 받을 수 있지만 주도인 코히마의 외무부까지 가야 하는 번거로움이 있었다. 그 후 RAP는 PAP(Protected Area Permit, 보호지역 허가)라는 이름으로 바뀌었지만 여전히 철의 장막처럼 외국인들이 나갈랜드에 드나드는 것은 쉽지 않았다.

우리는 기도 때마다 하루 속히 이 모든 제한들이 없어져서 외국인들이 나갈랜드에 자유롭게 올 수 있게 해달라고 기도했다. 다행히 나는 인도 현지인과 결혼했기 때문에 가족 비자 5년을 받을 수 있었지만 다른 한국인들이 나갈랜드에 와서 장기적으로 머문다는 것은 거의 불가능했다.

2008년에 세 명의 학생들이 이곳에 와서 영어와 선교 훈련을 받을 때는 6개월 관광 비자를 받고 혹시라도 밖으로 다니다 허가증을 보여 달라고 할 수도 있기 때문에 마치 불법 체류자처럼 숨죽이며 M. I. 센터 안에만 머물러야 했다. 인도인들은 나갈랜드 사람들과 별로 사이가 좋지 않아서 외국인들이 자주 드나들면 독립운동 하는데 도와줄까봐 규제를 까다롭게 했다. 그래서 인도 비자 6개월이 끝나면 비싼 돈을 들여 네팔이나 방글라데시, 태국까지 가서 다시 관광 비자 3개월을 받아와야 했다. 한국 학생들의 비자 문제 때문에 17시간씩 기차를 타고 실리구리까지 가서 네팔 국경지대에서 임시 비자를 받고 다시 비행기로 수도인 카트만두까지 가야 했으니 비용도 만만치 않았다. 어떨 땐 실롱까지

13시간 버스를 타고 가서 학교 입학을 도와주어야 하는 경우도 있었다. 한 자매는 비자 연장 때문에 네팔에 가서 2개월간 머무르기도 했고, 어떤 학생들은 비행기 값을 아끼느라 카트만두까지 37시간 동안 버스를 탔다가 거의 초죽음을 맛본 경우도 있었다. 덕분에 고하티와 실룽을 여러 번 오가며 많은 믿음의 동역자들을 만나 교제하는 기쁨도 맛보았다.

그러나 하나님은 비자라는 문제를 통해서 네팔과 부탄을 서너 번 다녀오게 하시면서 선교의 지경을 넓히셨다. 네팔과 부탄의 국경 지역에 있는 가정교회들도 방문했고, 몇몇 교회에서는 치유 집회를 열어 많은 기적이 일어나는 체험도 했다.

우리는 포기하지 않고 기도했다. 하나님은 너무나 놀라우신 분! 힘든 고비들을 겪은 후에야 비자의 소중함을 깨닫게 되는데, 수년이 지난 어느 날 신문에 나갈랜드에도 1년 동안 시험 삼아 보호허가증을 없앤다는 공고가 났다. 1년간 외국인들이 자유롭게 오갈 수 있게 된 것이다. 할렐루야!

더 놀라운 일은 내가 비자 신청을 하러 한국에 있는 인도 대사관에 갔다가 영사관으로부터 정부에 등록된 허가가 있으면 우리 기술센터를 통해서도 1년 언어 연수 유학생 비자를 받을 수 있다는 정보를 얻게 되었다. M. I. 기술센터가 정부 등록을 받기 위해 6개월 동안 쫓아다니며 간신히 정부 등록을 마쳤는데, 애써 땀 흘리며 수고한 보람이 있었다. 드디어 M. I.를 통해 유학생 비자 1년이 나오게 되었다.

하나님의 역사하심은 거기서 끝나지 않았다. 얼마 전까지만 해도 1년 비자 만료 후 대개 콜카타 같은 큰 도시의 영사관을 가야 비자 연장이 가능해서 한 학생을 콜카타까지 비행기를 타고 보냈는데, 이제는 법이 바뀌어 나갈랜드 주도인 코히마에서도 비자 연장이 가능하다고 하여 그 학생이 다시 돌아왔다. 2년 전엔 코히마에 가서 한 학생이 비자가 만료되어 출국하기 하루 전에 비자 연장을 받았다. 그런데 놀랍게도 작년부터는 코히마까지 가지 않고 우리가 사는 디마푸르 경찰서에서도 1년 비자 연장이 이루어지게 되었다.

이처럼 우리 인간의 눈으로 보기엔 까다롭고 변화될 것 같지 않던 정부 외무부의 법조차도 하나님은 복음 전파와 선교 및 하나님 나라 확장을 위해 변화시키신다는 사실을 보면서 우리가 인내하며 기다릴 때 하나님은 모든 것을 협력하여 선을 이루게 하신다는 것을 느꼈다.

이곳 M. I. 센터에 한국 유학생들이 와서 얻게 되는 장점들 몇 가지를 소개하고자 한다.

1) 생활과 학교 강의가 영어로 진행되기 때문에 영어 실력을 향상시킬 수 있다.
2) 타문화 선교 공동체 속에서 인도, 미얀마, 네팔, 방글라데시 등에서 온 현지인들과 교제하며 타문화 선교가 무엇인지를 삶 속에서 몸소 체험할 수 있다.
3) 나갈랜드는 기독교 주(州)이기 때문에 대부분의 사립 초, 중, 고등학교는 물론 대학까지도 기독교 학교이고 채플이 있으며 핍박이나 우상 숭배에 노출될 두려움 없이 자녀들을 학교에 맡길 수 있다.
4) 비용이 저렴하기 때문에 많은 자녀를 둔 개척교회 목사들은

부담 없이 자녀들을 유학 보낼 수 있다.
5) 별도의 한국 식당이 있기 때문에 식사의 어려움이 없다.
6) 처음에 온 사람들은 센터가 지어지기 전에 와서 많은 고생을 했지만 지금은 시설이 많이 좋아져서 별 어려움 없이 생활할 수 있다.
7) 박사학위를 마친 많은 유능한 교수들이 있어 질적인 교육을 받을 수 있다.

그동안 하나님의 인도하심 가운데 100여 명 이상이 단기선교로 M. I. 센터를 방문했으며, 10여 명 이상이 1년 비자를 받고 이곳에서 공부하며 선교 사역을 도왔다. 이들을 통하여 하나님이 여러 모로 이 사역을 기도와 물질로, 또 가진 달란트들을 통하여 피아노나 한글, 기타 교육에 봉사하게 하셨다.

매일 새벽 경건의 시간과 오전 8시 30분~12시 30분까지 있는 영어 클래스 및 제자 학교와 신학교 강의, 오후 개인 기도시간(4-5시), 화요 중보 기도회, 금요 치유 집회, 토요 전도 및 주일 대예배 전도와 심방, 구역예배를 통하여 미래의 선교사들이 강한 선교 훈련을 받고 있다. 그들이 영적 성장과 선교의 열정을 키워가고 있음에 너무나 감사하다.

앞으로도 선교에 비전 있는 한국의 많은 청년들과 기도와 말씀이 잘 겸비된 교수들이 이곳에 와서 함께 배우고 가르치며, 많은 헌신된 주의 사역자들을 세워갈 수 있기를!

| M. I. 인도를 다녀간 분들의 감사 글

■ 존경하는 주님의 사람

문철재 간사

박남선 목사님께

처음 이곳에 도착했을 때 어리둥절하며 어떻게 적응하나 몰래 한숨을 몰아쉬었던 게 엊그제 같은데, 이제 그 모든 날들을 뒤로 하고 마지막 밤을 보내는 순간까지 왔다는 것이 신기하기만 하네요. 그 동안 목사님의 지도와 관심, 배려, 그리고 기도가 없었다면 여기까지 오는 것은 불가능했을 것이라는 것을 잘 알고 있습니다.

그런데도 막상 돌아보니 그 고마움을 여태까지 제대로 표현하거나 전달하지 못했다는 사실이 저를 무척 부끄럽게 만들고, 또 목사님께는 죄송하기가 그지없습니다. 그래서 이렇게나마 악필과 졸필임에도 불구하고 사과에 감사를 겸해서 몇 자 적어 올립니다.

제가 1998년에 M. I.를 처음 알면서 함께 한 지가 10년이 지났지만, 이곳 나갈랜드에 오기 전까지 목사님에 대해서는 거의 몰상식하다시피 한 상태였는지라 저돌적인 목사님의 사역 방향과 방침에 당황스러운 순간들이 있었습니다. 하지만 주님에 대한 열정과 영혼에 대한 사랑은 목사님에 대한 제 개인적인 평가의 결론을 '존경'이라는 두 글자로 마무리하기에 충분하고 또 넘침을 봅니다. 그리고 이 두 글자에 모자람이 없는 분과 생의 한 부분을 짧게나마 함께 했다는 사실은 저에게 무엇보다도 소중한 기억이 되지 않을까 합니다. 그래서 너무 진부할까 해서 저어되는 말이지만 이 이상 더 적절한 말을 찾지 못하기에 다시 한 번 마음을 실어 꺼내봅니다. 감사합니다!

다시 뵐 때까지 영육 간에 강건하시고, 가까운 시일 내에 한국에서 다시 대면하기를 기대합니다. (2008. 10. 31)

## ■ 목사님은 기도의 용사잖아요!

크리스탈(류하나 자매)

박남선 목사님

7개월이라는 기간 동안 부족한 저를 돌보아주셔서 너무나도 감사해요. 기쁠 때나 슬플 때나, 심지어 아플 때마다 목사님께서 바쁘신 와중에도 기도해주시고 말씀으로 위로해주셔서 저에게 얼마나 큰 힘이 되었는지 몰라요. 목사님을 도와드리려고 왔는데, 도리어 짐만 되진 않았는지 걱정이 돼요. 아프다, 피곤하다는 핑계로 기도시간 그리고 세미나도 자주 빠졌는데 지금 이 순간 그게 마음에 무척 걸리고, 목사님께 죄송해요.

"목사님 죄송합니다. 용서해 주세요. 사과 받아주실 거죠?"

목사님, 제가 나갈랜드에 와서 느낀 건 목사님께서 M. I.를 통해서 하시는 사역들이 너무나도 귀하다는 거예요. 영적으로 죽어가는 젊은이들을 말씀으로 깨우고, 기도로 무장시켜서 주님의 제자, 하나님의 일꾼으로 훈련시키는 이 모든 일들을 하나님께서 기쁘게 여기시고, 이 사역 위에 복 주실 것을 믿어요.

때로는 힘들고, 때로는 실망될 때도 있으시겠지만 늘 주님을 의지함으로 이겨내시길 바랄게요. 목사님은 기도의 용사잖아요! 저도 한국에 돌아가서 날마다 M. I.를 위해서 기도할 게요. 그리고 특별한 일이 없는 한 화요일에 하는 기도 모임에도 가서 한국 M. I. 식구들과 기도로 중보할게요.

목사님을 위해 뒤에서 기도하는 사람들이 많으니까 힘 내셔서 사역하세요. 그리고 요즘 목사님 건강이 염려가 돼요. 식사 제때에 하시고, 비타민도 꼬박꼬박 챙겨 드시고, 틈날 때마다 스트레칭도 하셔서 건강한 몸으로 주님일 하셔요.

케니 목사님이 오시면 목사님께서도 잠시 숨 돌릴 틈이 있으시겠죠? 차 한 잔 할 여유도 없으신 목사님을 보면 가슴이 짠해요. 그래도 기쁨으로 모든 일을 감당하시는 목사님을 보면 대단하기도 하구요. 피곤하실 것 같은 데도 새벽마다 일어나서 말씀 읽으시고, 또 공부하시는 모습을 보면 진짜 짱이에요. 하나님께서 목사님의 그 모습에 반하신 것 같아요.

성실함, 저도 목사님의 성실하고 충성스러운 면을 본받고 싶어요. 제가 가장 약한 부분이 성실성이거든요. 목사님, 기도하실 때 저의 약함을 위해서 기도해 주세요. 하나님의 충성스러운 일꾼이 되려면 성실해야 하잖아요.

목사님, 떠나려고 하니까 무지 아쉽고 마음이 힘드네요. 하지만 2년 후에 더 성장한 모습으로 다시 만날 거니까 괜찮아요. 나오시면 꼭 연락 주세요. 제가 맛있는 식사 대접할 게요. 해물탕이 어떨까요?

목사님, 주님 안에서 사랑하고 또 존경합니다. God bless you~♡

"내가 너와 함께 있어 네가 어디로 가든지 너를 지키며 너를 이끌어 이 땅으로 돌아오게 할찌라 내가 네게 허락한 것을 다 이루기까지 너를 떠나지 아니 하리라 하신지라"(창 28:15) (2008. 4. 29-11. 2)

## ■ 최곱니다. 아주요!

박하나●

사랑하는 박 목사님께

참으로 안 갈 것 같던 시간이 흘러 벌써 7개월이 돼가네요. 7개월, 짧다면 짧고 길다면 긴 시간 동안 부족하고도 부족한 저를 돌봐주셔서 감사해요. 여기 와서 아프기도 많이 아팠는데요, 그때마다 바쁘신 와중에

---

● 박하나 자매는 2008년 3월 15일-9월 23일에 걸쳐 약 7개월간 나갈랜드 디마푸르 M. I. 센터에서 나갈랜드, 미얀마, 네팔에서 온 형제자매와 같이 공동생활을 하면서 선교 훈련에 참석했다. 네팔, 부탄으로 단기선교에도 동참했는데, 틈나는 대로 한글과 피아노를 가르치고 문서 작업에도 도움을 주었다. 하나님께서 선한 뜻 가운데 그 길을 인도하셔서 주님의 나라에 귀하게 쓰임 받는 일꾼이 되기를 기도한다. (2008. 4. 29-11. 2)

도 저를 위해 기도해주신 것은 평생 잊지 못할 거예요. 도와 드린 것 없이 짐만 돼 드린 것 같아서 죄송해요.

목사님을 뵐 때마다 참 대단한 분이라고 생각해요. 항상 기도하시고, 무슨 일이 있어도 기도시간 지키시고, 피곤하신 데도 아침 경건의 시간 꼭 참석하시고, 항상 공부하시고…. 목사님과 저를 비교할 때 하나님 앞에 게으른 제 자신이 참으로 부끄럽고 죄송스러워요.

존경합니다! 목사님의 그런 성실함과 진실함. 저도 기도로 열심히 구하면 목사님의 그런 것들을 닮아가겠죠? 한국에 돌아가서도 잊지 않고 나갈랜드 기도 모임을 만들어서라도 목사님과 목사님의 사역을 위해 기도하겠습니다.

힘내세요. 여자의 몸으로 그것도 다른 나라 땅에서 모든 땅의 영광을 버리고 주님의 일을 성실히 하고 계시는 목사님을 제가 봐도 대단하고 기쁜데 아버지이신 하나님께서는 얼마나 사랑스런 눈길로 지금 목사님을 바라보고 계실까요. 땅의 것에 소망을 두지 않으시고 하늘에 소망을 두신 목사님! 한국에 가서 제 부모님께 목사님과 목사님 사역에 대해 말씀드리고, 특히 제 아버지께서 목사님 같은 참 목자가 되게 해달라고 열심히 기도할 거예요.

목사님! 끼니도 제때 못 챙겨 드실 정도로 바쁘신 목사님을 볼 때 맘이 울렁울렁해요. 케니 목사님 오시면 조금은 덜 바쁘시겠죠? 목사님의 건강을 위해서도 기도할 게요. 건강하세요. 언니처럼 다시 오겠다고 확실히 말씀 못 드려서 죄송하구요, 만약 다시 이곳에 오는 것이 하나님의 뜻이라면 순종해서 올게요.

저의 꿈, 확실한 비전을 찾을 수 있도록 기도해주세요. 떠날 날이 다가올수록 목사님과 모든 M. I. 멤버들에게 잘 하지 못한 게 후회가 되고, 아쉽고 슬프네요. 하지만 기도 속에서 만나면 되니까요. 한국에 오시면 연락주세요. 당장에 서울로 목사님 뵈러 올라갈게요. 감사했고, 감사하고, 감사할 거예요. 사랑합니다. God bless you!

"나는 선한 목자라 선한 목자는 양들을 위하여 목숨을 버리거니와"
(요 10:11)

## ■ 인도 나갈랜드에서의 9개월을 돌아보며

김선령 전도사(예인교회 목사 사모, 전 여의도 순복음교회 조용기 목사 비서)

처음 기도하시는 분으로부터 나갈랜드에 가라는 하나님의 음성을 들었을 때, 저는 마음속으로 그것을 무시했습니다. 인도라는 나라에 대해 혹은 나갈랜드라는 곳을 들어보기는 했지만 여기에 오리라고는 상상도, 꿈도 꾸지 못했기 때문입니다.

그러나 그 예언의 말씀을 들은 이후로는 하나님께서 구체적으로 환경 가운데 저를 마구 몰아붙이시는 것을 느낄 수 있었습니다. 계속적으로 제가 겪지 않았던 이해할 수 없는 힘든 상황들이 밀어닥쳤습니다. 많이 지친 어느 날 주님께 기도했습니다.

"주님! 정말로 제가 인도에 가기를 원하십니까?"

그 때 저는 사도 바울이 아라비아 광야로 간 것처럼 저도 광야로 가라는 하나님의 음성을 들었습니다. 보통은 순종해야겠다고 생각하면 마음이 편안한 데 저는 이상하게 마음이 너무나 불안하기만 했습니다. 정말 저에게는 모험과 같은 아찔한 순간이었습니다. 비록 마음의 결심을 했지만 제가 누리던 모든 것들을 하나하나 정리하면서 포기할 때에는 마음이 많이 아팠습니다. 특히 제가 매일 출근할 때 운전하던 차를 어려운 개척교회에 넘겨줄 때는 눈물이 났습니다.

하나님께서는 정말 정확하셔서, 제가 혼자 지내면 많이 외로울까 봐 좋은 동역자 도라(Dora) 전도사님을 함께 보내주셔서 서로 많이 의지가 되고 어려운 일도 함께 극복하게 하셨습니다. 처음에는 학생들과 잘 지낼 수 있을까 하고 걱정했었는데, 다행히도 학생들이 착하고 잘 따라주어서, 소그룹 모임을 인도하며 많은 힘을 얻었습니다. 저에게 나갈랜드에서 결혼해서 한국 가지 말고 여기에 있으라고 말하기도 하고, 제가 떠나면 빈자리가 너무 클 것 같다고 말할 때 한편으로 헤어짐이 슬프기도 하지만, 나를 이렇게 인정해주고 좋아해주는 사람들이 있음에 큰 위안을 받기도 했습니다.

그동안 한국에서 쉬지 않고 일했던 결과로 몸도 마음도 많이 지쳐 있었고, 제가 상상도 하지 않았던 미지의 세계에 대한 두려움으로 저는 밤잠도 제대로 이루지 못했습니다. 어떤 생각도 집중되지 않고 무언가에 쫓기다시피 짐을 챙겼습니다. 마치 돌아오지 못할 사람처럼 모든 것을 깨끗하게 정리하며 컨테이너에 싣기 시작했습니다. 부모님 특히 어머니는 제가 결단하기 어려운 또 하나의 과제였습니다. 저를 많이 의지하시고, 항상 친구처럼 함께 지내다가 제가 먼 나라로 그것도 어려운 나라에 선교를 떠난다고 하니까 몹시 슬퍼하시고 불안해 하셨습니다.

"무릇 내게 오는 자가 자기 부모와 처자와 형제와 자매와 및 자기 목숨까지 미워하지 아니하면 능히 나의 제자가 되지 못하고"(눅 14:26)

부모님도 미워해야 하지만, 제 자신의 목숨까지 미워해야 하는 결단의 상황이 너무 힘들었습니다. 나갈랜드 초행길에 덥석 1년이라는 기간을 정하여 간다는 것이 많이 두려웠습니다.

그러나 하나님은 예정대로 저를 인도로 인도하셨습니다. 처음 단기 선교팀 목사님들과 푸체로, 실롱, 코히마 등 여러 지역들을 다녔습니다. 인도에서 처음 타본 기차는 6.25 전쟁 후 피난 열차가 이랬을 거라는 생각이 들었고, 고급 숙소라고 들어간 곳은 불쾌한 냄새와 열악한 시설 등 가는 곳마다 한국과 특히 서울과는 비교도 되지 않을 정도로 낙후된 모습을 보며 실망도 했습니다.

지저분한 거리들, 초라한 집들과 거리, 사람들 어느 곳 하나 눈이 즐거운 곳이 없고, 마음이 만족스러운 곳이 없었습니다. 한 목사님께서 기도해주시면서 "너는 이곳에서 만족을 찾지 말아라"라는 하나님의 말씀을 들려주셨는데, 정말 지내면서 실망이 되고 참기 어려울 때마다 기억나는 말씀이었습니다.

그동안 정들었던 단기선교팀 목사님들이 약 3주의 여정을 끝내고 한국으로 돌아갈 때는 고하티 공항에서 그 분들이 부럽기도 하고, 혼자 남아야 한다는 외로움으로 많이도 울었습니다. 목사님들도 함께 우시면서, 꼭 기도할 테니 잘 인내하고 사역을 마치고 돌아오라며 격려해주셨습니다.

디마푸르로 돌아와서는 또 다시 모든 것이 적응하기 힘들었습니다. 우물에서 물을 길어와 샤워장에 들어가서 샤워하고, 화장실도 저 멀리에… 주방에는 개수대도 없는 이런 열악한 환경에서 정말 이렇게도 살아갈 수 있구나 하는 생각이 들 정도였습니다. 한국에서는 혼자 침대, 옷장, 화장대 등 부족함이 없이 생활했는데 여기에는 단지 엉성한 침대와 얇은 매트리스, 담요 한 장이 전부였습니다. 난방시설도 없고, 밤에는 추워서 오리털 잠바를 입고 자며, 하나님께서 왜 저를 이런 곳으로 보내셨는지 너무 이해할 수 없는 슬픔으로 많이 속으로 울었습니다.

박 선교사님께서 소그룹 리더를 맡기셔서 처음부터 정신없이 바쁜 일상을 보냈습니다. 매일 새벽 6~8시까지 새벽 예배, 수요일 새벽은 제가 소그룹의 성경 공부를 인도해야 했고, 아침 9시부터 1시까지는 이곳에서 진행되는 선교사 훈련 프로그램에 참석하여 강의를 듣고, 2시부터 3시까지는 요일을 달리하며 컴퓨터와 한글을 가르치고, 4시부터 5시까지는 매일 개인 기도, 그리고 7시부터 9시까지는 저녁 경건의 시간이 있었습니다.

행정일만 7년 넘게 했기 때문에 소그룹 성경 공부를 그것도 영어로 인도하는 것이 매우 부담스러웠습니다. 심지어 컴퓨터와 한글까지도 영어로 가르쳐야 하고, 기도도 영어로 해야 했으므로 예배에서 대표 기도를 한다든가 사회를 맡으면 여간 부담스러운 것이 아니었습니다.

그러나 박 선교사님께서 이것이 선교사 훈련이고 사역이라고 하시면서 계속 시키셔서 기도팀 팀장으로 또 토요일 전도팀 리더로, 화요 기도회나 주일 예배에서 대표 기도나 사회자로도, 새벽 예배, 4시 기도회, 저녁 예배 등 눈코 뜰 새 없는 스케줄로 인해 더 이상 한국이 그립거나 환경이 어렵다는 불평을 떠올릴 여유도 없이 1년 사역이 바쁘게 전개되었습니다. 한국에서는 약간의 불면증 증세가 있었는데, 여기에서는 매일 밤 꿀 같은 단잠을 잤습니다.

비록 환경적으로는 어렵고 낙후된 지역이지만, 영적인 저의 삶은 매우 풍요로워졌습니다. 또 이곳에서의 삶은 단순하기에, 저를 돌아볼 수 있는 시간도 있었고, 하나님과의 조용한 시간을 가질 수 있었습니다.

이곳 나갈랜드 디마푸르는 참으로 더운 곳입니다. 6월에서 8월까지는 상상을 초월할 정도입니다. 저는 제가 땀을 흘리지 않는 사람인 줄 알았는데, 여기서는 정말 뚝뚝 방울로 떨어질 정도로 그렇게 땀을 많이 흘렸습니다. 에어컨이 있는 것도 아니고, 천정에 달린 선풍기가 유일한 냉방시설인데 그것마저도 고장이 나서 약 2주 정도를 선풍기 없이 잠을 잔 것 같습니다. 지금은 10월이라 한국의 초가을이나 늦여름처럼 지내기가 좋은데, 아 그 때는 정말 타는 듯한 더위가 무엇인지 실감이 나더군요.

여기에서는 음식도 매우 귀해서 계란 하나 먹는 것도 매우 어렵고, 고기를 먹는다는 것은 정말 특별하게 받아들여집니다. 특히 M. I. 주변의 무슬림 지역을 다니면 헛간이나 창고와 같은 집에서 흙바닥에 침대 하나가 전부인 그런 비참한 곳에서 생활을 합니다. 주변에는 온갖 쓰레기가 널려 있고 하수도 시설이 없으므로 오물도 그냥 흘러가는 불결한 곳에서 생활합니다. 언제쯤 이 사람들이 한국 사람들처럼 잘 살게 될까요?

이곳에 복음이 들어온 지 200년이 넘었지만, 사람들의 삶은 이름뿐인 크리스천이 많다고 들었습니다. 그러나 하나님께서는 이 지역을 택하시고 사랑하셔서 인구 20만의 도시에 무려 40여 개의 신학교를 세우시고 많은 교회를 세우신 것에 감사드립니다. 영어를 공식 언어로 사용하는 곳이라 대부분 영어로 말할 수 있고, 어려운 환경에서 살아온 탓에 힘든 선교지에서도 잘 적응할 수 있는 기초체력이 있습니다.

하나님께서 당신의 종 박남선 선교사님과 케니 목사님을 이곳에 보내신 것을 보아도 이 땅에 예비하신 많은 축복이 있음을 알게 됩니다. 두 분의 헌신과 기도가 디마푸르를 변화시키고 나갈랜드로 확장되며 전 인도를 부흥시키고 전 세계로 펼쳐질 것을 기도합니다.

기도를 모르던 이곳 아이들에게 1시간을 너끈히 앉아서 기도할 수 있도록 훈련시키고 가르치신 박남선 선교사님께 박수를 보냅니다. 그리고 한국에서의 고된 훈련을 통과하시고, 이곳 인도에서 값진 사역을 담당하며 든든한 버팀목이 되어주시는 케니 선교사님께도 지지를 보내드립니다.

어려울 때마다 기도로 중보해 주셨던 한국에 계신 목사님들과 집사님들 그리고 저의 친구들, 또한 부모님께 감사드립니다. 이곳에서 중보 기도의 힘이 매우 중요하다는 것을 새삼 느꼈습니다. 한국에서 불철주야 주님 앞에 부르짖는 기도의 무릎들이 있기에 한국의 선교사님들이 전 세계의 구석구석을 누비며 선교의 값진 열매를 많이 맺을 수 있습니다. 기도의 중보자님들께 다시 한 번 감사를 드립니다.

이곳에서 저의 사명을 새롭게 재확인시켜 주시고 주님을 위해 다시 한 번 일할 수 있는 기회를 주신 하나님께 감사드립니다. 저를 사랑하셔서 이런 환경으로 저를 불러주신 것을 깨닫게 되니 주님이 인도하시는 곳은 그 어디나 천국임을 믿게 됩니다. 주님을 더욱 더 사랑할 수 있도록 제 믿음을 다져주시고 제 영을 새롭게 하신 우리 주 예수 그리스도께 모든 영광을 올려드립니다. 아멘! (2009. 2. 27-11. 10)

## ■ 축복의 장소 M. I.에 머물면서

오지영 자매(GRACE)

우선 8개월 동안 인도에 있으면서 많은 것을 훈련시켜 주신 하나님께 영광을 돌립니다. 작년 인도 미션 트립(Mission Trip) 때 방언을 받고 성령 체험 후, 다시 인도에 오고 싶어서 다니던 학교에 1년 휴학계를 내고 이번 3월 9일에 인도 콜카타에 오게 되었습니다.

콜카타 한인 선교사님 댁에서 3개월 숙박하면서 영어 개인지도를 받고, 자두푸르 대학에 매일 가서 인도 친구들을 전도하며 지냈습니다. 그러나 콜카타는 영어보다 뱅갈어를 많이 쓰기 때문에 '영어 실력 향상'이라는 저의 목표에는 어긋났습니다. 또한 매 주일마다 예배에 참석했지만 제가 숙박하는 곳의 목사님이 뱅갈 지역에서 사역하시기 때문에 주일 예배도 뱅갈리 언어로 예배드리는 교회에 참석해야 했습니다. 언어를 못 알아들어서 예배시간에 졸고, 공동체 생활 간의 문제, 무더운 날씨 등 모든 것들이 힘들어서 한국으로 돌아갈까 하고 여러 번 생각했습니다.

한번은 힘들어서 옥상에 올라가 울면서 기도하는데 그 때 마침 머릿속에 몇 주 전 소개받았던 콜카타에서 대학을 다니던 한국 자매가 갑자기 떠올라 전화를 하게 되었습니다. 잡담 후, 그 친구가 일주일 뒤에 나갈랜드로 여행하는데 같이 동행하지 않겠느냐고 저에게 제안을 했습니다. 저도 답답해서 여행이나 할 겸 선뜻 제안을 받아들여 그 친구를 따라 나섰습니다.

콜카타에서 나갈랜드까지 기차로 38시간. 우리의 도착 예정시간은 밤 11시였지만 그날따라 무슨 일인지 기차가 연착되어 아침 6시 45분에 나갈랜드 디마푸르 기차역에 도착했습니다. 그런데 이때부터 하나님의 계획하심이 드러났습니다. 한국인 최초로 저와 친구가 PAP(Protected Area Permission, 보호지역 허가)가 없다고 경찰서에 끌려간 것입니다.

비록 인도 비자가 있어도 나갈랜드는 특별 지역이라 외국인이 나갈랜드에 들어가려면 인도 비자와는 별도로 나갈랜드 특별 허가증이 필요했습니다. 대부분 한국인들은 나갈랜드 주민들과 외모가 비슷해서 PAP가 없어도 문제없이 잘 다녔지만 저와 제 친구는 무슨 영문인지 기차에서 내리자마자 외국인인 줄 알고 PAP를 보여 달라며 경찰들이 따라왔습니다. PAP가 없던 저와 제 친구는 경찰서에서 조사를 받은 뒤 하루 이내로 당장 콜카타로 돌아가라는 조치를 받았습니다.

당황한 저희는 수소문 끝에 디마푸르에서 사역하시는 목사님을 알게 되었고, 목사님께 도움을 요청했습니다. 그 분이 바로 박남선 선교사님이셨습니다. 경찰은 박남선 목사님 보호 아래 있겠다는 서약과 함께 디마푸르에서 일주일 머무를 수 있는 임시 비자를 주었습니다. 이렇게 저는 M. I.와 인연이 닿게 되었습니다. 경찰서에서 박 목사님을 따라 M. I. 센터에 가서 5월 3일 주일 예배를 드리게 되었습니다. 비록 시골의 누추한 대나무집이었지만 학생들이 옹기종기 앉아 열정적으로 예배드리는 모습이 저를 감동시켰습니다.

M. I.에서 훈련받으면서 한국에서 게으르고 나태했던 생활 리듬이 바뀌었습니다. 인터넷, TV가 없어도 제가 하루를 알차게 보낼 수 있다는 것에 놀랐습니다. 아침 5시에 기상해서 5시 30분에 Q.T.와 기도회를 갖는데, 매일 경건의 시간은 저에게 많은 가르침을 주었습니다. 아침 운동 후에 8시 30분~12시까지 수업을 듣고, 점심 후 1~3시에 개인 공부, 오후 4~5시에 1시간 동안 개인 기도, 6시 저녁식사, 7시에 저녁 예배드리고 밤 9시에 취침하는 규칙적인 생활을 하게 되었습니다.

물론 힘든 점도 있었습니다. 한국의 친구들과 가족이 그립고, 더운 날씨, 희귀한 각종 벌레들, 녹 냄새 나는 물, 음식, 우물에서 물을 길어서 샤워하고 잦은 정전으로 촛불, 랜턴 생활, 모기장을 치고 무엇보다 처음 경험하는 공동체 생활에서의 대인관계 등…. 사탄은 저를 넘어뜨리며 자주 공격했습니다. 그때마다 눈물 흘리며 기도를 했고, 하나님은 제 기도에 응답해 주셨습니다.

금강석이 아름답고 가치 있는 보석인 다이아몬드로 다듬어지듯이 하나님은 저의 모난 부분들을 다듬길 원하셔서 사람들과의 관계를 통해 저를 만지기 시작하셨습니다. 객관적인 눈으로 저를 돌아보게 되었고, 자기 중심이 강했던 저는 차츰 자아가 깨어지기 시작했습니다. 문화적 충격도 많이 받았습니다. M. I.를 비롯해 방문한 신학교에서는 남자, 여자들이 따로 앉아 수업 받고, 밥 먹고, 일절 대화나 함께 외출하는 것을 금했습니다. 자유로운 대학생활에 익숙한 저는 이런 행동들이 이해되지 않았습니다. 손으로 밥 먹는 것, 화장실에서 휴지 대신 물과 왼손으로 뒷처리하는 것, 우리와 다른 사고방식 등에서도 상처 받고 충격 받았습니다.

한국에서 주일, 수요, 금요 예배에 참석하고 피아노 반주로 섬기던 저는 신앙생활을 열심히 한다는 자만이 있었습니다. 그런데 M. I.에서 하루에 한 시간씩 기도하면서 한국에서 한 시간씩 기도하지 않은 것이 너무나 회개가 되었습니다. 그래서 한국에 돌아가서도 리듬을 잃지 않고 기도와 영어공부를 꾸준히 하게 해달라고 기도 중에 있습니다.

M. I.에는 미얀마, 인도, 부탄, 한국 등 4개국에서 온 친구들이 함께 수업을 받고 있습니다. 각국의 친구들과 지내다보니 영어 듣기와 말하기가 저도 놀랄 정도로 늘게 되었고, 무엇보다 영어에 자신감이 생겼습니다. 생각의 사고도 넓어지고, 친구들의 사랑으로 쓴 뿌리들이 많이 치료되었습니다. 우리나라가 얼마나 잘 살고 좋은 나라인지 깨닫게 되었고, 제가 좋은 부모님을 만나 컴퓨터, TV, 카메라 등 많은 걸 가졌고 많은 축복을 받은 사람이라는 것을 미얀마, 인도 친구들과 비교해서 알게 되었습니다.

이곳 M. I. 친구들은 정규교육을 제대로 받지 못한 가난한 집안의 친구들이 많은데 전자사전, 샤프, 수정 테이프, 디지털 카메라를 보고 신기해 할 때마다 마음이 아팠습니다. 그러나 여기 친구들을 통해 저도 많은 도전을 받고 마음의 치료를 받았습니다. 이 친구들은 진심으로 저를 사랑해주었고, 관심어린 충고를 아끼지 않았습니다. 그런 여러 도움들 때문에 저는 자신을 객관적으로 보게 되었고, 나쁜 버릇들도 고치게 되었습니다. 또한 친구들은 기타, 드럼 연주 실력, 워십 댄스, 옷 만들기 등 달란트들이 참 많았는데 이것들을 개발하고 노력하는 모습에 도전을 많이 받았습니다. 한국에 돌아가면 기독 무용을 배우고, 기타·컴퓨터·피아노 등 많은 것을 배우고 하나님이 저에게 주신 잠재된 달란트를 개발해야겠다고 다짐했습니다.

매주 토요일은 전도를 나갑니다. 한국에 있을 때는 노방전도를 많이 해서 별 흥미를 느끼지 못했습니다. 그러나 M. I.에서는 팀별로 전도 나가 무슬림, 힌두마을 아이들에게 사탕을 주고 노래 부르며 복음을 전해서 무척 흥미로웠습니다. 처음에 전도 갔을 때 피부병 걸린 어린아이나 더럽고 냄새나는 옷을 입은 아이들에게는 다가가지도 못했습니다. 그러나 지금은 사랑으로 손도 잡고 안아주고 보듬어줄 수 있습니다.

8월에는 인도 비자 연장 겸 한국 팀과 함께 실리구리, 자발구리, 네팔, 뱅갈로로 비전 트립을 다녀왔습니다. 실리구리에 있는 은혜교회에서 집회를 가졌는데 작은 대나무집에 성도들이 옹기종기 모여 앉아 예배드리고, 카스트의 가장 높은 계급인 브라만 사모님이 가장 낮은 수드라 목사님과 결혼한 러브 스토리는 저를 감동시켰습니다.

목사님께서도 집이 가난해 1학년밖에 다니지 못하셨지만 하나님의 은혜로 영어도 유창하게 하고 배움의 열정이 대단하셔서 또한 은혜를 많이 받았습니다. 한국인 선교사님이 세우신 열방신학대학(All Nations Theological Seminary)에도 방문했는데 시설이 잘 되어 있었고 학생들의 복지도 잘 되어 있었습니다. 한국인 선교사님이 세우신 학교에서 인도 학생들이 열심히 공부하는 것이 뿌듯했고, 선교사님들이 자랑스러웠습니다. 방문일이 마침 8.15 인도 독립기념일이라 학생들이 거행하는 기념행사도 볼 수 있었습니다.

다음으로 자발구리에 있는 세인트폴 신학교를 방문했습니다. 10명 정도의 소수 학생들이 공부하고 있었는데 수풀이 우거지고 날씨도 후덥지근하며, 뱀도 나오고, 모기도 매우 많아서 지내기가 쉽지 않았습니다. 또 우물에서 물을 퍼서 50m 떨어진 샤워장과 화장실에 날라서 써야 하는 열악한 환경이었지만 이를 개의치 않고 생활하는 학생들이 대단했습니다.

네팔에서는 데모(Demo) 나갈랜드 선교사님을 만나 여러 곳(신학교, 교회 등)을 방문하였고, 한국인 자매가 경영하는 호텔에서 지내게 되었습니다. 크리스천 박해가 있는 네팔에서 열심히 선교하시는 데모 목사님이 존경스러웠습니다. 주일에는 네팔 교회에 참석했는데 찬양 팀의 수준급 연주 실력에 한 번 더 놀랐습니다.

미션 트립 마지막 행선지는 뱅갈로(Bengalore)였습니다. 뱅갈로에서는 토마스 신학교를 비롯해 동남아시아 신학대학교(South Asia Bible College, SABC)와 '크리스천 학업을 위한 남아시아 연구소(South Asia Institute for Advance Christian Studies, SAICS)' 등 많은 신학교를 둘러보게 되었습니다. 이번 미션 트립을 통해 저는 감사하게도 그동안 갈망했던 비전을 찾게 되었습니다. 바로 가르치는 은사를 개발하여 아시아에 있는 신학교들에서 학생들을 가르치는 것입니다. 많은 신학교 방문을 통해 교수진들의 공급이 부족하다는 것을 알게 되었습니다. 그래서 한국의 대학 졸업 후 인도의 신학대학원에서 석사과정(M. Div.) 학위를 공부하고 싶습니다.

한국으로 돌아가는 2주 남은 시점에서 지나온 8개월을 돌아보며 박남선, 케니 목사님, M. I. 친구들에게 감사의 마음을 전합니다. 무한체력의 박남선 목사님을 보면 하나님이 정말 살아계심을 느낍니다. 케니 목사님의 유창한 한국어 실력과 젊은 감각의 마인드는 제가 M. I.에서 머무는 동안 편히 지낼 수 있도록 도와주셨습니다. 개인 방을 쓰던 제가 처음으로 공동체 생활을 할 수 있도록 저를 많이 가르쳐주시고 지도해주신 김선령, 유미진 전도사님께 감사의 마음을 표하며, 저를 아껴주고 한 없는 사랑을 베풀어준 우리 M. I. 교회 모든 성도들에게도 고마움을 표합니다. 샬롬! (2009. 5. 5-11. 20)

■ **한 달 간의 훈련을 마치고**

조하민 학생

박남선 목사님께

1개월이라는 짧은 기간이었지만 저를 가르치고, 챙겨주시고, 기도해주신 목사님께 진심으로 감사드립니다. 새벽 경건의 시간, 수업 및 많은 프로그램에 빠진 것과 목사님께 오히려 짐이 되었던 것을 생각해보면 죄송한 생각이 듭니다. 죄송해요! 제가 잠이 좀 많은 데 새벽에 일어나서 아침 경건의 시간에 가는 게 저한테 참 좋은 경험이었던 것 같아요. 힘들고 피곤하고 더운 데도 불구하고 저를 위해 여러 학교들을 보여주신 모습은 평생 잊지 않을게요.

제가 여기 있는 동안 저한테는 아주 귀하고 은혜로운 시간이었던 것 같아요. 방학 동안에 여기에 안 왔으면 큰일 날 뻔했어요. 저는 목사님의 수업을 들을 때마다 어떻게 저렇게 해석을 잘하시고, 영어로 말도 유창하게 하시고, 말씀도 잘 전할까라는 생각이 들었습니다. 그리고 저는 목사님이 노력을 했고, 끝없는 공부를 해왔고, 많은 기도를 해왔다는 것을 깨달았습니다.

저는 목사님이 대단한 분이라고 생각하고, 존경합니다. M. I. 사역이 훌륭한 사역이 될 것을 확신합니다. 건강하세요. 감사합니다. (2009. 5. 16-6. 17)

## ■ 선교사님들을 존경합니다!

김 에스더 목사

이곳이 인도다! 너무 덥다. 소문만큼 40℃는 아니어서 다행이다. 지구상에 이런 생활양식을 가진 곳이 실제 있다는 걸 목격하니 참으로 놀랍습니다. 지금 이곳에 와보니 더욱 더 우리나라가 그립습니다. 대한민국이 자랑스럽습니다. 더욱 더 감사가 넘칩니다.

삶이란 무엇인가? 인간이 살아간다는 게 어떤 것인가? 하는 생각을 많이 하게 되었습니다. 주님의 뜻에 온전히 순종한다는 게 얼마나 어려운 것인지 다시 한 번 절감하게 되었습니다.

저는 개인적으로 선교사들을 가장 존경합니다. 여기에 와서 다시 한 번 확인했습니다. 선교사님들이 최고로 존경스럽다는 걸! 그리고 한국인들이 얼마나 물질로 많이 심는지를 새삼 확인하게 되었지요. 이 나라가 하루 빨리 몸이 건강해지는 분위기로 변화되기를 바랍니다.

"주여! 세상 모든 이들을 속히 구원해주소서!"

"주님! M. I.를 책임져 주세요. 주여! 진정으로 감사합니다."

"주님! 케니 목사님과 박 목사님께 영권, 인권, 물권을 부어주세요."

나갈랜드가 하루 속히 독립하게 하소서! 모든 학생들이 학업을 다 잘 마치게 하소서! 특히 데이빗 목사, 라첼, 다비타에게 강건함을 주소서! 서울 M. I.와 긴밀하게 잘 연결되게 하소서!

더 많이 감사하고, 더 많이 섬겨야겠습니다. 짧은 인생을 어디서 무엇을 하며 산다는 건 참으로 중요하다고 생각합니다. 기도해야 할 사람이 너무나 많습니다. 더 부지런하고, 더 시간을 쪼개며 살아야겠다고 생각합니다.

"주님! 그동안 기도해오던 모든 분들을 속히 구원해주소서!"

날마다 성령의 인도하심에 더욱 더 민감할 수 있도록 애써야겠습니다. 주님! 지금까지 지내온 것이 주님의 크신 은혜입니다. 저의 소망을 하늘에 두고 오늘도 성령 안에서 살아야겠다고 다짐해봅니다.

주님을 찬양합니다!(Praise the Lord!)

M. I.에 큰 감사를 드립니다(Thank you very much M. I.). ( 2010. 7. 31)

## ■ 주께서 가라시는 곳에

김영숙 전도사

2007년 9월 처음 신학교에서 박남선 목사님을 뵈었다. 그녀는 선교학 교수였고, 학생은 약 120명이라 개인적인 접촉은 전혀 없었다. 하지만 성령께서 그 때 이후로 계속해 M. I. 사역과 인도 나갈랜드를 놓고 기도하게 하셨다.

그러던 2009년 1월, 신학교 4학년을 앞두고 나의 사역을 놓고 기도하게 되었다. 공부를 마치면 어디서 어떤 사역을 원하시는지 성령께 주님의 뜻을 여쭈었다. 갑자기 너무나 뜨거운 마음과 눈물을 쏟게 하시며 성령의 탄식하는 소리로 나갈랜드와 케니, 박남선 목사님을 위해 M. I. 사역을 위해 기도하게 하셨다.

주님이 그 사역과 두 분을 얼마나 사랑하시는지 너무나 뜨겁고 넘치는 심정과 눈물을 주셔서 지금까지 그 때의 뜨거움을 잊을 수 없다. 1년 반이라는 시간을 지내는 동안 여러 번 마음이 흔들렸으나 그 때마다 성령께서는 한결같은 마음을 주셨고, 조금씩 더 분명하게 왜 이곳에 와야 되는지 그 이유를 말씀해주셨다.

Why(왜)? 라는 질문에 하나님은 항상 100% 답을 주시진 않는다. 다만 나 때문에 30%, M. I. 인도 때문에 30%, 지연이 때문에 40%라고 말씀하셨다. 아무도 오라는 사람도, 가라는 사람도 없었다. 오직 주님만이 성령님을 통하여 나를 인도하셨기에 나의 순종은 너무나 아름답다고 나는 스스로 기뻐한다.

인도에 오기 위해, 그 변하지 않는 목표 때문에 변변한 직장도 잡을 수 없었다. 인도에 오기 위한 경비를 모으기 위해 통장을 따로 하나를 만들고, 그 통장에 기도문을 적어 붙였다.

"주님! 주께서 가라시는 곳에 순종하여 갑니다. 필요한 모든 것을 위해 이 통장을 채워주소서!"

주님은 결국 집을 옮기게 하셨다. 단순히 집을 옮기는 것이 아니라 3년씩이나 기다려야 순서가 돌아오는 영세민 아파트였다. 신청한 것조차 까맣게 잊고 있었던 그 순서가 4월에 돌아와서 이사를 하고, 보증금이 남게 되었다. 또 주위의 작은 도움도 큰 힘이 되어, 함께 와야 될 영혼들까지 붙이셔서 오게 하셨다. 구자두 집사와 강명구 씨가 함께 오게 된 것도 하나님의 뜻임을 확실히 알았기에 과감히 나의 물질을 나눌 수 있었다.

와서는 섬김만 받고 가서 너무 미안하다. 약 두 달을 돌아보니 기도한 기억밖에 없다. 무엇보다 어려운 금식을 두 번씩(7일, 3일) 하면서 정말 마음껏 부르짖고, 울고, 찬양하고, 성령님과 교제할 수 있어서 너무나 감사하고 행복하다.

최근에는 새로운 비전들을 알려주시고, 왜 다시 와야 하는지 믿음을 다시 치르게 하시면서 나를 축복하시기 위한 모든 것을 준비하고 계심을 보여주셨다. 또한 M. I. 사역과 함께 할 수 있는 같은 심정을 허락하시고, 이 사역을 위해 더욱 낮아진 자세로 기도로 동참하게 하셔서 감사드린다.

영어로 들은 강의나 예배의 설교들을 통해 자신감과 도전을 동시에 받고, 이 지역을 전도하면서 무엇을 위해 더욱 기도하고 구체적으로 구해야 하는지를 느꼈다. 주님만을 바라볼 수 있는 정결한 마음을 주서서 너무 감사드리고, 이곳의 사역이 이제 열매 맺어가는 그 날들을 바라보며 소망을 놓치지 않고 기도한다. 부족하고 나약한 여종을 주님의 일에 불러주신 것만으로도 감사와 기쁨이 넘친다. 모든 영광 아버지께 드리며…. (2010. 7. 5-9. 1)

## ■ 축복의 시간들

김승경(대구 M. I. 간사)

"왕이신 나의 하나님 내가 주를 높이고 영원히 주의 이름을 송축하리이다 내가 날마다 주를 송축하며 영원히 주의 이름을 송축하리이다"(시 145:1-2)

제가 이 방명록을 쓸 시간이 왔다는 것이 실감나지 않습니다. 저의 마음은 계속 여기에 있어야 한다는 생각이 지배적이기에 한국에 간다는 것이 실감나지 않습니다. 저의 9개월간의 시간들을 되돌아보면 축복의 시간이었고, 하나님과의 교제가 충만한 시간들이었으며, M. I. 멤버들과 좋은 시간들을 보낼 수 있었던 행복한 시간들이었습니다.

처음에 여기에 온다는 마음을 먹었을 땐 암담하고, 제가 인도에 와서 무엇을 할 수 있을까 의아해 했습니다. 인도란 곳을 처음 방문하는 발걸음이기에 조금은 어리둥절한 마음을 가지고 있었습니다. 이러한 생각들은 저만의 것이고, 하나님은 저에게 이곳에서 많은 것을 배우고 느끼게 해주셨고, 기쁨으로 충만케 해주셨습니다.

먼저 케니 목사님과 박 목사님께 감사를 드립니다. 부족한 저를 따뜻하게 맞아주시고 함께 생활하면서 많은 것을 보게 해주셔서 감사합니다. 병아리 선교사와 같은 저에게 단단한 닭이 될 수 있는 토대를 만들어 주시고 사람을 사랑하는 방법도 몸소 행동으로 보여주신 것, 저의 마음 속 깊이 새기며 한국에 그 마음을 가지고 갑니다.

케니 목사님! 건강 챙겨가면서 사역하시고, 이 나갈랜드에서 제일 좋은 신학교가 되기를 기도하며 언제나 그 웃으시는 모습을 기억하겠습니다. E메일로 연락드리도록 노력할 게요. 하나님과 함께 기도의 동역자로서 대구 M. I.에서 열심히 기도하겠습니다.

폴라(박남선) 목사님! 어떻게 감사한 마음을 표현할 수 없을 정도로 감사하고 고맙습니다. 영어적인 부분에서 도와주신 것과 기도의 열정을 가질 수 있게 도와주신 것 등등 모든 부분에서 진짜 감사합니다. 또 한국에 함께 갈 수 있어서 진짜 기뻐요. 대구에 내려오시면 우리 맛있는 것 먹어요!

M. I. 식구들 이름들을 나열할 수 없지만 진흙 속의 진주들을 만나고, 다듬어지지 않은 다이아몬드와 같은 친구들을 만나서 행복했고, 그 기억을 가지고 갑니다. 주님의 이름으로 사랑합니다. 축복합니다. 모두들 건강해지고 용감해지며 하나님의 사랑을 받는 지체들이 되기를 기도합니다.

저는 한국에 가지만 이곳에서 보낸 시간들은 잊지 못할 순간들이고, 하나님이 저에게 주신 축복의 시간들이었습니다. 한국에 돌아가서도 기도하며 메일도 주고받으며 연락을 하면서 지내고, 하나님이 다시 저를 여기 나갈랜드 디마푸르에 보내 주시면 다시 올게요.

다시 한 번 감사하고 고맙습니다. (2010. 1. 8-10. 20)

■ **나갈랜드, 내게 온 소중한 기회**

이소예 자매

가장 먼저, 박남선 목사님과 케니 선교사님께 큰 감사를 드립니다. 처음 접하는 얼굴과 문화 속에서 저에 대한 보살핌으로, 제가 어려움과 외로움을 느끼지 못하고 생활한 것에 너무나도 감사드립니다.

하나님께서 내가 가기를 원하신다는 말을 듣고, 어떻게 갑자기 오게 된 인도! 진행 절차, 여권, 비자, 출발 일정. 학교 다니면서 시험에 바빠 갈지도 안 갈지도 확실히 정하지 못했던 내 마음 속에는 '모든 게 다 준비되어진다면 가야지'라는 수동적인 생각이 자리 잡고 있었습니다. 정작 제가 준비한 것은 아무것도 없는데 어느새 시험이 끝나고 나니 휘몰아치듯 인도 대사관과의 인터뷰만이 남아 있었습니다.

제가 1년 유학생 비자를 받고 나니 박상규 집사님께서 M. I. 기술센터로 1년을 받은 건 처음인데 하나님이 자매님을 정말 사랑하시는 것 같다고 말씀하셨습니다. 그제서야 정말 이건 저에게 주어진 또 다른 기회가 아닐까라는 생각이 들었습니다.

나갈랜드로 떠나기 전, 엄마가 나갈랜드에 대해 알고 싶거나 준비하고 싶은 게 있다면 물어보라고 하셨습니다. "엄마, 밥은 굶지 않고 하루 세 끼 먹을 수 있는 거죠?"라는 물음에 걱정 말라는 말에 더욱 홀가분하게 올 수 있었습니다. 정겨운 한국의 시골 풍경을 보며 처음이라 멍하니 사람들이랑 인사하고, 조금 지나서는 나의 액션과 효과음 "쉭쉭 등"으로 영어를 커버하고 금방 새로운 환경에 익숙해졌습니다. 물론 지금은 그렇지 않지만.

엄마는 기숙사 생활 한 번 안 해본 제가 과연 잘 먹고 잘 어울릴 수 있을지 굉장히 걱정하셨지만, 지금까지 먹는 것, 입는 것, 방도, 화장실도 어떤 것에도 잘 적응함에 하나님께 감사드립니다.

매일 아침 경건의 시간과 개인 기도로 한국에서 게을렀던 제 자신을 돌아볼 수 있었고, 기도할 시간이 많다 보니 예전보단 오래 앉아서 기도할 수 있게 되었습니다. 제 미래에 대한 생각과 마음도 정리하게 되었고, 수줍어하던 저는 M. I.의 모든 사람들과 친구가 되었습니다. 모든 사람들이 한국인들을 너무 좋아하고, 저를 반기며 맞아주어서 제 자존감을 다시 한 번 확인할 수 있는 계기가 되었습니다.

또한 한국에서 컴퓨터에 빠져 살던 저는 이제 컴퓨터에 빠져 살지 않게 되었습니다. 일주일에 한번, 그것도 가끔은 귀찮게 여겨지기도 했습니다. 이곳에 지내면서 한국에 비해 발전이 많이 덜 된 모습을 볼 때 제가 얼마나 혜택을 누리면서 살았는지도 알게 되었습니다.

어쨌든 심심하면 시장(Bazar)에 가서 입을 옷을 고르는 재미(나가미즈로 가격 깎기), 타운에 가서 안 먹어본 음식을 먹는 재미, 테자(Theja)가 코히마 갈 때 같이 가서 일주일 신세지며 지내는 재미 등등! 한 달도 안 남은 돌아갈 날을 생각해보니 언제 이 친구들을 또 만날 수 있을지 섭섭하군요. 약속했듯이 친구인 테자가 결혼할 때 꼭 참석하고 싶은데….

제가 아파 움직이지 못해 누워 있을 때 부모님이 한국에 있으니 자신을 엄마라고 생각하라면서 물수건을 갈아주었던 한국 식당의 요리사 헵시바와 니나, 하나님께 감사! 제가 잘못해서 스텝들이 꾸지람 했을 때, 박 목사님께서는 자신의 자녀를 본인이 꾸중할지언정 다른 사람들이 꾸지람하니 마음이 아프다고 하셔서 감동 받았었는데, 잘못을 용서하고, 사랑하여 주시며, 기도하고 아껴주시는 목사님께 감사!

한국을 사랑하시는 케니 목사님, 힘들 때 위로해주는 지영 언니, 나랑 같이 온 윤철 오빠와 찬욱이, 늦게 왔지만 부산 사투리 끝내주는 정재 오빠, 내 절친한 테자, 친해지고 싶었던 리디아(지금 친함), 내 룸메이트였던 루시와 라헬, 나갈랜드 언니 소피아, 가방을 줘야 하는데 왜 안 돌아오니 아비가일.

사리 고마워요, 입는 법 다시 알려줘요. 수자따 보고 싶어요. 학생식당 친구 아쿨레와 아촐레, 한국어로 돈 없다 말하는 에스더, 코미디언 엘리자베스, 메킬라 만들어 입은 에이레네, 비전 스쿨 르누와 프리실라. 사감인 글로리아와 메리. 알뜰살뜰 미리암, 지금 없는 조안나.

도움 많이 준 사무엘, 옆집 오빠 같은 아쿠, 만능 장인 제임스, 네 것 타이핑시키지 마 아브라함, 느끼며 기타 치는 엘리사, 무조건 엉클 위니, 한국어 더 배우고 싶니 다니엘, 어제 라면 럼팜 너한테 사 먹었어 모세, 비전 스쿨 선생님 니웨와 샴과 모비, 그냥 조나단 전도사 최고.

수염 기르고 멋져진 노블, 스폰서 좋은 호세아, 성경 사라 아들 이삭, 신학교 1학년인 푸페, M. I.의 데이빗 전도사와 존과 웨크로, 운전기사 웨떼, 뚝딱뚝딱 잘 만드는 제베디.

모두들 감사하고 사랑하는 사람들. (2011. 1. 21-2011. 11. 24)

## ■ 즐겁고 인상 깊었던 시간들

정윤철 형제(나사렛 대학교)

제가 처음 외국에 가야겠다고 생각했던 것은 군대에서입니다(약 3년 전이죠). 그저 앞으로의 할 일을 생각하고, 또 주님 주신 꿈을 꾸며 영어를 배워야겠다고 생각했었죠. 군복무 중 아버지께 전화해 외국에 가야겠다고 말했고, 아버지께서는 저에게 필리핀이나 인도에 아시는 분이 있다고 그 쪽에 가는 것이 어떠냐고 말씀하셨죠.

그래서 생각했던 곳이 인도였습니다(필리핀은 아무나 막 가니간 좀 힘들 것 같은 곳을 골랐죠). 전역 후 저는 외국에서의 생활비를 벌기 위해 친구의 소개로 삼성공단에서 6개월간 일을 하며 이곳에 대한 기도를 했지요.

그 후 인천공항에서 소예와 찬욱이를 만나고, 아무것도 모르는 셋이서 주님의 도우심으로 무사히 이곳 나갈랜드에 도착했지요. 이곳에 오기 전에는 화장지 없이 어떡하지? 밥은 잘 적응할 수 있을려나? 생각했고, 까짓 것 군대보다 더 하겠냐 생각했었지요. 그리고 이곳 M. I.에 도착해서 처음으로 놀랐던 것은 한국어로 인사해주는 M. I. 친구들이었고, 그 다음은 예상을 벗어나 너무 좋았던 방이었습니다. 모든 것이 생각보다 너무 좋았습니다.

그 후 M. I.에서의 생활과 일과들, 전도 활동, 가스펠 캠프, 여러 외국인 목사님들과의 만남, 푸체로 방문 등 정말 재미있었고 유익했습니다. 저의 선교에 대한 인식을 확장시켜 주었고, 또한 사역에 대한 지식을 더하여 주었습니다. 또한 여러 가지 공부들, 신학, 영어 수업들도 많은 도움이 되었습니다.

군대에서 잊어버렸던 지식들과 새로운 지식들을 쌓아가는 게 즐거웠고, 이곳 학생들의 열의에 차 있던 공부에 대한 태도 또한 저에게 인상 깊었습니다. 영어는 고등학교 이후부터 어떻게 공부해야 하나 고민을 많이 했었고, 이곳에 와서도 처음에는 감을 잡기가 많이 힘들더군요.

하지만 조바심 내지 않고 인내하니까 차근차근 시간이 지나면서 어떻게 해야 하는지 감이 잡히고, 조금이나마 사람들과 대화하게 된 저를 발견하니 너무 즐겁습니다.

다음에 기회가 되면 또 다시 이곳에 오고 싶네요. 3년 동안 저의 바람을 잊지 않고 기억하여 주신 하나님께 감사드리며, 이렇게 좋은 곳에서 항상 챙겨주신 박 목사님과 케니 목사님, 또한 많은 M. I. 친구들, 즐거웠고 감사합니다. (2011. 1. 19-11. 24)

## ■ 감사함을 다시 느끼며

황찬욱 형제

"누구든지 주의 이름을 부르는 자는 구원을 얻으리라 하였느니라"
(행 2:21)

주께서 이끄시는 길 따라 이렇게 오게 된 인도. 박남선 목사님과 케니 선교사님의 정성어린 보살핌으로 정말 편하게 지내다 가는 것 같습니다. 나갈랜드에 와서 많은 것을 체험하며 느끼고 또 배웠습니다. 한국에서만 있었더라면 못 느꼈을 것들을 경험하게 해주신 하나님께 감사하고 또 감사드립니다.

여기서 생활하다보니 한국에서 감사함을 못 느끼고 불평불만을 늘어놓은 제 자신이 정말 부끄러운 것 같습니다. 또한 이곳은 한국보다 기술이 뒤처진 곳으로서 생활하는데 조금 더 힘들고 어려운 면도 있었지만, 생활하며 지금 이렇게 있는 것에 만족하고, 감사하며 생활하니 1년이란 짧고도 긴 시간이 정말 빠르게 지난 것 같습니다.

처음에 와서 약 1주일만 지내다 학교 기숙사로 들어간 저라 M. I.에서 많은 시간을 보내지 못하여 아쉽기도 하였지만 결과적으로는 기숙사에서 나와 다시 M. I. 식구들과 많은 시간을 함께 보내 행복하였습니다.

또한 박 목사님의 많은 가르침으로 주를 알게 되고, 말씀도 알게 되고, 새로운 언어도 알게 되었던 정말 알찬 시간이었던 것 같습니다. 비록 아직 많이 부족해 많은 것을 알지 못하지만 이 가르침을 잊지 않고 계속 진보하여 주님의 일꾼이 되도록 노력하겠습니다. 여기서 지내왔던 일들을 생각해보면 마치 엊그제 같은데 벌써 갈 시간이 다 되었네요.

그리고 여기 와서 힘들게 사역하시는 박 목사님, 케니 선교사님께 도움은 못 드리고 폐만 끼치고 가는 것 같아서 너무 송구스러울 따름입니다. 하지만 두 분의 가르침을 잊지 않고 계속 주를 섬기고 찬양하고 또 날마다 M. I.와 목사님들을 위해 기도하겠습니다. 정말로 감사합니다! (2011. 1. 19~12. 13)

■ **말로 다 표현할 수 없는 감사**

리디아 자매(M. I. 선교대학원 B. Th. 졸업)

사랑하는 어머니 박남선 목사님께

전능하신 하나님께 영광과 경배를 드립니다. 목사님께 편지를 쓰는 것이 즐겁지만은 않습니다. 왜냐하면 제가 목사님과 M. I. 식구들과 잠시 떨어져 있어야 하기 때문입니다. 그러나 곧 우리가 다시 만나게 될 것입니다. 사실 어떤 표현으로도 이 편지에 담을 순 없겠지요. 제 맘속에 있는 모든 감정을 이 편지에 적기엔 너무 부족합니다.

오랜 시간 제가 M. I.에서 공부했습니다. 처음에 M. I.에 왔을 때는 영어로 의사소통을 잘 할 수 없었습니다. 그러나 지금은 목사님의 도움으로 영어로 말할 수 있지만 아직도 더 많이 배워야 할 것 같습니다.

제가 처음에 M. I.에 왔을 때는 아무것도 없었지만, 지금은 금이나 은보다 훨씬 더 가치 있는 것을 가지고 있습니다. 목사님, 제가 지금까지 성장할 수 있었던 것은 모든 것이 목사님의 큰 사랑과 인내와 저에 대한 관심 때문입니다.

어머니! 비록 세상에는 제 문제와 어려움을 이해할 수 있는 많은 사람들이 있지만 목사님만이 항상 제 옆에 서서 주의 말씀으로 저를 격려해 주셨습니다. 어머니! 전 지금까지 어느 곳에서도 당신같이 좋은 어머니를 찾을 수 없었습니다.

어머니! 그동안 좀 더 당신의 말에 순종하지 못하고, 더 잘 섬기지 못해서 너무 죄송합니다. 주님의 이름으로 저를 용서해주세요.

어머니! 당신이 저에게 하신 많은 일들을 제 부족한 언어로는 다 표현할 수 없지만, 주님께서 당신을 축복해 주시기를 기도합니다. 이것이 당신을 위한 저의 소박한 기도입니다. 제가 어디를 가든지 당신의 기도가 있어서 저는 앞으로 계속 나갈 수 있습니다.

어머니! 당신의 기도로 저를 붙들어 주세요. 당신은 마치 기도라는 강력한 도구로 저를 지탱시켜 주는 척추 같은 존재입니다.

어머니! 늘 당신이 그립습니다. 곧 당신께 돌아가겠지요.

어머니! 사랑합니다. 항상 주님이 당신을 돌보시고, 당신의 필요를 채워주시길 기도합니다. 곧 다시 만나기를….

## ■ 주님을 사랑하는 젊은이들

김종임 목사

할렐루야! 크신 은혜로 역사하시는 아버지 하나님을 찬양합니다. 아름다운 주님의 나라가 이곳 M. I. 인도에 임하신 것 감사합니다.

주님을 사랑하는 젊은이들이 주님 나라 위하여 이곳에서 훈련받고, 이제 사마리아 땅 끝까지 달려 나갈 것을 생각하니 너무나 기쁘고 소망에 가득찹니다.

서로의 사역을 위하여 기도하고 또 훗날에는 동역하며 주의 나라 위해 전진하기로 해요.

하루하루 학업과 기도 등 영성 훈련이 잘 이루어지는 삶의 모습이 너무 좋습니다.

　박 선교사님, 케니 목사님 존경하고 사랑합니다. 앞으로 성전 건축, 기술학교 건축 모두 잘 이루어지고 세계 선교의 큰 선교센터로 자리 잡을 줄 믿습니다. 사랑으로 정성껏 차린 식탁도 너무 감사했습니다. 후원으로 맺은 딸도 생겨 정말 감사하네요.

　남학생 숙소 건축 기념행사는 얼마나 감동적이고 아름다웠는지요! (2012. 3. 27)

## ■ 안디옥 교회와 같은 선교 사명을 감당하시기를

박광철(진리총회 총무)

　할렐루야! M. I.로 인도하신 하나님께 영광을 돌립니다. 말로만 듣던 선교 현장에서 박남선 목사님의 뜨거운 열정에 감동을 받았습니다.

　박 목사님이 디마푸르에서만이 아닌 전 세계적으로 선교사를 파송하는 안디옥 교회와 같은 선교 사명을 잘 감당하시기를 기도합니다.

　아울러 진리총회교단 본부와 신학교와 유대를 계속적으로 가지면서 교단 안에서도 중추적 역할을 감당하시기를 소원합니다.

　아쉬운 것은 너무 부족하여 더 많은 후원을 할 수 없음에 미안할 따름입니다. 다음 기회에 더 많이 후원할 수 있었으면 하는 마음 가득합니다.

　하나님께서 M. I.를 놀랍게 축복하여 주심을 감사하고 기도하며 이만 줄입니다. (2012. 10. 10)

## ■ 천하보다 귀한 한 영혼을 위해

김인범 목사

　이곳 M. I. 인도로 발걸음을 인도하신 하나님께 영광을 돌립니다. 박남선 선교사님과 케니 선교사님의 헌신적인 사역을 직접 보고 깊은 감동을 받았습니다. 하나님의 비전 가운데 M. I. 인도가 인도 전 지역과 근처의 나라들 및 전 세계에 복음을 들고 주의 명령에 순종해나가는 많은 주의 종들을 배출할 수 있기를 소망합니다.

특별히 무슬림 마을에 대한 지속적인 전도가 이루어지기를 원합니다. 천하보다 귀한 한 영혼 한 영혼을 위해 그들을 마음에 품고 기도하면서 하나님 사랑과 예수님 사랑을 전하여 그들도 주께로 돌아올 수 있도록 전도하는 일과 기도하는 일에 힘쓰시는 여러 신학생들과 목사님들의 헌신을 보면서 깊은 감동을 받았습니다.

하시는 모든 일에 주님이 함께 하시기를 바랍니다. (2012. 10. 10)

## ■ 두 분을 통해서 이루시는 일을 보면서

신경수 목사

할렐루야! 박남선&케니 목사님! 이번 방문을 통하여 많은 것을 배우고 돌아갑니다. 세계 복음화와 인도 복음화를 위해 하나님께서 두 분을 통해서 이루시는 일을 보면서 감동을 받습니다. 한국에 돌아간 이후에도 계속해서 두 분과 두 분이 하시는 일을 위해서 기도하겠습니다. 늘 건강하시고 항상 성령 안에서 아름다운 영적 교제가 이어지며, M. I. 인도의 무한한 발전과 두 분의 삶에 무한한 행복이 함께 하시기를 기도합니다.

주님의 사랑으로 축복합니다. (2012. 10. 10)

## ■ 역시 사람 사는 곳이구나

구계순 성도

먼저 저를 이 땅에 불러주신 하나님께 감사드립니다. 꿈에 그리던 이 땅을 밟게 되어서 또 한 번 감사드립니다. 사랑하는 딸을 머나먼 이국 땅 나갈랜드에 보내놓고 하루도 마음 편한 날이 없었습니다. 못살고 가난한 땅, 무덥고 살기 힘든 땅에 자식을 보낸 어미 마음 괴롭고 슬펐습니다. 콜카타에 도착하니 시골에 온 것 같았습니다. 환영을 받고 반가웠습니다. 그리고 호텔에 도착해서 호텔 옆에 사는 두 가정을 보았습니다. 너무나 초라하고 불결한 환경 속에 사는 것을 보고 눈물이 났습니다. 내 딸이 이 나라에 와서 선교를 한다는 것이 너무 마음이 아팠습니다. 이 모든 것이 하나님의 뜻인 것을 생각하면서 M. I.에 도착하였습니다.

M. I.에 도착하니 여기도 역시 사람 사는 곳이구나, 모든 것이 하나님의 인도하심이구나 생각하고 다시 한 번 감사하게 되었습니다. 여기 이 땅의 많은 영혼을 구하고 나아가 세계만방에 많은 영혼을 구할 수 있기를 간절히 빕니다. (2012. 10. 11)

■ 하나님의 마음을 보았고

패트릭 전(L.A. USA The Church 담임)

난생 처음 와본 이곳 인도 나갈랜드에서 하나님의 마음을 보았고, 그의 일하심과 인도하심을 보았습니다. 주님이 이곳을 택하셨고, 이 백성을 택하셨으며, 그것을 결코 후회하지 않으심을 분명히 깨닫고 느낄 수 있었습니다.

M. I.와 케니, 박남선 선교사님, 그리고 이곳의 모든 이들을 통해 이루어 가시는 새로운 부흥의 역사에 가슴이 벅차고 기대감과 소망으로 미리 찬양하며 감사를 올려 드립니다.

방문객으로 와서 나갈랜드의 전도자로, 대사로 파송 받고 갑니다. 하나님의 주권하심이 늘 떠나지 않고 함께 하시길 예수 그리스도의 이름으로 축복합니다.

주님 이끄시는 모든 곳에서 마지막 호흡까지 충성을 다하다가 우리의 영원한 집, 하늘에서 다시 만나 서로 반겨 맞게 되길 소원합니다. 사랑합니다. 축복합니다. (2013. 2. 17)

## ■ 피땀 어린 노력과 수고의 결정체

이우영 목사, 김귀애 사모(사랑의교회)

할렐루야! 하나님의 특별한 은총으로 M. I. 인도 나갈랜드를 방문하게 하시니 감사와 영광을 돌립니다. 저의 사모와 함께 박상규 집사의 세밀한 인도와 안내로 처음 디마푸르 M. I. 센터에 오게 되었습니다.

저는 30년 전 인도에 두 개의 교회를 세웠습니다. 교회가 먼저 인도를 방문하고, 저는 30년 후에 처음으로 찾아왔으니 더욱 감개가 무량합니다. 박남선 선교사는 한국에 있을 때 '서로사랑교회'에서 몇 번 뵌 적이 있었습니다. 박 선교사는 경북대 영문과를 졸업하셨고, 저는 경북대 의과대를 졸업했으며, 저의 아내도 경북대 간호학과를 졸업하였으니 경북대학교 동문으로서 더 친밀감을 느낍니다.

케니 목사는 한국에 오셨을 때 저희 교회에서 한번 설교하신 적이 있어서 더 잘 알고 있습니다. 박 선교사의 헌신적이고 열정적인 선교 사역에 놀라움을 금치 못합니다. 시간나면 기도하고, 가르치고, 예수님의 제자 만드는 일에 최선을 다하는 모습, 제자와 성도들을 사랑하여 눈물 뿌리며 기도하는 그 모습, 한 학생이라도 더 치료받게 하여 건강한 제자 만들려는 그 사랑, 현재 건축 중인 공사 계획과 미래의 꿈과 비전 모두가 피땀 어린 노력과 수고의 결정체인 것을 확실히 믿습니다.

여러 강의에 참여해보면서 알찬 내용의 커리큘럼과 열정적인 강의, 그리고 많은 학생들이 부지런히 공부하고 솔선수범해서 모든 일에 협조하고 잘 조화를 이루며 화기애애한 모습과 섬기며 봉사하는 모습은 참으로 인상적이었습니다. 한 사람 한 사람이 세계 복음화의 귀한 일꾼으로 성장해가고 있음을 보고 미래의 비전이 이루어질 모습이 보입니다. 말세에 남종과 여종에게 성령을 물 붓듯이 부어주시는 역사가 실제로 나타나고 있습니다. 전능하신 하나님이 함께 하시면 능치 못할 일이 없지요.

두 분 목사님! 영육간의 혼연일체, 일심동체 되어 천국에서 주님 앞에 설 때에 '참 잘했다'는 칭찬이 있을 것입니다. 더욱 열심히 기도하고, 죽도록 충성하여 하나님 앞에 영광의 면류관을 받는 그 날까지 함께 달려갑시다.

케니 목사님, 박남선 선교사님 존경합니다. 10일간 체류하는 동안 너무 세밀한 배려와 총장실까지도 우리에게 숙소로 내어주시고 두 분은 더 좋지 않은 방에 묵으면서 섬기시는 그 모습, 그 환대에 감사드리며 만배나 축복을 받으시길!

있는 동안 집에 있는 것처럼 너무 편안히 대접받고 갑니다. 디마푸르, 코히마, 푸체로 방문은 결코 잊지 못할 것입니다. 케니 목사님의 고향 푸체로는 가장 높은 곳에 위치해 있으며, 높은 고지에 우뚝 선 아주 큰 교회는 너무나 보기 좋았습니다. 아페(Ape) 형제의 결혼식에 참여하여 기쁜 시간, 좋은 시간 보냈습니다. 케니 목사님 고향집에 있는 여동생 가족들의 따뜻한 배려와 대접에 감사드립니다. 산골짜기 마을에서 출세한 케니 목사님! 하나님이 훌륭하게 인도, 성장, 축복하셨음을 느낍니다.

나갈랜드 전역에 십자가의 군기가 나부끼듯 교회로 가득 찼음에 하나님께 영광 돌립니다. M. I. 인도의 좋은 시설, 많은 학생들의 정성어린 수고와 헌신, 열심히 공부하고 충성하는 그 모습들…. 집에 가면 눈에 선하게 아롱거릴 것입니다.

박 선교사님, 케니 목사님 그동안 수고 많이 하셨습니다. 박상규 집사님 그리고 스텝들, 한국에서 공부하러 온 많은 학생들, 미얀마 각지에서 온 많은 학생들 모두가 앞으로 M. I. 인도를 통해 인도 주변 나라로, 그리고 세계 각국으로 복음의 깃발을 높이 들고 달려갑시다. 복음이 땅 끝까지 전파되기 위해서…. 하나님의 축복을 빕니다. (2013. 5. 8-18)

제 5 부

M. I.와 함께 하는 사람들

## 1 | 제자훈련을 시켜주신 M. I. 대표_ 전동주 목사

오늘의 내가 있기까지 가장 많은 영향력을 끼친 분이 있다면 나의 영적 스승이신 전동주 목사를 먼저 떠올리게 된다. 그는 직접 선교지에 가서 사역하지는 않으셨지만 많은 선교사들을 말씀과 제자훈련으로 세우고 보내는 선교사로서 그들을 기도하고 후원하며 한평생을 헌신해 오셨기에 우리에게는 전동주 선교사라는 호칭이 더 친숙하다. 늘 그렇게 불러왔으니까.

1983년 계명대학교에서 열린 '겨울 영어의 집(WINTER ENGLISH HOUSE)'에 영어 공부하러 갔다가 요한복음을 가르치는 미국인 그랍(Dr. Grab) 목사 부부를 만나게 되었다. 그들의 초청으로 계명대학교 옆에 있던 그 선교사 집에 가서 영어 성경 공부 모임인 '한미성서연구회(KABS)'를 알게 된 것이 내 인생의 전환점이 되었다. 그 KABS에서 전동주 선교사 부부를 만나게 되었고, 그로부터 영어 성경과 사역 및 제자훈련을 받았다. 1990년까지 8년간 전동주 선교사 밑에서 선교훈련 및 영어를 배웠고, 그 자양분은 오늘의 나를 선교사로 만들었다.

어느 추운 겨울, 대구시 남구 대명동의 앞산 APT에 있는 선교사님 댁에서 제자훈련을 받기 위해 나는 고등학교 교사로 있으면서도 늘 학생처럼 기쁨으로 달려가곤 했다. 많은 학생들 가운데서 다섯 명만 뽑아 제자훈련을 시작하셨는데, 두 번 이상 빠지면 탈락된다는 사실에 아무리 바쁜 일이 있어도 안 빠지려고 안간힘을 쓰며 1년 이상 제자훈련을 갔던 일들이 새롭다.

전동주 선교사는 하나님이 주신 지혜의 말씀과 뛰어난 영어 실력뿐만 아니라 온유하면서도 사람들을 헌신케 하는 많은 달란트들을 가지셨다. 사람들의 변화를 기다려주실 줄 아는 인내와 여유로움이 있으셨다. 방황하는 젊은이들의 문화와 마음을 잘 아시고, 이들에게 강요하지 않으면서도 서서히 강도 높은 크리스천으로 만들어 가시는 전도의 은사가 있으셨다. 그래서 처음엔 신앙도 없이 왔었던 많은 대학생들이 차츰 주님을 영접하고, 지금은 많은 목회자와 선교사들이 되어 세계 각처에서 복음을 전하고 있다. M. I.를 통하여 파송된 선교사들을 재정적으로도 뒷받침해 주셨다.

YWCA에서 늘 영어 예배를 드리면서 나의 영적 성장이 많이 이루어졌다. 그 당시에는 집안의 반대도 있었지만 나는 마음을 다하여 모든 모임에 참석하려고 애썼고, 대학을 졸업한 후에는 간사로 남아 전동주 선교사의 사역을 조금이나마 도울 수 있었다.

전동주 선교사는 그 사람이 가진 재능들을 잘 발견해서 알려주시고 그 일에 전념하게 함으로써 사역의 효과를 최대한 이루어 낼 것을 늘 당부하셨다. 내가 선교 현장에 와서 가장 어려울 때 재정적으로도 큰 도움을 주셨고, 영어 성경 공부 교재를 보내어 주셔서 이곳에서 교육하는데 많은 도움이 되었다. 지금도 가장 큰 후원자가 되셔서 모든 필요들을 채워주시고 있다.

1978년부터 M. I. 사역을 변함없이 이끌어 오신 그 분으로 인하여 많은 캠퍼스의 영혼들이 변화되었는데, 나도 그들 중의 하나로 그 사역의 길을 따라가고 있다. 지금은 국제교회를 세우시고, 전문인 선교에 큰 뜻을 두셔서 '국제전문인선교(Tentmaker International, TI)'의 상임 총무로서 세계 여러 나라에 그 리더십과 영향력을 펼치고 계신다.

## 2 | 우리 가족의 기도 중보자_ 김만조 권사

올해 87세의 김만조 권사님은 기도로 한평생을 보내신 중보 기도자이다. 내가 어렸을 때 우리 집은 교회와 마주 보고 있었는데, 권사님은 당시 남성교회의 사찰집사였다. 강한 불교 신자인 우리 부모님을 전도하기 위해 여러 모로 애썼지만 부모님은 너무나 완강하셔서 마음 문을 잘 열지 않으셨다.

하루는 권사님이 우리 어머니에게 찾아 오셔서 이런 고백을 했다. "내가 백일 금식 기도를 했는데 기도 중 하나님께서 저에게 '너는 네 이웃을 위해 무엇을 했느냐?'고 물으셨어요. 제가 머뭇거리고 있는데 성령께서 당신을 떠올려 주셨습니다. 그래서 이번에 가면 당신을 꼭 전도하려고 마음먹었습니다. 당신이 듣든지 아니 듣든지 저는 당신에게 전합니다. 어서 주님을 영접하시고 교회에 꼭 나오세요." 권사님은 간곡히 어머니에게 청했지만 고집이 센 어머니는 "기도해준 것에 대해서는 고맙지만 제게 믿음을 강요하지는 마세요."라고 일축해 버리셨다.

그 후 많은 세월이 지나 우리 집은 대구시 중구 남산동에서 상동으로, 또 달성군 가창으로 이사를 하게 되었고, 마주 보던 남성교회도 다른 곳으로 교회를 이전해 김만조 권사님과는 헤어지고 말았다.

훗날 가끔씩 어머니는 김만조 권사가 생각난다고 말씀하셨다. "지금 어디에 사시는지 궁금하네. 나를 위해서 백일간 기도해주신 분이신데. 그 분은 늘 기도로 사시고 신유의 능력을 받아, 아이를 못 낳는 여자들을 위해 기도해주면 아기가 생긴다고 하더

라. 그 분을 만나서 너를 위해 기도해주라고 하면 좋으련만….”

아기를 못 가지는 나를 안타까이 여기시는 어머니의 마음이 김만조 권사님을 애써 찾게 했다. 그렇게 몇 년이 지난 어느 날, 우연히 버스를 타고 가다 어머니는 낯익은 얼굴을 발견하고 어디서 보았는지 궁금해 이리저리 얼굴을 살피셨고, 그 분도 멈칫해서 얼굴을 뚫어져라 쳐다보셨다.

“이게 웬일이요?”

마침내 서로를 알아보고 놀라셨다. 늘 보고 싶었던 사람을 다시 만났으니 얼마나 기쁘셨겠는가! 하나님이 예비하신 극적인 해후였다. 김만조 권사님과 어머니는 우연히도 집이 그리 멀지 않은 곳에 살고 계셨고, 그때 어머니는 집에서 가까운 가창교회에 나가셨는데, 권사님도 같은 교회에 다니고 계셨던 것이다.

그 날 이후 김만조 권사님은 우리 집과 인도 나갈랜드 사역에 있어 기도의 파수꾼이 되셨다. 매일 밤 교회에서 철야하실 때 하루도 빠짐없이 우리 가족 특히 아버지의 영혼 구원을 위해 기도해주셨고, 자녀들이 주는 용돈을 아껴 인도 선교에 물질로도 아낌없이 심으시는 희생을 베푸셨다. 그 중보 기도로 인하여 아버지가 주님을 영접하고 교회에 나오시게 되었고, 세례를 받으신 후 천국 가시게 되었다.

오늘도 김 권사의 쉼 없는 기도로 인하여 사역에 큰 힘을 얻는다.

3 | 충성과 섬김의 영적 어머니_ 송금자 목사

　　몇 년 전, 송금자 목사와 함께 실리구리, 시킴, 말 바자르, 하시마라, 자이가온 등 단기선교 아웃 리치를 다닐 때 성령께서 나는 바울, 송금자 목사는 실라라고 말씀하셨다. 2005년부터 인도 나갈랜드 선교후원회 기도회 회장으로서 기도와 물질로 도와오신 사랑이 많은 송 목사님! 1995년 개신교 연합 신학연구원의 목회학 박사과정에서 만나 권선희 목사와 더불어 믿음의 삼총사로 지금까지 18년간 좋은 만남을 이루게 하신 하나님께 감사드린다. 나이로 보면 나보다 스무 살이나 많으셔서 영적 어머니이시지만 서로 영적으로 취향이 비슷하고 선교와 구제에 대한 공감대로 인하여 그 누구보다 친밀한 관계를 이루어왔다.

　　개척교회 시절 내가 인도인 케니 선교사와 결혼할 때, 부모님의 완강한 반대로 부모님이 안 오셨을 때 송금자 목사가 어머니의 역할을, 미국인 월터 셜만 단(Walter Shurman Dunn) 선교사가 아버지의 역할을 하셔서 무사히 결혼식을 마칠 수 있었는데, 그 때 이후로 늘 영적 어머니요 동역자로서 같은 길을 걸어오고 있다.

　　송 목사는 기도의 파수꾼이자 사랑의 사도이시다. 인정이 많으셔서 어려운 목회자들을 보면 돕지 않고는 못 견디신다. 수십 년간 꾸준히 M. I. 선교회를 물질과 기도로 헌신해 오셨고, 지금도 매주 화요일에 열리는 인도 나갈랜드 선교후원회 기도회 회장으로서 매주 빠지지 않고 기도회 모임을 이끌어 오고 계신다. 송 목사의 도움이 없었던들 내가 여기까지 이를 수 있었을까 생각될 정도로 목사님은 어려운 가운데서도 늘 자신의 옥합을 깨뜨리시고 도움의 손길을 펴 오셨다. 인도에 오셨던 다른 목사님들이 '송 목사는 나갈랜드 대사, 나갈랜드 선지자'라는 별명을 붙여주셨을 정도로 인도 나갈랜드를 사랑하고 아끼시며, 이 땅을 자주 방문하셨다. 늘 나갈랜드를 품고 밤마다 기도하시는 동역자시다.

예전에 송 목사가 삼각산에 밤마다 철야하러 가실 때 나와 케니 선교사도 3일간 작정 기도하라고 하셔서 눈이 오는 추운 겨울밤 삼각산에 오른 적이 있다. 우리는 삼일만 가도 지치는데 목사님은 수년간 산기도를 빠지지 않고 해오셨으니… 그때의 기억이 늘 새롭다. 게다가 송 목사는 효심이 대단하여 시어머니와 친정어머니를 아흔이 넘어 소천하실 때까지 집에 모시면서도 믿음의 자녀들을 훌륭하게 키워내셨다.

송 목사의 삶에 있어 두드러진 특성은 한결같은 '충성'과 '섬김'이다. 하나님께서 건강을 주셔서 선교지에 가서도 젊은이들보다 더 씩씩하게 사역하시고 타문화에도 잘 적응하셔서 선교사 체질이라 불러도 과언이 아니다. 남편인 오경삼 장로님도 내가 한국에 갈 때마다 사택에 머무를 수 있도록 집을 제공해 주시고, 픽업으로 도와주시며, M. I. 선교회 서울 지부를 시온교회에서 하도록 허락해 주셨다.

송 목사의 변함없는 사랑과 우정, 섬세한 보살핌으로 인하여 영적으로 맺은 믿음의 세 자녀들이 인도 M. I. 선교대학원에서 잘 훈련받고 있다. 우리의 만남을 통하여 같은 총회와 노회에 속하게 하시고, 지금은 인도 나갈랜드 선교에 중추적인 역할을 감당하시면서 늘 우리의 필요를 채워주심에 감사드린다. 귀하고 충성된 분을 사역의 버팀목으로 택하여 주셔서 내게 얼마나 큰 힘이 되는지 모른다.

## 4 | 열방을 품고 선교하는_ 권선희 목사

중국인 신학생 제자의 소개로 알게 된 권선희 목사. 서울 동작구 사당동에서 권선희 목사가 열방신학교(처음 이름은 참종 신학교)를 시작하셨을 때 내가 영어교수로 가게 되었다. 처음이라 신학생들도 많지 않았지만 도봉구 방학동에서 1시간이 넘는 시간 동안 버스와 전철을 갈아타야 했기에 추운 겨울 밤늦게 다니는 것이 쉽지는 않았다. 그러나 같은 여 목회자로서 서로의 고충도 차츰 알게 되어 늘 강의를 마치면 짧지만 함께 기도하는 시간을 가지면서 차츰 친분이 두터워져 갔다.

신학생들도 사정이 넉넉하지 못한 형편이라 대부분 학비를 낼 수 없었기에 나는 6개월간 사례비를 받지 않고 그저 도와주는 마음으로 일주일에 한 번씩 선교 영어를 가르쳤다. 그런데 어느 날 권선희 목사는 미처 못주어서 미안하다며 6개월 강의료를 한꺼번에 주셨다. 그 날 기쁜 마음으로 집에 왔을 때 아프리카 자이르(콩고민주공화국의 옛 이름)로부터 폴 퐁고(Paul Mpongo) 목사의 E-메일이 왔다. 내전으로 인하여 교회와 가정이 몹시 어려우니 도와달라는 기도 요청의 편지였다. 중보 기도를 하던 중 성령의 감동이 와서 6개월간의 강의료 전액을 선교 헌금으로 보냈다. 하나님께서 그 믿음의 결단을 보신 이후로 권선희 목사의 열방교회를 통해 M. I.와 우리 가정을 축복하고 도우시기 시작했다.

M. I. 센터가 동작구 사당동에 있을 때 실내가 너무 더워 숨쉬기조차 곤란할 때에는 전 성도들이 헌금해 에어컨을 사주었고, 나이지리아와 가나, 캄보디아 등 선교사들이 어려움을 요청할 때

마다 내가 10분의 1을 심으면 하나님은 열방교회를 통해 그 나머지 모든 문제를 해결해주시곤 했다. 그렇게 권선희 목사에게 내가 진 사랑의 빚은 너무나 많다. 우리 사역의 정기 후원자로 수년간 도운 외에도 내가 인도에 갈 때 비행기 티켓과 용돈까지 주셨고, M. I.의 차량 구입과 복사기 구입 및 남자 호스텔 건축을 도와주셨고, 컨테이너로 나갈랜드를 지원할 물품을 실어 보낼 때에는 특별 헌금을 해주시고, 내가 한국에 들어올 때마다 늘 맛있는 식사로 대접해주셨다.

권선희 목사는 세계 여러 나라의 선교지들을 돌아보며, 많은 주의 종들에게 성령의 감동을 따라 때로는 큰 물질까지도 아끼지 않고 심으시는 분이시다. 그러기에 열방을 품고 실제적인 선교를 해올 수 있었던 것 같다. 늘 묵묵히 손발이 되어 도우시는 인생의 동반자 백창흠 목사와의 사이에 딸 하나, 아들 하나를 두었는데, 이제는 손자, 손녀까지 둔 젊은 할아버지, 할머니가 되셨다. 늘 성령께 순종하려는 그 마음에 하나님이 많은 축복을 주셨다.

그동안 많이 심은 대로 하나님께서 더 크고 좋은 성전으로 의전하게 해주셨고, 열방교회에 주신 선교의 비전을 이루어 가셔서 감사하다.

## 5 | M. I. 서울 사역을 시작하게 하신_ 이의숙 권사

1992년 내가 모스크바에서 사명을 받고 돌아와 여의도 순복음교회 〈순복음가족〉 기자를 그만두고 M. I. 센터를 시작하려고 할 때 어디서 시작해야 할지 막막하기만 했다. 하나님의 분명한 부르심과 응답은 받았지만 마땅한 장소가 주어지지 않아 매일 기도하며 성령의 인도하심을 구했다.

우연히 어떤 분으로부터 서대문구 연희동의 성봉센터를 소개받고 가보았더니 성봉센터와 한국도자기 건물이었다. 넓은 강당 같은 세미나실엔 양탄자가 깔려 있었고, 조그만 사무실이 안에 있었다. 첫 인상이 너무나 마음에 들어 집으로 돌아와 하나님께 그 장소를 허락해 달라고 기도하며 서둘러 프로그램을 만들었다. 선교사 훈련 코스를 마련하고, 처음엔 1주일에 3일씩 그 센터를 시간제로 빌리기로 하고 이의숙 권사를 만나 장소 허락을 받았다.

그곳에서 M. I. 선교 훈련을 시작하면서 몇 개월을 기도한 결과 앞서 사용하던 외항선교회가 나가서 작은 사무실을 M. I. 센터 사무실로 쓰게 되었고, 100석의 세미나실도 얼마 후 전체를 임대하게 되었다. 3년간 성봉센터에 있는 동안 하나님께서 많은 일을 행하셨고 선교에 관여하는 많은 분들을 만났다. 전문인 선교협의회 세미나를 통해 '한국전문인선교협의회(KAT)'가 출발하게 되었고, 영국 피켄햄 선교센터도 방문하여 선교센터의 모델을 미리 보게 하셨다.

이의숙 권사는 그 후 M. I.의 이사회원이 되셨지만 M. I.가 3년 후 용산구 이태원으로 이전한 후에 연락이 끊어졌다. 그러나 하나님 안에서의 만남은 결코 우연이 없기에 나중에 다시 하나님이 후원자로 연결해 주셨다. 그의 남편인 김동수 장로가 세운 '콜카타 신학대학'을 방문할 기회를 주셨고, 연희동에 다시 오면서 이의숙 권사와 수십 년 만에 전화 통화하게 되었다.

오랜만에 이 권사님을 만나 뵈니 너무나 반가웠다. 마침 같은 연희동에 머물고 있어서 하나님이 다시 연결해주신 듯한 느낌이 들었다. 많은 세월이 흐르면서 권사님도 많이 연세가 드시고 머리도 희어지셨지만 목소리는 예나 다름없이 맑고 카랑카랑하셨다. 권사님은 선교 후원하는 자들의 이름 모두를 노트 앞장에 써 놓고 날마다 읽으면서 기도하신다고 했다. 함께 기도 제목을 나누며 기도하는 시간을 가지면서 내가 책을 쓰려는 계획이 있다고 말씀드렸다. 권사님은 갑자기 성령의 감동을 받으셨는지 방에 들어가시더니 책 만드는데 보태라고 봉투 하나를 건네 주셨다. 어찌 보면 권사님의 그 격려 때문에 〈만남〉이란 첫 책을 만드는 용기를 얻게 되었는지도 모른다.

현재 이의숙 권사는 인도 나갈랜드와 나이지리아 및 랭마파니의 한 고아원을 돕고 계신다. 아버지인 고(故) 이성봉 목사님이 뿌리신 헌신과 눈물의 씨앗이 선교하고 구제하는 한국도자기를 통해 많은 결실을 이루어내고 있다. 심을 때마다 더 많은 것으로 거두게 하시는 하나님의 은혜가 그 가정에 임한 것을 본다. 근검절약하고 직접 물건을 판매하시기도 하는 이 권사의 알뜰함과 하나님 나라에 대한 과감한 투자가 성공하는 크리스천 기업의 좋은 모델을 만들게 하심이 아닌가 한다.

## 6 | 영적 스승 영원한 카우보이_ 월터 셜만 단 선교사

내가 월터 셜만 단(Walter Shurman Dunn) 선교사를 처음 만난 것은 1994년쯤이다. 그가 오산리 기도원과 여의도 순복음교회에 오셨다가 한 친구가 소개를 해서 M. I.를 방문했던 것이다. 키가 크고 롱부츠를 신고 있어 첫 인상이 마치 미국 서부영화에 나오는 카우보이 같았다. 늘 싱글벙글 만면에 미소를 띠고 있는 모습에서 친근감을 느꼈고, 하나님의 인도하심으로 수년에 걸쳐 여러 번 만남으로써 마치 영적 아버지와 같은 역할을 하셨다.

월터 선교사는 평신도이지만 늘 기도하며 성령의 음성을 듣고 성령이 지시하는 대로 움직이시는 분이셨다. 한 번은 우리 집에서 1주일 정도 계시며 나에게 성령의 인도하심을 받을 수 있도록 여러 모로 가르쳐 주셨다. 마치 제사장이 에봇을 입고 우림과 둠밈을 통해 하나님의 뜻을 분별하듯이 월터 선교사는 기도 제목이 있을 때마다 홍안의 소년과 같이 지그시 눈을 감고 성령께 여쭈어 보셨다. 하나님의 응답이면 오른쪽 가슴이 뜨거워지면서 성령의 인치시는 증거가 나타난다고 하셨다.

하루는 최루디아 자매가 갑자기 나에게 연락하고 싶은 마음이 들어 전화했는데, 마침 월터 선교사가 우리 집에 있어 그도 만날 겸 해서 예정에도 없이 서로 만나게 되었다. 그때만 해도 그녀가 선교사로 파송받기 전이었다. 잠시 대화하고 교제를 나누던 중 월터 선교사가 갑자기 나에게 최루디아 자매의 머리에 손을 얹고 기도해주라고 하셨다. 앞으로 나를 통하여 선교사로 파송될 것이라 예언하시면서…. 그 때만 해도 내가 목사 안수받기 전이어서 과연 그럴까 하는 의구심마저 들었지만 순종하는 마음으로 그렇게 했다. 그 날 밤 월터 선교사는 밤새도록 성경을 읽고 기도하시더니 다음 날 아침 하나님께서 나에게 이사야 49장 말씀을 주신다고 읽어보라고 하셨다. 그 말씀을 이후 우리 사역의 청사진이 되었다.

세월이 흘러도 늘 감사함으로 떠오르는 것은 월터 선교사가 부어준 사랑과 기도, 또 성령께 철저히 의존하고 순종하는 법, 어떻게 육에 속한 자가 아니라 성령의 사람이 될 수 있는가를 그의 삶을 통해 배웠기 때문이다.

언젠가 월터 선교사가 사는 미국 텍사스에 가서 그 아내와 더불어 일몰을 함께 지켜본 적이 있다. 그 아름다운 순간을 영원토록 기억하고 싶었던 것은 왜일까. 약간의 슬픔마저 몰려 왔었던 것은 그가 연세가 드셔서 이 지상에서 다시 그 같은 순간을 함께 나눌 수 있을까 하는 아쉬움에서였다.

몇 년 후 한국을 다시 찾았던 월터 선교사는 갑자기 '본향에 가고 싶다'고 하셨다. 빨리 주님 품에 안기고 싶은데 아버지께서 내년에 오라고 하신다고 하시면서 그 후 지금까지 여러 번 이메일도 보내고 전화도 드렸지만 연락이 끊겼다. 아마 지금쯤 하나님 아버지 품에서 평안과 안식을 누리시고 계신지도 모른다. 때때로 그가 보고 싶다. 내가 힘들고 어려운 일들을 결정해야 될 때는 더욱 더 그렇다. 오늘도 나를 '사랑스런 딸(Precious Daughter)'이라고 부르는 그의 음성이 잔잔한 그의 미소와 함께 그리움으로 와 닿는다.

# 7 | 늘 소녀 같은 시인_ 우낭자 목사

내가 트리니티 신학대학원에서 만난 우낭자 목사는 소녀 같은 생머리를 하고 있었다. 미국 교수님들이 서울에 와서 내한 강의를 할 때 처음 만났는데, 거제도에서 서울까지 와서 공부하는 열의를 보이셨다. 연세가 드셨음에도 불구하고 목소리가 너무나 낭랑해서 성우 같은 느낌이 들었다. 수십 년간 유치원 사역을 하셔서인지 순수한 동심 자체, 어린아이와 같은 심령에 예의 반듯하고 친절하셨다.

1990년 신학대학원 졸업을 같이 하게 되었으니 나이 차이는 20년 가까이 되지만 학교 동기이기에 쉽게 공감대가 생겼다. 오직 주님만을 위해 결혼도 하지 않으시고 싱글로 늙어 가시면서도 무척 씩씩하게 지내고 계셨다. 거제도 포로수용소에서 자원봉사로 섬기셨고, 어렵고 힘든 자들을 긍휼히 여기는 사랑의 마음이 있으시다.

졸업 후 우리는 서로의 사역지를 방문하여, 함께 기도하고 막역한 사이로 지내면서 주 안에서의 우정을 돈독히 해나갔다. 우낭자 목사는 거제도에서 거성교회와 큰별유치원 사역을 하시는데 재정이 그리 넉넉하지 않은 가운데서도 선교 사역을 위해 매월 선교 헌금을 보내주셨다. 게다가 암보험을 해약하고 받은 돈을 케니 선교사 학비에 보태라고 주셔서 너무나 마음이 찡했다.

언젠가 케니 선교사와 함께 거제도를 방문했을 때 함께 약 30분간 걸어가는 목사님이 세운 기도원에 가서 기도한 적이 있다. 어머니가 소천하시면서 자녀들에게 유산을 물려주셨는데, 우낭자 목사는 돈 대신 땅을 달라고 해서 어머니가 주신 바로 그 땅에 기도원을 세우셨다. 새벽마다 친구삼아 기르는 개와 함께 기도원에 와서 수십 년간 기도해오시던 중 바로 그 땅에 아파트들이 들어서게 되고 뜻밖의 비싼 보상금을 받게 되어 널찍한 대지에 교회, 기도실 및 세미나실, 유치원, 사택 등을 지으셨는데 조경이 너무 아름답다.

우낭자 목사는 요한 계시록을 오랜 세월 동안 연구하시고 강해록을 한·영판으로 발간하셨고, 시를 잘 쓰셔서 시인으로도 데뷔하셨다. 인도 나갈랜드를 세 차례 방문해 늘 그 땅을 품고 기도하시며, 또 케니 선교사를 영적 아들처럼 여기시고 우리 사역을 도와주고 계신다. 이런 좋은 분을 만나게 하신 하나님께 감사와 영광을 돌린다.

## 8 | 20년 선교 후원자_ 배광영 목사

1991년 내가 KAMS(한·아프리카 선교후원회) 총무로 있을 때 우연히 배광영 목사를 알게 되었다. 남산 빌리지에 있는 콩고민주공화국 1등 참사관 무이(Mbuyi) 목사 집에서 영어 성경공부를 할 때 1주일에 한 번씩 배광영 목사도 참석하셨다. 주로 대학생들이나 직장인들, 젊은이들이 많이 참석했었지만 그는 배움에 대한 열정과 말씀을 사랑하는 마음으로 꾸준히 참석하셔서 우리의 모임을 빛내주셨다.

아프리카 자이르(콩고민주공화국의 옛 이름)에 내전이 일어나 정치 경제적으로 어려운 상황에서 정부로부터 월급이 중단되는 바람에 무이 목사 가정은 많은 재정적 타격을 입게 되었다. 찬양을 잘하는 여덟 명의 자녀들이 학비를 못 내어 학교에서 쫓겨날 형편이었고, 오래도록 전기세를 못 내어 집은 전기가 끊어져 암흑세상이 되는 등 옆에서 지켜보기엔 너무나 안타까운 상황이었다.

무이 목사는 매주 토요일마다 M. I. 영어 성경 공부에서 그의 설교를 통역해주는 나에게 도와달라고 여러 번 요청했지만 나도 힘겹게 살고 있는 상황이어서 큰 도움을 줄 수는 없었지만 나름대로 도와드리려고 애썼다. 많은 목사님들께 지원 요청을 했으나 아무런 응답이 없어 낙심되어 있던 중 배광영 목사님이 선뜻 큰돈을 내놓으셔서 무이 목사의 자녀들이 위기를 모면하게 되었다.

이 일을 계기로 배 목사님을 더 신뢰하게 되었고, 1992년 내가 M. I. 센터를 시작했을 때 이사 회원으로 꾸준히 국제선교회를 후원해주셨다. 선교회의 재정적인 어려움과 하나님의 인도하심으로 M. I.가 거의 10번에 가까운 이사를 해서 매번 창립기념일을 맞을 때마다 장소가 바뀌었지만 목사님은 한결같은 마음으로 창립기념일에 오셔서 연약한 우리들을 위로하고 격려해 주셨다. 또 M. I.의 신실한 동역자 이용형 간사가 총회신학교에서 공부할 수 있도록 적극 추천해주셨고, 교회의 사역자로 임명해주시기까지 했다.

  배광영 목사님은 2011년 조기 은퇴를 하시고 지금은 신학교에서 강의를 하시는데, 늘 그를 떠올릴 때마다 가슴 깊은 곳에서 감사가 흘러나온다. 우리의 많은 실수와 사역에 대한 조직력과 지혜의 부족으로 사역이 활발하지 못하고 정체해 있는 상황에서도 늘 우리를 신뢰하고 기다려주시며 약한 자의 팔을 붙들어주셨던 그 신실함은 오늘날 M. I.가 인도와 아시아 여러 지역으로 사역을 확장하여 나아가는데 징검다리가 되어 주었다. 20여년간 M. I.와 함께 묵묵히 걸어오신 배광영 목사님을 인도 M. I. 센터에 꼭 한 번 초청하고 싶다.

## 9 | M. I. 사무실과 교회를 열어주신_ 이광일 목사

　　M. I.가 서울 용산구 이태원에 있을 때 일본 선교에 뜻이 있으신 이요나 목사와 잠시 협력 사역을 한 적이 있다. 그러나 시간이 지날수록 멤버들 간에 갈등이 있어서 새로운 M. I. 센터를 놓고 간절히 기도하게 되었다. 그때 우연히 미얀마의 토나(Tawna) 선교사가 이광일 목사님을 만날 일이 있어 내가 통역 차 잠실에 있는 이광일 목사의 교회를 찾아갔다. 그 전에는 단독 목회 및 필리핀과 다른 외국인 노동자들을 돕는 사역을 해오셨는데 나와 대화하던 중 우리 사역에 관심을 갖게 되셨고, 기도의 응답으로 친히 성동구 성수동 전철역 가까운 곳에 M. I. 사무실을 마련해 주시고, 보증금과 월 임대료를 내주시는 사랑을 베푸셨다.

　　그렇게 시작한 성수동 M. I. 센터에서 케니 선교사도 M. I. 사역에 처음으로 발을 내딛게 되었다. 사역을 계속해 나가던 중 성령께서 내게 교회 개척의 마음을 주셔서 1996년 12월 20일 도봉구 방학동 도깨비시장 부근에 '만민선교교회'를 개척하게 되었다. 전에는 공장으로 썼던 지하의 꽤 넓은 공간과 1층 사무실을 이광일 목사가 다시 보증금을 빌려 주셔서 건물을 임대하게 되었고, 3년간 필리핀 노동자 영어 예배와 한인 목회를 겸하여 목회자로서의 길을 밟게 되었다.

　　그때 이 목사님이 주신 피아노와 소파 세트, 라운드 탁자는 우리의 사역 내내 귀하게 쓰였다. 케니 선교사가 처음 한국에 와서 게스트 룸이 없었을 때 긴 소파에서 6개월간 침대 삼아 잠을 잤다. 이 목사님을 통한 하나님의 공급하심이다. 비록 연세가 드셨지만 해외 선교에 큰 뜻을 두시고 태권도 선교팀을 만들어 외국에 다녀오시는가 하면 아침저녁으로 늘 성전에 나아가 M. I. 선교 사역을 중보하신다.

여호와 이레 하나님의 이끄심 가운데 1997년 10월 4일 M. I. 창립일에 나는 개척한 그 교회에서 케니 선교사와 결혼식을 올릴 수 있었다. 우리의 생애 속에 이광일 목사님 같은 분을 예비해주신 하나님께 감사드린다.

## 10 | 인도 M. I. 센터 건축에 중추적 역할을 한_ 남가명 권사

의사의 아내인 남가명 권사를 신학교에서 만난 것은 내게 있어 큰 축복이었다. 당시 나는 선교 영어 교수였고, 그녀는 학생이었으니, 스승과 제자와의 만남으로 출발했지만 큰 동역자가 될 줄은 몰랐다.

남 권사는 채플 시간에 피아노 반주도 했고, 나이보다는 앳되어 보였으며 의사 부인인데도 검소했다. 마침 인도 단기선교를 앞두고 있었는데 방학 때 같이 가겠느냐는 나의 제안에 응답, 조연옥 목사와 함께 단기선교를 가게 되었다. 2005년 인도 뱅갈로의 토마스 아카데미에서 1주일간 사역하고, 베니힌 치유 집회에도 참석했다. 2백만 명이 넘는 대형집회에서 학생들과 손에 손을 잡고 대형 스크린이 200여대 설치된 치유 집회를 통해 많은 은혜를 함께 받았다.

남 권사는 또 신학교의 어려운 학생들이 당면한 여러 가지 문제들의 필요를 이모저모로 도왔다. 뱅갈로에서 마이솔을 거쳐 첸나이 도마 순교기념관에 들렀을 때는, 도마가 평소 기도한 팔 모양의 흔적이 새겨진 기도 돌판과 피 흘리는 도마의 십자가를 보며 성경에서는 의심 많은 도마로 알려진 그가 인도 최초의 선교사로 와서 순교할 정도로 믿음이 뛰어났음에 새로운 인식을 갖게 되었다.

첸나이에서 콜카타까지 기차로 37시간 이동하면서 같이 간 한창국 목사, 조연옥 목사, 박상규 집사와 함께 많은 얘기들을 나누며 서로를 더 잘 알아가는 시간을 갖게 되었다. 긴 여정 끝에 나갈랜드에 도착, 디마푸르에서 머물며 우리는 하나님이 미리 계획하신 일들을 이루어 가게 되었다.

특히 M. I. 센터를 세울 디마푸르 모델 빌리지에 있는 M. I. 인도 땅 부지를 사기로 하고 계약금과 중도금은 치렀으나 잔금이 모자라 기도하고 있었는데 성령께서 남 권사의 마음을 움직이셔서 센터 땅 구입을 위해 많은 돈을 헌금해 주셨다. 뿐만 아니라 2008년 4월 시작한 인도 나갈랜드 디마푸르 선교센터 건축에 하나님은 그녀를 가장 크게 사용하셔서 중추적인 역할을 감당하게 하셨다. 많은 다른 분들도 센터 건축에 동참하였으나 물질적인 부분에서 남 권사가 센터 건축의 절반을 충당하게 하신 것은 하나님의 큰 은혜다.

세계 여러 나라에 수많은 교회를 세우고 선교의 귀한 심부름을 하는 것이 남 권사의 꿈이다. 하나님께서 더욱 물권을 열어주셔서 하나님 나라를 확장하는데 귀하게 쓰임 받을 수 있기를 기도한다.

## 11 | 신실한 기도와 사역의 동역자_ 지형욱 간사

우리는 사역 가운데 많은 사람들을 만나지만 끝까지 그 길을 함께 갈 수 있는 신실한 동역자를 찾기란 쉽지 않은 것 같다. 어떤 정해진 특정한 기간 동안 서로 사역을 나누다가 각자의 사정과 환경에 따라 우리는 때로 헤어지기도 하고, 다른 새로운 사역과 일 때문에 불가피하게 다른 길로 접어들기도 한다.

그동안 M. I.에 많은 동역자들이 있었지만, 10년 이상 가장 오래 함께 사역한 동역자가 있다면 지형욱(Joel) 간사를 들 수 있다. 그는 2001년 M. I. 센터가 사당동에 있을 때 왔는데, 우리가 2007년 인도에 오기 전까지 영적 아들로서 한 집에서 우리와 함께 지내며 선교훈련을 받았고, 또 2007년 우리가 인도로 들어온 이후에는 한국 M. I. 교회와 'M. I. 서울'의 사역을 도왔다. 그는 요즘 젊은이답지 않게 꾸준히 기도하는 기도의 파수꾼이다. 사역 가운데 어렵고 힘든 순간마다 함께 중보하며 고비들을 넘겼고 찬양과 문서, 컴퓨터 일을 맡아 나의 손발이 되어 주었다. 선교에 뜻이 있었기 때문에 영어도 열심히 공부하여 나중에는 영어 개인 레슨이나 그룹 지도로 많은 사람들을 가르치기도 했다. 2004~05년 신림동으로 M. I. 서울을 이전한 후 매월 급격히 불어가는 월세를 다 못 내어 우리가 곤경에 처했을 때 갑자기 지형욱 간사의 아버지가 큰 목돈을 보내주셔서 모든 문제를 해결하기도 했다. 그 후 우리가 보내는 선교사에서 가는 선교사로 인도 나갈랜드로 들어오면서 집과 교회, 센터 건물을 정리하느라 2007년부터 같이 지내진 않았지만 1년에 한 번씩 한국에 다녀갈 때마다 만나 서로를 격려하곤 했다.

  2012년부터 하나님의 인도하심을 따라 인도 나갈랜드 M. I. 센터에 와서 이곳에서 다시 신학을 공부하며 사역을 충실하게 돕고 있다. 하나님은 그동안 지형욱 간사를 여러 모로 훈련시키고 단련시키셨다가 가장 요긴한 때, 우리가 사역의 틀을 갖추고 20년 사역의 꽃을 피워야 할 이 때에 그를 이곳에 불러주셨다. 찬양과 기도에 기름 부으심이 있고, 중보 기도팀 인도, 심방, 컴퓨터 및 한글 가르치기 등 여러 모로 섬기고 있다. 무더운 날씨와 열악한 환경 가운데서도 불평 없이 차근차근 하나님의 일들을 돕고 있는 그의 모습을 볼 때마다 한국에서 힘겹게 사역한 열매와 상급이 바로 지형욱 간사가 아닌가 한다.

## 12 | 기도하고 선교하는_ 사랑공동체

2001년 영성신학을 공부하는 영성 아카데미 신학대학원(Th. M.) 과정에서 나는 주님 뜻대로 살려고 애쓰는 많은 믿음의 벗들을 만나게 되었다. 2년간 우리는 함께 공부하면서 영성을 추구하고 사역자의 삶을 나누며 중보 기도하는 영적 친구가 되었다.

졸업 후에도 우리는 마은숙 목사를 중심으로 '사랑공동체'를 만들어 매달 1번씩 각자의 교회나 사역지를 방문해 서로를 위해 기도하고 함께 식사를 나누며 선교에도 협력하는 아름다운 지체들로 성장하게 되었다. 10여년이 지나면서 우리는 서로를 너무나 잘 아는 막역지교가 되어 세상 친구들은 연락이 많이 끊겨졌음에도 영적인 친구로서 버팀목이 되어 어려울 때마다 기도와 물질로 돕는 선교 공동체가 되었다.

회장을 맡았던 마은숙 목사는 장로이신 아버지의 영적 은사를 많이 물려 받으셔서 성령의 음성을 잘 듣는 영적 분별력이 있었다. 어려운 문제가 있을 때마다 나의 영적 멘토로서 신앙상담을 해주었고, 내가 믿고 순종할 때마다 많은 문제들이 해결되었다. 사랑공동체 멤버 중에도 어려운 목회자들이 많았지만, 함께 기도하며 성령께서 어디에 선교하기를 원하시는지를 물으면 늘 마 목사를 통해 나의 사역을 도우라고 하셔서 사랑공동체는 내가 인도에 가기 전에도 국제선교회의 사역을 돕게 하셨다. 하나님의 전적인 은혜가 아닌가 한다. 그녀는 2007년 어라이즈 미션 캠프 때 직접 나갈랜드를 방문해 나의 사역 현장을 보았기에 지금도 누구보다 나의 중보기도를 많이 해주고, 나 역시 사역하다 힘들 때면 전화로 기도를 부탁하곤 한다.

　김경숙 목사는 독신 전도사로서 오래 사역하다 목사 안수는 늦게 받았지만 하나님은 준비된 그릇을 쓰시듯, 목회 가운데 기름 부으시고 귀한 많은 성도들을 허락하셔서 성전을 구입하는 축복을 주셨다. 특히 내가 나갈랜드에 필요한 물건들을 컨테이너에 실어 보내거나 차량을 구입하는 과정에서 재정적인 부족으로 전전긍긍하고 있을 때 늘 그 마지막 문제를 김경숙 목사를 통해 해결하게 하셨다. 그리고 우리가 디마푸르 M. I. 센터 옆 땅을 사고자 하루 3시간씩 100일 작정 기도한 후 한국에 왔을 때 마지막으로 설교한 교회가 그녀의 은혜교회였고, 잔금이 모자라 합심 기도했을 때 성도들이 도와줘 마무리를 잘 할 수 있었다. 그녀는 기도의 용사요, 내적 치유사역을 통해 사람들의 아픈 마음을 위로해주는 자상함과 목회자로서의 카리스마도 있어 하나님이 귀하게 사용하고 계신다.

　한양희 목사는 남편을 사별한 후에도 너무나 꿋꿋하게 여장부처럼 사역하셔서 그 담대함이 부러울 때가 많다. 성령 충만하시고 언니처럼 포용력이 많으셔서 자주 그녀의 임마누엘교회에서 모임을 갖는 편이다. 선교도 적극적으로 동참하셔서 신학교의 책이나 학생들의 식사 등을 도와주셨다.

　손영희 목사는 영적 잠재력이 많고 성령의 기름 부으심을 몹시 사모하셔서 영성 집회에 참석하시면 늘 접목을 잘 받으시는 편이다. 남편이 오랫동안 아프셔서 병간호하면서도 전혀 짜증내거나 힘든 표정 없이 사랑으로 감싸고 인내하는 모습을 보면 존경스럽기도 하다. 주님의 모습을 닮고 성령의 지도와 인도하심에 따라 성령의 세미한 음성을 듣고 행하려는 숨겨진 영적 보석이라고나 할까.

이혜옥 사모는 장애를 가진 아들로 인하여 수십 년간 고생해왔다. 게다가 남편도 당뇨 합병증으로 오랫동안 아프셔서 지금은 목회 사역을 그만 두고 집에 쉬고 계시는데, 많은 어려움 속에서도 오직 주만 바라보는 믿음으로 인내해오신 현모양처이시다. 고난을 통과하면서 늘 주님께 묻고 영적으로 교통하는 그녀를 볼 때마다 때로 안쓰럽기도 하지만 하나님은 고난을 이길 만한 믿음을 주시고, 그 고난으로 인하여 상대방을 더 잘 배려하는 아량과 여유가 생기신 것 같다. 알뜰살뜰한 가정경제를 꾸리면서도 좋은 것들을 다른 이들과 함께 나누고자 하는 아름다운 마음이 고맙다.

작은 사랑공동체를 통하여 하나님은 내가 힘들고 어려울 때마다 함께 하나님의 뜻을 구하고 서로를 위로하고 격려하며, 우리의 환경이 아니라 더 주님께 초점을 맞출 수 있도록 이끌어 오셨다. 앞으로도 이 모임을 통해서 영적으로 서로를 계속 업그레이드 시키며, 각자에게 주신 달란트들을 잘 발휘하여 주님 나라에 크게 쓰임 받을 수 있기를 소망한다.

## 13 | 늘 잘 챙겨 주시는 고마운 분_ 구위자 전도사

지금은 사모가 되신 구위자 전도사는 2006년 내가 처음 교회를 개척할 때 나와 동역한 전도사여서 애정이 각별하다. 나보다 나이가 많으신 구위자 전도사는 천성적으로 사랑이 많고 음식도 잘 하셔서 사역 초기는 물론 내가 인도로 떠나기 전에도 여러 모로 사역을 도와주셨다. 내가 교회를 개척하기 전, 우리 집에서 기도 모임을 가졌는데 구 전도사가 소중한 금반지를 빼서 교회건축 예물로 바치셨다. 사정상 나중에 다른 사역지로 가셨지만 늘 끈끈한 정으로 나를 챙겨주셨다.

일찍 남편을 여의고 힘든 세월을 살아오셨지만 하나님께 대한 헌신이 대단하셔서 늘 어려운 목회자들을 돕는 일을 도맡아 해오셨다. 내가 인도에 선교사로 간 후 구호 물품을 실은 컨테이너를 지금까지 두 번 발송했는데, 그때마다 많은 이들에게 부탁해서 헌옷가지나 다른 생활용품들을 한 차가 넘도록 모아주시곤 했다.

하나님의 인도하심으로 곽팔평 목사님과 재혼하신 이후에도 남편 목사와 더불어 교회를 힘겹게 섬기면서도 귀한 물질을 쪼개어 선교 헌금을 해주셨다. 구위자 전도사 같은 분이 어머니의 애정으로 세월이 지나도 변함없이 늘 가까이에 있어 주어 감사하다.

## 14 | 가방을 들고 따라 다니신_ 고(故) 김인순 집사

내가 M. I. 사역을 시작할 때, 먼저 여의도 순복음교회 코이노니아 사무실에 가서 앞으로의 사역을 간단히 소개하는 시간을 가졌다. 브리핑을 마쳤을 때 한 중년의 여자 집사가 나에게 다가와서 두 손을 덥석 잡으며 "가방이라도 들고 다니겠습니다."라고 격려하시는 것이 아닌가! 그 분은 김인순 집사로 나중에 나의 동역자가 되어 한동안 사역의 현장마다 같이 다녔다.

모스크바에서 M. I. 사명을 받고, 오산리 기도원에 가서 한 번 더 확증을 얻기 위해 기도굴에 가서 기도할 때 하나님께서는 "때가 급하니 곧 시작하라"는 음성을 들려주셨다. 그렇게 시작된 선교사 훈련 과정에 필리핀에서 사역하다오신 여선교사 한 분이 처음 등록을 하셨고, 김 집사는 늘 나의 가방을 들고 이곳저곳 함께 다니셨다. 나중에 일본의 빌리 그래함 전도 집회에도 같이 갔다.

그녀는 여장부와 같은 시원시원한 성격으로, 전 세계로 가서 간증으로 주님을 증거하겠다는 열정에 부풀어 있었지만 남편 사업상 경기도 양평으로 이사 가신 후에 다리가 아프기 시작해 나중에는 잘 걷지 못해서 집에만 머물게 되었다. 나중에 다리가 나아지면 인도 선교하러 가겠다고 노래처럼 되뇌었는데….

내가 선교지에서 잠시 한국으로 돌아왔을 때 김 집사가 병원에 입원해 있다는 소식을 들었다. 바쁜 일정 가운데서도 심방 가서 짧은 시간 함께 기도하고 대화를 나누었는데, 그녀는 병문안 온 사람들이 준 돈을 인도 선교 헌금에 바쳤다. 이것이 그녀와 이 땅에서의 마지막 만남이 될 줄은…

김 집사가 소천하신 후 남편분이 교회에 찾아오셨다. 장례식 부조금의 십일조를 인도 선교센터 건축에 써달라고 하얀 봉투를 들고서…. 그 봉투에 나의 눈물도 찍혀 있다. 그녀를 통하여 그렇게 M. I. 센터 건축을 시작하게 하심으로써 김 집사는 이 땅을 떠나신 후에도 우리의 사역에 큰 힘이 되어 주셨다.

## 15 | 브리스길라와 아굴라 같은_ 오현숙·정동조 집사

오현숙·정동조 집사 부부를 떠올릴 때마다 브리스길라·아굴라 부부를 생각하게 된다. 사도 바울의 사역에 있어 그들은 목이라도 내어줄 정도로 헌신적인 바울의 동역자였다. 정동조·오현숙 집사님도 우리의 사역 속에 결코 빠뜨릴 수 없는 소중한 사람들이다.

처음 이들 부부를 알게 된 것은 내가 양문교회의 교육 목사로 있을 때 김지하 할머니를 자주 심방 가면서였다. 다리를 약간 저는 김 할머니는 교회에서 내가 다리를 주물러드리며 기도할 때마다 너무나 기뻐하셨고, 늘 "주님 뜻대로 살기로 했네…"를 18번 곡으로 부르시곤 했다. 그런 김 할머니를 위해 자주 심방 가다가 며느리인 오현숙 집사를 알게 되었고, 또 그 남편 정동조 집사를 알게 되었다.

몇 년 후 김지하 할머니는 천국에 가셨지만 이들 부부와 우리를 하나님이 묶어주셔서 서로를 위해 늘 기도하게 하셨고, 케니 선교사의 공부와 M. I. 사역에 그들이 물질적으로도 많은 옥합을 깨뜨리게 하셨다. 비록 넉넉한 살림은 아니었지만 우리에 대한 애정이 커서 자신의 것들을 희생하면서까지 심으셨다. 하나님께서 두 아들을 축복하셔서 둘 다 명문대를 나오게 하시고, 큰 아들은 의사가 되었고, 작은 아들도 취직을 했다. 그 후 둘 다 좋은 자매들을 만나 결혼했다.

정동조 집사는 정직하신 분으로 대기업의 요직에 계시다가 명퇴 후 여러 가지 일들을 하시다가, 후에는 베트남의 한 공장에 공장장으로 초청받아 가셨다. 그곳에서 하나님은 베트남의 영혼들을 사랑하는 마음을 부어주셨고, 귀국 후 이들은 평신도 선교사로서의 준비를 거친 뒤 다시 베트남의 한 대학에서 한글을 가르치기 위해 가셨다. 하나님은 이 때를 미리 예비하셔서 우리로 하여금 사역지는 다르지만 선교의 한 배를 타게 해주셨다.

그 부부는 한국의 편안한 삶을 포기하고 언어도 낯선 불교 국가에 가서 많은 젊은이들에게 한글을 가르침으로써 좋은 취업의 길을 열어 주셨고, 또 어려운 학생들을 위한 장학사업을 통하여 많은 학생들에게 배움의 터전을 일궈주고 계신다. "심은 대로 거두리라"는 말씀처럼 우리가 주 안에서 수고한 모든 일들도 천국의 행위록에 기록될 것이다.

다윗 정, 사라 오… 우리가 가장 힘들 때 우리의 필요를 누구보다 잘 알고 채워주려 애썼던 그들의 도움이 있었기에 오늘의 'M. I. 서울'과 'M. I. 인도'가 있다. 인도 디마푸르 선교센터 땅을 살 때도 그들이 첫 예물을 심었고, 둘째 아들이 취직하여 첫 월급을 탔을 때에도 그 자녀들을 위해 기도해주어 고맙다며 월급 전체를 고스란히 인도 선교를 위해 심었다. 그 사랑이 늘 우리의 든든한 버팀목이 되었고, 비록 서로 멀리 떨어져 있지만 변함없는 동역자로서 주의 일에 힘쓰고 있다.

## 16 | 늘 할렐루야로 화답하시는 영적 오빠_ 김종은 목사

　남해소망교회에서 장애인들을 위해 수십 년간 사역해오신 김종은 목사. 전화를 걸면 경쾌하고 상큼한 효과음과 더불어 "할렐루야!" 라고 하는 우렁차고 씩씩한 목소리가 흘러나온다. 기분이 좀 가라앉아 있다가도 김 목사와 통화하고 나면 왠지 새로운 힘이 불끈 솟는 듯하다. 신장을 하나 떼어내고서도 경남 남해에서 서울까지 5년간 한 번도 빠짐없이 신학 공부하러 오는 열심을 보이셨고, 주님과 서원한 대로 결혼하지 않고 오직 주님만을 붙들고 살아오신 분이시다.

　몸은 여위셨지만 마음이 넓고 크셔서 많은 사람들을 사랑으로 수용하고 장애우들을 끔찍이도 아끼신다. 육신적으로는 그들이 불편하고 제한을 느끼지만, 김 목사의 양육을 받은 그들은 옥합을 깨뜨리는 헌신으로 선교에도 동참하고 있다. 하나님께서 그런 김 목사의 순수한 삶을 축복하셔서 귀한 권사님을 붙여주시고 십년 이상 사역해오는 동안 정부에서 엘리베이터가 있는 현대식 건물로 장애인 복지센터를 지어주었다. 김 목사는 어린아이처럼 순수하시고 늘 새벽마다 우리 부부의 사역을 위해 장애우들과 함께 기도해 주고 계신다.

　선교영어를 가르치는 케니 선교사와는 21C 신학연구원에서 만나 사역을 나누다가 남해에도 초청하시고, 또 몇 년 전에는 교회의 한 남자 집사님과 함께 인도 나갈랜드에도 오셨다. 디마푸르와 푸체로에서 한 달 넘는 기간 동안 늘 코팅한 암송 카드를 만들어 가지고 다니면서 말씀을 묵상하시고 열정적으로 설교하셨다.

김 목사는 1년씩 선교 헌금이나 건축 헌금을 비축해 두셨다가 우리가 한국에 갈 때면 늘 뜻밖의 헌금을 주셨고, 동생 김종희 집사도 소개하여 사역에 동참하게 하셨다. 지난해 김 목사의 교회에 가서 잠시 사역을 나눌 기회가 있었다. 좀 늦게 도착하는 바람에 이미 예배는 끝났지만 10분 정도 사역보고를 하고 기도 제목을 부탁했다. 며칠 후 김 목사로부터 전화가 왔는데 같은 교회의 김용선 집사가 임대아파트를 사려고 수년간 저축해온 저금통장을 들고 와서 인도의 센터 건축 헌금으로 가져왔다고 전하셨다. 과부의 두 렙돈을 귀하게 여기시는 하나님께서 장애우들을 돕는 그녀의 마음을 감동시키셔서 자신의 전 재산을 바치겠다고 자원한 그 결단을 기뻐하셨다. 우리는 갚을 길이 없지만 하나님께서 더 큰 축복으로 그녀에게 갚아주실 것을 간절히 기도했다.

　오빠처럼 자상한 김종은 목사의 희생적인 삶을 보며 많은 이들이 도전과 신선한 충격을 받는다. 죽을병에서 고쳐주신 하나님의 사랑에 감격하여, 불우하고 자신의 몸도 잘 가누지 못하는 지체들의 손과 발이 되어 주시는 김 목사의 상급이 하늘에서 크리라.

## 17 | 씩씩하고 긍정적인 여장부_ 강경희 목사

    수년 전 쓰러진 이후로 잘 걷지 못하시는 남편 장로님을 보필하면서도 짜증 한 번 내지 않는 강경희 목사. 하나님이 주시는 힘으로 하니까 수발드는 것이 조금도 어렵지 않다고 말씀하신다. 언젠가 내가 병문안을 갔을 때, 강 목사는 뜻밖에도 병실에서 준비해둔 봉투를 내밀며 인도 신학교의 책을 사는데 보태라고 적지 않은 돈을 헌금해 주셨다. 교회가 크지 않은 데도 주님이 원하시면 자신의 것을 아낌없이 내어놓는 결단의 믿음이 있으시다.

    몇 년 전에는 도저히 올 수 없는 상황에서도 하나님이 갑자기 길을 열어 주셔서 인도 나갈랜드에 오시게 되었다. 강 목사는 바울의 선교 여정에 대한 특강을 해주시고, 또 한글도 재미있게 가르치셨다. 그리고 우리가 복음을 전하는데 손발이 되어줄 차량의 필요성을 절감하시고 선뜻 큰 차량 헌금을 해주셔서, 몇몇 분들의 협력과 더불어 새 차 볼레로를 사게 되었다. 오랫동안 차를 위해 기도해 왔었는데, 하나님께서 강권적으로 그녀를 이곳에 보내셔서 그 문제를 해결할 수 있도록 도와주셔서 감사하다.

    지금도 강 목사는 우리 신학교의 두 학생을 후원해 주시고, 실리구리에도 2013년 교회를 개척해서서 입당예배 차 인도를 다시 방문하셨다. 늘 나갈랜드 땅을 위해 중보 기도하시는 강 목사의 사랑이 눈물겹다. 모든 일을 하나님의 마음에 합하게 하기만 하면 하나님이 알아서 우리의 모든 필요를 채워주신다고 권면하시며 또 그렇게 살고 계신 멋진 믿음의 선배!

## 18 | 목사가 되겠다던 대학 동기생_ 신경수 목사

내가 대학교 1학년 때 신경수 목사는 영문과 친구들 몇 명과 함께 기도회 모임을 만들었다. 1주일에 한 번씩 모여 성경을 공부하고 또 각자의 기도 제목을 나누는 소그룹이었지만 그 때 모인 8명의 친구들 가운데 대부분이 지금은 목회자들이 되었다. 유독 신경수 목사는 대학 시절부터 목사가 되겠다는 신념이 확고해서 동기들이 그를 예비목사라고 부르기도 했다. 반면 작가와 교수를 꿈꾸고 있었던 내가 목사요 선교사가 될 줄은 아무도 예상하지 못했다.

대학졸업 후 20여년이 지난 어느 날, 둘째언니 집에 들렀다가 엘리베이터에 붙은 교회 안내문에서 한 낯익은 얼굴과 이름을 발견했다. 제법 큰 교회로 보이는 교회 사진과 담임목사의 얼굴을 보며 누굴까 하고 기억을 더듬어보다가 내가 알고 있는 신 목사라는 사실에 몹시 기뻤다. 전화로 확인해본 결과 대학 동기생이 맞아서 언니도 전도할 겸 시무하시는 교회로 갔다. 오랜만에 만나 대학시절을 떠올리며 담소를 나누다보니 그와 나 외에도 몇몇 친구들이 신학교 교수들과 선교사가 되어 활동하고 있었다.

그 후 하나님이 이끄시는 만남을 통해 둘째언니가 신 목사의 교회에 가게 되었고, 그는 때때로 자신의 사비를 털어 선교에 보태라고 헌금하셨다. 나중에 신 목사는 서울로 올라와 몇몇 선교훈련원에서 사역하시다 지금은 열린문선교회 대표로 있다. 교수인 사모와 의논하여 인도 나갈랜드 선교센터 건축에 큰 예물을 심으시기도 했다. 2012년 10월 우리 교단의 목사들과 함께 이곳 인도 나갈랜드 M. I. 창립기념일에 오셔서 직접 세미나도 인도해 주시고 기도 사역에도 동참하셨다. 앞으로 M. I. 선교 신학대학원에도 오셔서 강의할 예정이다.

## 19 | 나갈랜드의 아버지_ 조한덕 목사

　케니 선교사를 친동생처럼 여기며 늘 마음으로 배려하시는 나갈랜드의 아버지 조한덕 목사! 수년 전 기도 가운데 하나님이 인도 선교의 비전을 주셔서 늘 그 때를 기다리며 사역해 오시다가 케니 선교사를 만난 이후로 인도 선교에 더 불붙게 되셨다. 우연히 신문에 난 케니 선교사의 이름을 보고 21C 선교신학연구원에 공부하러 오셔서 영어를 가르치는 케니 선교사와 친해지게 되었다. 그 후 우리의 소개로 나갈랜드의 한 자매를 한국에 초청하여 학업을 후원해 주시고 귀한 사역자가 될 수 있도록 키워주셨다.

　내가 한국에 올 때면 가장 먼저 교회에 초청해 주셔서 늘 첫 설교는 조한덕 목사님 교회에서부터 시작했다. 그리고 인도 나갈랜드를 지원할 물품을 컨테이너에 실어 보낼 때는 차를 빌려 주셔서 물건들을 수거하는데 큰 힘이 되었다. 늘 자상하게 우리의 필요를 헤아려 주셔서 가슴 뭉클할 때가 많다. 연세는 드셨지만 영어 공부하는데도 열심을 보이셔서 늘 학생처럼 배움에 열정을 보이셨다. 인도에 직접 가서 선교하지는 않지만 인도에서 온 신학생들을 자주 교회에 초청해 식사도 제공하시고, 어려움에 처한 그들의 문제를 해결해 주려고 발 벗고 나서시곤 한다. 만학에 박사학위를 받으시고 지금은 신학교에서 설교학을 강의하시는 귀하신 분! 매주 화요일마다 목회자들을 불러 선교 영어 학교를 시작하셨고, 얼마 전에는 교회에서 오후 영어 예배도 시작하셨다.

## 20 | 하나님이 엮어주신 동역자_ 한창국 목사

　내가 교회를 개척한 지 얼마 지나지 않아 신앙이 없던 한 형제가 우연히 M. I. 사무실에 들렀다. 영어 공부를 하려고 선교 영어 훈련 프로그램을 훑어보다가 잠시 들른 것인데, 거기서 케니 선교사를 만나 함께 요한복음을 공부하기로 약속했다. 시간이 지날수록 그 형제의 마음이 열려져 교회에서 시작하는 '다니엘 작정 기도'에 참석하겠느냐고 권했더니 흔쾌히 응하였다. 그 다음날 새벽기도에 나와서 기도할 때 방언을 받았고, 21일간 새벽기도에 꾸준히 참석했다.

　그 후 하나님은 자신이 택한 사역자를 그 분의 방법으로 훈련시키셨다. 믿음이 좋은 자매와 결혼한 후 직장생활을 하는 아내의 헌신적인 도움으로 장신대학원을 졸업하고, 에스라 신학대학원 신학석사(Th. M.) 과정도 마쳤다. 그가 한창국 목사이다. 인도 나갈랜드에 단기선교 올 수 있도록 인도하셔서 세 번이나 오셨는데, 2011년엔 온 가족이 나갈랜드 M. I. 센터를 다녀가기도 했다. 그리고 한 나갈랜드 자매를 초청하여 이대 신학대학원(Th. M.) 과정을 공부할 수 있도록 후원하고 계신다. 2013년 6월에는 그동안 인도해왔던 소그룹 성경공부 멤버들과 함께 교회를 다시 개척하고 박사학위를 받은 다음 인도 나갈랜드에 와서 전임교수로 우리와 함께 사역할 계획이 있다. 우리의 만남을 통하여 선교의 일들을 이루어 가시는 하나님의 섭리가 참으로 놀랍다.

## 21 | 늘 해맑게 웃던 청년_ 고(故) 신경성 간사

1998년 28세의 젊은 나이에 먼저 천국으로 간 신경성 간사. 늘 밝게 미소 짓는 순수한 모습은 우리의 기억 속에 아름답게 남아 있다. 선교를 꿈꾸고 하나님의 일꾼으로 훈련받기 위해 M. I.에 와서 3년간 영어와 성경을 공부하고, 늘 케니 선교사를 그림자처럼 쫓아 다녔던 동역자였다. 케니 선교사가 처음 한국에 와서 지리를 잘 모를 때 그는 늘 케니 선교사의 길을 인도했고, 한번은 자신이 장학금 받은 돈으로 양복을 사주기도 했다.

신경성 간사는 '21세기에 하나님이 찾으시는 선교사'란 주제로 선교 캠프를 한 뒤, 교회 청년부에서 우즈베키스탄에 단기선교 갈 때 팀장으로 따라갔었다. 그곳에서 선교사가 되기로 서원했다는데, 그 꿈을 펼치기도 전에 익사로 먼저 하나님의 품에 안겼다.

선교센터 건축을 위해 믿음으로 먼저 예물을 심었고, 우리에게 '비전'과 '부흥'의 찬양을 가르쳐주고 먼저 영원의 길로 접어들었다. 하지만 힘들고 어려울 때 늘 우리에게 기쁨과 용기, 소망을 안겨주었던 짧지만 영향력 있는 그의 삶은 아직도 우리의 가슴에 심겨져 있다. 신경성 간사가 죽은 후 나온 생명보험금을 그의 어머니가 M. I.로 가져오셨다. IMF 시절, M. I. 형편이 어려워서 3개월간 임대료가 밀렸을 때 그 돈을 핏값으로 받고 3일 금식 후 집주인에게 사정을 호소해서 밀린 임대료를 갚은 적이 있다. 죽어서까지 우리를 도와준 잊을 수 없는 M. I.의 보물 신경성 간사! 해마다 8월 13일이면 그의 추모예배를 드린다.

## 22 | M. I.의 첫 간사_ 고(故) 김은진 강도사

서울 서대문구 연희동의 성봉회관에서 처음 M. I. 사역을 시작했을 때 선교훈련생 중의 한 자매인 김은진 강도사는 성격이 활달하면서도 정확해서 M. I.와 함께 사역하면 좋겠다는 생각이 들었다. 그녀가 나의 제안을 받아들여 M. I.의 첫 간사가 되었다.

그렇게 맺어진 그녀와 나의 관계는 연희동에서 3년, 이태원에서 1년, 성수동에서 1년… 거의 5년간 M. I.의 간사로서 성실히 사역을 도왔는데, 결혼 후 시댁에 들어가는 바람에 잘 만나지 못하고 많은 세월이 흘렀다. 그러나 우리가 물이 되어 다시 만나듯 내가 어느 신학교에서 강의할 때, 신학생과 교수의 신분으로 다시 만났다.

그 후 나는 인도 사역지로 갔고, 김은진 간사는 다른 교회에 전도사로 가게 되면서 다시 헤어졌다. 그런데 2010년 겨울 내가 한국에 들어왔을 때, 그가 대장암 말기라는 얘기를 듣고 많은 충격을 받았다. 인도 나갈랜드 선교후원회 기도회 회장인 송금자 목사와 추운 겨울 눈 오는 날씨에도 불구하고 찾아가서 3일간 매일 작정예배를 드렸는데 그것이 우리가 이 땅에서의 마지막 교제였다.

김은진 강도사는 서른다섯 살의 나이에 남편과 두 딸을 남겨 놓고 먼저 떠났지만 M. I. 역사에 기억되는 소중한 발자취를 남겼다. 인도 선교도 온다더니… 먼저 가 버렸네!

## 23 | 이란 세계선교대회를 치른_ 국제여교역자협의회

여러 여교역자들이 모여 함께 협력하는 단체인 국제여교역자협의회. 고(故) 최승자 목사를 광화문의 세종문화회관 커피숍에서 처음 만났을 때 거칠어 보이는 손에는 여러 서류 뭉치가 들려 있었다. 앞으로 세계적인 선교대회가 있으니 도와 달라는 부탁을 하셔서 나도 미력한 힘이나마 함께 협력하기로 했다.

전국에 흩어진 여교역자들이 한 달에 한 번 월례회를 하고, 2년에 한 번 세계선교대회를 갖는데 내가 영어를 전공한 관계로 해외 선교부장을 맡게 되었다. 문서상의 크고 작은 일들은 물론 브로셔 만드는 일들을 도와드렸고, 특히 이란 세계선교대회를 위해서는 거의 2년간 준비했다.

세계 각국의 많은 여교역자를 무슬림 국가인 이란에 초청하는 일은 그리 쉽지 않았다. 여러 사정으로 세계선교대회가 세 번이나 지연되고 변경되었기 때문에 양해를 구하며 사과 편지를 보내는 등, 무슬림 국가에 300여 명의 여교역자들이 함께 가는 것은 쉽지 않았다. 그러나 하나님은 그 분의 뜻을 이루기 위하여 불가능한 상황 가운데서도 길을 열어주셨고, 마침내 이란 땅에서 세계선교대회를 개최하게 되었을 때에는 감격스러웠다.

하나님께서 수고한 대로 갚아주시듯 그동안 세계선교대회를 위해 내가 준비하고 쏟아 부은 수고로움을 헤아리셨는지 이란 세계선교대회에서 통역하는 영광을 주셨다. 미국에서 유학하거나 목회하다 오신 분들도 많았지만 하나님께서는 부족한 나에게 놀라운 특권을 주셔서 오래도록 기억될 순간을 가질 수 있었다.

그 후 국제여교역자협의회는 태국 선교대회와 하와이 선교여행도 다녀왔고, 인도 선교를 위해서 여러 분들이 함께 동참했다. 우물을 파주신 분, 건축 헌금을 보내주신 분, 장학금을 내주신 분 등 어려운 주의 길을 가면서 함께 위로하고 기도해줄 수 있는 믿음의 벗들이 있는 것이 다행이다. 여교역자들의 지위 향상과 하나님의 역사에 귀히 쓰임 받을 수 있는 일들을 위해 희생적인 삶을 살다 가신 최승자 목사와 지금도 주의 일을 위해 연합하여 일하는 여교역자협의회가 더욱 귀히 쓰임 받는 단체가 되길 소망한다.

인도 나갈랜드를 지원할 물품을 컨테이너에 실어 보낼 때는 늘 물건을 모아주시고, 자신의 귀한 것들을 아낌없이 나누시는 김홍순 목사, 채금애 목사, 늘 먼 길을 와서 수년간 중보로 기도를 도우신 최정자 목사, 늘 격려하고 사랑해주시는 남옥토 목사 등 많은 동역자들의 얼굴이 클로즈업 되어 나타난다. 모두 고마운 분들이시다.

## 24 | 부흥과 선교에 매진한 21C 선교신학원_ 유근만 목사

오늘의 우리가 있기까지 여러 분들이 우리의 사역을 도와왔다. 그 가운데 잊을 수 없는 한 분이 21C 선교신학원의 유근만 목사이다.

1997년 교회 개척과 케니 선교사와의 결혼 후 우리는 재정적으로 몹시 어려운 삶을 꾸리고 있었다. 3년간 하나님은 우리를 기도의 물방에 밀어 넣으셨다고 해도 과언이 아니다. 새벽 5시 새벽기도회, 오후 3시 기드온 300명 용사 기도회, 매일 밤 9시 기도회 등 하루 5-7시간씩 기도하고 나머지는 M. I. 사무실에서 선교 영어와 영어 성경을 가르치는 일에만 전념했다. 케니 선교사도 한국에 온 지 얼마 안 되어 일이 없는 데다 학생 신분이었고, 나 또한 교회를 금방 개척해서 사례비가 없는 상황이라 아침에 쌀이 떨어지면 누군가가 오후에 쌀을 가져다주는 그런 힘겨운 생활을 겪고 있을 때였다.

어느 날 사무실에 성결대학교의 손석원 교수가 찾아왔다. 어떻게 우리를 알고 찾아오셨는지 처음엔 잘 몰랐지만 나중에 가서야 유근만 목사가 우리를 소개해주셨다는 것을 알게 되었다. 그 만남을 통하여 나는 케니 선교사와 함께 성결대학교에서 선교 영어를 가르칠 수 있는 기회를 얻게 되었고, 그 후 다른 신학교에서도 의뢰가 들어와서 3-4개 신학교를 다니며 강의할 수 있는 문이 열렸다.

유근만 목사는 케니 선교사를 무척이나 좋아하셨다. 대형 집회가 있을 때마다 케니 선교사를 초청해 특송을 부르게 하셨고,

나중에 21C 부흥선교신학원을 개원하셨을 때는 우리가 가서 강의를 하게 하셨다. 그 학교를 통하여 지금의 M. I. 선교 후원자인 많은 목사님들을 만나게 되었다. 유근만 목사는 아버지 같은 애정과 관심으로 우리 가정과 사역을 도와주려고 애쓰셨다. 나와는 15년 가까이 같은 선교 여정을 걸어오는 동안 동병상련의 마음으로 서로 특별한 행사가 있을 때마다 참석하여 격려하곤 한다. 얼마 전에는 어려운 형편임에도 단기선교팀을 인솔해 인도 나갈랜드에 오셨다.

    한평생 선교를 위하여 헌신하시고, 수십 개국을 다니며 부흥회를 인도하시는 등 나이가 드셨음에도 여전히 선교의 꿈에 부풀어 있는 유근만 목사님! 사모님을 먼저 보내고 아들딸도 아프리카에 보낸 후 홀로 생활하시기에 고생하시는 모습이 안쓰럽기도 하다. 더욱 영육 간에 강건하고 많은 귀한 선교사들을 길러내시길 소망한다.

## 25 | 중보기도와 선교의 동역자_ 둘째언니 박정선

나의 둘째언니 박정선은 천성적으로 인정이 많아서 주는 것을 좋아한다. 내가 개척교회 하면서 어려움을 겪고, 선교회를 운영하면서 전전긍긍할 때, 또 남편인 케니 선교사가 무일푼으로 한국에 와서 공부할 때 언니는 희생의 옥합을 깨뜨려 도와주었다. 성령께서 언니에게 중보기도의 영을 부어주어 우리의 사역을 위해 기도할 때면 주체할 수 없는 눈물을 흘리곤 했다.

신앙이 없었던 언니가 수년 전 주님을 영접하고 세례도 받게 되어 얼마나 기쁜지 모른다. 이제는 내가 하는 일을 누구보다 이해해주고, 때로는 동생이지만 "박 목사"라고 부르면서 기도부탁이 있으면 나누기도 한다. 특히 재정적인 부분에서 사람들에게 얘기하기 곤란하여 마음 졸이고 기도할 때 언니로부터 갑자기 전화가 걸려와 나의 사정을 호소하면 자신도 어렵지만 무슨 수를 써서라도 나를 위기에서 구해준 적이 많았다. 하나님께서 동생에게 남다른 애정과 관심을 가진 언니를 사용하셔서 선교의 일을 돕게 하심을 감사드린다.

언니는 은혜를 많이 받았다. 영적인 분별력과 치유의 은사로 아픈 사람의 고통을 자신이 느끼곤 했다. 금요철야 때는 찬양 가운데 성령의 임재를 느껴 많이 울고, 믿음이 들어가면서부터 먼 선교지에 나가 있는 동생 선교사를 떠올리며 늘 중보기도의 눈물을 흘렸다. 내가 한 번씩 한국에 들어가면 언니는 매달 틈틈이 모아놓은 선교 헌금을 주거나 자신이 아르바이트해서 번 돈을 모아서 주곤 했다. 서울 M. I. 사무실 보증금을 얻는데 돈이 모자라서 힘들어 할 때에는 적금을 해약해서까지 돈을 마련해주기도 했다.

몇 년 전, 언니는 형부가 인도 나갈랜드에 한번 다녀오게 하는 것이 소원이니 꼭 다녀오라고 졸랐다 한다. 언니의 간청에 못 이겨 신앙이 없는 형부가 인도 나갈랜드에 오게 되었으니 얼마나 놀라운 하나님의 역사인가! 하나님이 하시는 일은 우리의 생각을 초월한다. 형부는 2008년 단기선교팀 및 남동생과 함께 M. I. 센터에 와서 건축 엔지니어답게 현대식 타일을 깐 샤워실과 배수처리를 한 개수대를 만들어주었다. 그때 형부는 우스갯소리로 "인도에 안 오면 이혼하겠다니 내가 인도에 안 오고 배깁니까?"라고 오게 된 경위를 설명했다.

어머니 사랑 다음으로 진한 사랑이 있다면 바로 혈육의 사랑이 아닐까. 자신은 집에 작은 냉장고를 쓰면서도 동생은 더운 곳에서 고생한다고 형부를 통해 큰 냉장고를 사다준 언니의 배려에 또 한 번 마음이 뭉클해졌다. 언젠가는 형부와 의논하여 좁은 아파트를 넓혀 이사 가려고 푼푼이 모아둔 적금을 해약하여 신학교 도서관을 짓는데 써달라고 헌금하기도 했다. 2011년 겨울 내가 한국을 방문했을 때는 M. I. 센터 안에 우물을 하나 더 파라고 희생어린 예물을 심었다. 이 샘에서 성령의 생수가 터지듯 맑은 물이 흘러나와 갈증 하는 많은 이들의 마른 목을 축일 수 있기를 소망하면서.

끔찍이도 나를 위하는 둘째언니를 선교의 동역자로 사용하시는 하나님께 감사하며, 더 뜨거운 신앙과 축복이 언니의 가정에 있기를 소원한다.

## 26 | M. I. 서울 총무_ 남동생 박상규

　우리 집안의 외아들인 박상규 집사는 나보다 세 살 아래인데 '사내 남(男)' '착할 선(善)'이라는 나의 이름 때문이었는지는 모르지만 어쨌든 딸 셋 뒤로 아들이 태어났기에 우리 집안의 기쁨은 컸다. 세 누나 밑에서 자라느라 남동생은 여성적인 섬세함도 있고 '서로 상(相)' '별 규(奎)'라는 한자 이름의 의미처럼 사람들을 돕는 삶, 즉 사람들을 잘 배려하는 부분이 있다.

　대학에서 관광학을 전공했던 동생은 우연한 기회에 내가 아는 장로님의 소개로 여행사에 취직하여 많은 나라들을 다녔으며, 늘 목회자나 교회 팀들을 자주 데리고 나갔기에 많은 목사님들이 기도해주고 전도하려고 애썼다.

　동생과 나만 먼저 서울로 올라오고 부모님과 언니들은 고향인 대구에 있어 서로를 더 의지했고, 어려운 일이 생기면 누구보다 서로의 문제를 돕고자 하는 마음이 앞섰다. 신앙이 없는 동생이었지만 하나님은 나의 사역 가운데 많은 부분을 동생을 통해 돕게 하셨고, 오랜 세월 동안 동생의 영혼 구원을 위해 기도케 하셨다. 딸 하나, 아들 하나를 두고 있고, 아내는 헌신적이고 부모님께 잘 해드려 좋은 며느리 얻었다는 칭찬이 많다. 음식 요리를 잘해서 집안의 대소사를 치를 때는 늘 앞장서서 식사를 준비하고, 생활의 지혜가 있어 가정 살림을 잘 꾸린다.

　내가 선교센터를 운영하고 개척교회를 하면서 많은 고난을 겪는 동안 동생은 남매간의 애정으로 가끔씩 교회에 들르긴 했지만 믿음이 쉽게 들어가지는 않았다. 남편인 케니 선교사와 더불어

나름대로는 동생이 어려울 때 최선을 다해 도우려고 애썼고, 동생도 우리의 일이라면 적극 도와주었다.

그가 신앙을 갖게 된 결정적인 계기는 인도 나갈랜드를 방문한 후였다. 케 바오라는 전직 코히마 시장이자 목사이기도 했던 사돈의 교회에 방문했을 때, 그가 믿음 없는 동생을 '비즈니스 파트너 선교사'라고 소개하면서 예언처럼 그가 앞으로 나갈랜드에서 해야 할 사역을 얘기해주셨다. 주님이 부어주신 마음이 아니면 동생이 인도 나갈랜드를 어찌 사랑하며 기도할 수 있겠는가? 그 후 동생은 인도 나갈랜드에 대해 남다른 관심과 사랑을 가졌다. 차츰 동생은 변화되면서 우리 교회에 나오기 시작했고, 세례 받은 후 몇 년이 지나 집사가 되었다.

나는 일을 잘 벌이고 시작하는 프런티어의 자세가 있다면 동생은 펼쳐진 일들을 행정적으로 잘 수습하고 마무리 짓는 꼼꼼한 기질이 있다. 2시간이 넘는 먼 거리인데도 동생은 화요 중보 기도회나 주일 예배에 자녀들과 함께 빠짐없이 참석하는 충성을 보여줌으로써 나의 든든한 지지자, 동역자가 되었다. 아내 이채윤도 바쁜 가운데 매주 와서 기도회에 오시는 분들을 위해 식사를 담당해왔다. 말없는 그 협조가 얼마나 든든한 사역의 힘이 되었는지 모른다.

내가 인도 나갈랜드에 선교사로 간 후 동생은 M. I. 서울 총무로 회원 간의 연락 관계, 선교 편지 발송 및 단기팀 안내, 여권 및 비자 받기, 재정 담당 등 나의 힘이 미칠 수 없는 부분에 손발이 되어 이 사역을 도와오고 있다. 그의 이전 경험까지도 하나님께서 유익하게 사용하셔서 때로 비행기 티켓을 잘 구하지 못하여 힘들 때는 동생을 통하여 위기의 순간마다 피할 길을 주셨다.

지금 고등학생인 맏딸 도영이는 3년 전 인도에 와서 두 달간 머무른 적이 있는데 얼마나 환경에 잘 적응하고 현지인 친구들과도 잘 사귀는지…. 한국에 있을 때보다 더 발랄해진 그녀의 모습을 볼 때 하나님의 예비하신 계획이 그 딸에게 있는 것 같다. 피아노를 치고 컴퓨터도 잘 다루어서 문서편집 일을 가끔씩 도와주곤 했다. 새벽기도나 오후 기도회 시간에도 잘 참석하고 두 달 만에 영어도 빠르게 습득하여 외국인들과의 의사소통에 별다른 어려움을 모르는 그녀가 사랑스럽다. 앞으로 잘 훈련받아 하나님의 영광을 위해 쓰임 받을 수 있는 귀한 도구가 되길 기도한다. 고등학교를 졸업하면 이곳에 와서 대학을 다닐 수 있기를 기대해본다. 도영이가 가진 좋은 잠재력들이 잘 개발될 수 있기를, 그리고 동생 근우도 신앙생활을 잘하며 씩씩하게 자라고 있다.

동생 박상규 집사는 지금까지 단기선교팀들을 이끌고 인도를 여섯 차례 방문했다. 함께 인도의 여러 지역에 단기선교를 가면 환경에 잘 적응하고 몹시 행복해하며 감동받는 모습이 보여서 선교자로서의 자질이 있는 것 같다. 가끔씩 기도회 모임에서 말씀을 전하기도 하는데 은혜가 된다. 어떤 목사님들은 그가 신학을 하는 것이 좋겠다고 권면하기도 했다. 하나님께서는 그에게 다른 세상 직업은 주지 않으시고, 오직 인도 나갈랜드 선교를 돕고 동참하게 하셔서 이 사역에 큰 도움이 되고 있다. 앞으로 하나님께서 길을 열어주신다면 온 가족이 디마푸르 M. I. 센터에 와서 함께 일하며 자녀들이 공부할 수 있기를 바란다.

동생 내외가 하나님 앞에 헌신하며 심는 모든 수고들을 주께서 많은 상급들과 함께 친히 갚아주시고, 부부가 귀한 동역자로서 순종하며 이 길을 함께 걸어갈 수 있기를 기도한다. 그들의 선한 동역으로 말미암아 M. I. 사역이 더욱 빛나며 아름답고 건강한 열매들이 많이 맺히길 기도한다.

"그러므로 내 사랑하는 형제들아 견고하며 흔들리지 말며 항상 주의 일에 더욱 힘쓰는 자들이 되라 이는 너희 수고가 주 안에서 헛되지 않은 줄을 앎이니라" (고후 15:58)

## 27 | 이름도 빛도 없이

　이 책에 수록되지 않은 분들 가운데 힘들고 어려울 때 사역을 물심양면으로 도운 많은 분들이 있다. 그들의 이름을 일일이 다 기록하지 못해 죄송하고 안타깝다. 이 지면을 빌어 특히 감사하고 싶은 분들이 많이 있지만, 오른손이 한 일을 왼손이 모르게 하듯 이름을 드러내고 싶지 않아 하는 분들도 있고, 혹시라도 이름이 누락된 분들이 있을까봐 후원하시는 모든 분들의 이름 모두를 다 밝히지 않았다.
　몇몇 분들은 신학생들과 자매결연을 맺고 매월 후원하고 있으며, 인도 나갈랜드에 여러 차례 다녀가신 분도 있다. 늘 변함없이 중보 기도와 물질로 미얀마와 인도 선교를 돕는 분들이 있는가 하면 대한예수교 합동진리총회에 속한 목회자들과, 나갈랜드를 지원할 물품을 컨테이너에 실어 보낼 때마다 여러 모로 도우셨던 분들, 또 국제여교역자협의회 회원들… 많은 영적 스승들과 동역자, 벗들과 제자에 이르기까지 도움의 손길을 폈던 분들을 떠올릴 때마다 그들은 하나님이 연약한 우리를 위해 이 땅에 보낸 천사들이란 생각이 든다. 기도와 물질 사랑의 수고로 심는 모든 분들, 격려를 아끼지 않았던 모든 지인들에게 감사의 마음을 전한다.
　그리고 힘들 때 수년간 사역을 함께 몸으로 도왔던 M. I.의 모든 간사들에게도 깊은 감사를 드린다. 개척교회를 하면서도 동병상련의 아픔을 같이 느끼셔서 늘 선교에 꿈을 갖고 정성껏 후원해주고 계신 분들로 인해 때로 사역에 대한 부담감 때문에 낙심되다가도 늘 새로운 힘을 얻곤 한다. 남편인 케니 목사가 한국에 있을 때 이모저모로 도와주셨던 분들, 그들의 뒷받침이 있었기에 케니 목사가 박사학위를 마치고 오늘날 신학교의 총장이 될 수 있게 되었다. M. I. 사역 초기부터 늘 금식과 기도로 중보해주신 분들의 희생적이고 애틋한 사랑을 결코 잊을 수 없다. 우리의 사역 속에 이름도 빛도 없이 수고하고 은밀히 섬겨 오신 많은 분들에게 하나님의 마르지 않는 풍성한 축복이 차고 넘치길 기도한다.

우리가 고난 속을 통과할 때 찾아와 위로해주시고 변함없는 사랑으로 은밀히 섬기셨던 많은 분들의 얼굴이 계속 클로즈업 되어 떠오른다. 교회를 개척해서 어려울 때 오셔서 피아노 반주로 도와주시고 외국에 갈 때면 늘 예배를 맡아주셨던 목사님들, 인도 신학교에 책을 사라고 도와주신 익명의 분들, 농업 선교를 시작할 수 있도록 좋은 아이디어를 제공하고 한 농부가 인도에 올 수 있도록 도와주신 분, 시골에서 오랜 세월 동안 농사지으며 어렵게 목회 하시면서도 늘 선교의 비전을 품고 신학생들을 후원하시는 목사님, 겨울에 자신은 불을 때지 않으면서도 인도 건축에 동참하기 위해 큰 물질을 헌금하신 한 여목사님의 사랑은 너무나 감동적이었다. 죽을병인 암을 고쳐주신 하나님의 은혜에 감사하여 기도원과 교회를 세우고 밤마다 자정에 나라와 민족을 위하여 기도하시면서 일천번제 예물을 늘 인도 선교에 심으시는 치유가 강력한 목사님, 늘 영성을 추구하며 매주 목요일마다 전 성도들과 함께 인도 사역을 위해 기도하며 물질로도 후원하는 목사님도 계시다. 가정 치유와 성령의 기름 부으심 사역을 통하여 많은 영혼들의 아픔을 싸매고 교회 개척 후부터 꾸준히 M. I. 인도를 후원해 오시는 자상한 목사님, 인도 나갈랜드 교회 사택 및 게스트 하우스의 건축을 위해 전 성도와 함께 기도하며 향기로운 예물을 심으신 분도 있다.

바빠서 요즘은 자주 찾아뵙지 못하고 인사도 제대로 못 드리지만 늘 M. I. 사역을 지켜봐 주시며 재정적으로 돕고 계신 분들께 가슴 깊은 곳에서 우러나는 감사의 마음이 있다. 어버이 같은 관심과 애정으로 늘 사역의 진보와 우리의 건강을 염려해주시는 가슴이 따뜻한 분들 모두에게 하나님의 임재와 보호하심, 공급하심이 항상 함께 하시길 기도한다.

## 인도 나갈랜드 선교 이야기

지은이 | 박남선
펴낸이 | 박영발
펴낸곳 | W미디어
등록 | 제2005-000030호
1쇄 발행 | 2013년 7월 10일
2쇄 발행 | 2017년 7월 20일
주소 | 서울 양천구 목동서로 77 현대월드타워 1905호
전화 | 02-6678-0708
e-메일 | wmedia@naver.com

ISBN 978-89-91761-65-0 (03230)

값 13,000원